普通高等教育公共基础课系列教材

心理成长与发展

主　编　王亚楠
副主编　张慧远　张　静　赵贞卿

本书获杭州电子科技大学教材立项出版资助
本书获浙江省高等学校国内访问学者教师专业发展项目“全人教育理念融入高校心理健康教育体系建设的研究”资助（编号：FX2022014）

西安电子科技大学出版社

内 容 简 介

本书是编者在深入学习党的二十大报告精神后，以“全面贯彻党的教育方针，落实立德树人根本任务，培养德智体美劳全面发展的社会主义建设者和接班人”为指导编写的。在编写过程中注重科学知识的系统性、成长发展的持续性、价值引导的内隐性，着力引导学生形成自尊自信、理性平和、积极向上的健康心态，促进学生心理健康素质与思想道德素质、科学文化素质协调发展。

本书包含心理健康与成长、成为可能的自己、探索友谊的世界、体会世间的爱意、做积极的学习者、解析情绪方程式、化解压力的艺术、成为一个幸福的人等8章内容。本书引导学生树立正确的健康观念、培养乐观的生活态度、开发自身的潜能、积极应对生活和工作中的各种挑战；帮助学生掌握与个人成长有关的心理学知识，了解个体在发展过程中的成长需求；促进学生养成良好的心理素质和行为习惯。

本书可作为高等院校心理健康类课程的教材，也可作为心理健康研究人员的参考书。

图书在版编目(CIP)数据

心理成长与发展/王亚楠主编. --西安：西安电子科技大学出版社，2023.8(2025.9 重印)
ISBN 978-7-5606-6969-4

Ⅰ. ①心… Ⅱ. ①王… Ⅲ. ①大学生—心理健康—健康教育—高等学校—教材
Ⅳ. ①G444

中国国家版本馆 CIP 数据核字(2023)第 138690 号

策　　划 李 伟
责任编辑 马晓娟
出版发行 西安电子科技大学出版社(西安市太白南路 2 号)
电　　话 (029)88202421 88201467　　邮　　编 710071
网　　址 www.xduph.com　　电子邮箱 xdupfxb001@163.com
经　　销 新华书店
印刷单位 河北虎彩印刷有限公司
版　　次 2023 年 8 月第 1 版 2025 年 9 月第 4 次印刷
开　　本 787 毫米×1092 毫米 1/16 印张 12.5
字　　数 240 千字
定　　价 41.00 元
ISBN 978-7-5606-6969-4
XDUP 7271001-4

《心理成长与发展》编委名单

主　编　王亚楠

副主编　张慧远　张　静　赵贞卿

参　编　（按姓名首字母排序）

柴晓莉　刘凯文　马晨曦

吴佳琪　晏凯璇　朱华燕

前　言

当你进入大学之后，会发现生活变得与以往不同，一切都是新的开始。你需要适应大学生活，找到属于自己的学习节奏；需要平衡独处和交际，学会运用合适的沟通技巧；需要管理情绪和压力，努力成为一个高情商的人；还需要思考幸福和意义，积极实现自身的社会价值……一个人身体上的成长在二十岁左右就停止了，但心理上的成长却需要持续一生的时间。这本书不仅会帮助你适应大学生的角色、处理大学阶段的问题，还会帮助你了解人类本身的知识、一个人成长发展过程中的心理问题等，使你懂得如何去应对现在和未来人生中的各种挑战。

本书在引导读者认识心理发展与个人成长的基本规律的同时，着力培育读者自尊自信、理性平和、积极向上的健康心态，促进读者心理健康素质、思想道德素质与科学文化素质协调发展。本书是新形态一体化教材，也是浙江省线上线下混合式一流课程(2022)、浙江省线上一流课程(2021)的配套教材。本书的配套资源丰富多样，包括教学视频、问卷测验、学生原创微电影等数字化资源，可以满足不同层次院校学生学习和教师教学的需求，既能帮助学生随时随地展开自主学习、通过在线测试随时检验学习效果，通过在线练习增强师生互动，也能助力教师实行个性化教学设计，有效实现混合式教学、翻转课堂和探究式学习等教学方法。

本书的章节内容具体如下：

第一章“心理健康与成长”将为读者打开心理健康这扇门，帮助读者理解身心健康的关系和心理健康的含义，帮助读者评估自己当前的生活状态是否健康，引导读者开始重视并呵护自己的心理健康。

第二章“成为可能的自己”引导读者把认识自己作为人生的课题，引领读者去面对世界上最困难的课题——正确认识自己，帮助读者了解自己、悦纳自己并提升自己。

第三章“探索友谊的世界”给读者介绍人际交往中的心理效应，指导读者学习人际互动的沟通技巧，帮助读者学会人际困扰的调适方法。

第四章“体会世间的爱意”与读者探讨“爱”这一永恒的话题，引导读者领悟爱的含义并培养爱的能力，让读者慢慢学会如何被爱与如何去爱。

第五章“做积极的学习者”与读者讨论为什么学习和如何学习这两大问题，也为读者提供了一些克服拖延行为的建议，希望读者能做一名爱学习的生活者。

第六章“解析情绪方程式”使读者了解什么是情绪，引导读者关注和调节自己的情绪，并找到适合自己的情绪管理策略，努力成为一个高情商的人。

第七章“化解压力的艺术”引导读者正视伴随一生的压力问题，思考经历过、正经历或将会经历的压力，帮助读者掌握一些简单而实用的放松技巧来应对压力。

第八章“成为一个幸福的人”给读者带来有关人生幸福的、哲学思考的幸福心理学理论，希望读者能够通过探索与积累找到属于自己的那份幸福。

本书的完成要感谢众多从事心理健康教育工作的教师们，要感谢投身于心理咨询工作的咨询师们，还要感谢在学生工作一线无私奉献的教工们，正是他们与学生们之间的亲密互动、积极分享与深入交流，才让本书的内容更加鲜明、更加生动、更加丰富！本书的内容还参阅并引用了大量专家和学者的研究成果与著作文献，在此也一并致谢。

感谢正在阅读本书的你，希望你能包容书中因无知而犯下的错误，也期望你能从书中收获心灵的温暖和人生的启迪。

让我们一起开始学习的旅程吧！

本书编写组

2023年3月

于杭州电子科技大学

目录

第一章　心理健康与成长

案例导读　“成长”是大学的主题

2023年2月，2022版“心理健康蓝皮书”《中国国民心理健康发展报告(2021—2022)》(简称《总报告》)正式发布，本书由中国科学院心理研究所科研团队完成。《总报告》对2022年国民心理健康现状与趋势、心理健康服务需求状况进行了调查与分析，提出了维护和促进国民心理健康水平的对策和建议。

本次调查使用的工具，首先是历年“心理健康蓝皮书”的核心监测工具《中国心理健康量表(简版)》《流调中心抑郁量表(简版)》，同时使用了《广泛性焦虑障碍量表》《心理健康服务问卷》等。有下列结果值得我们关注：

本次研究发现在成年人群中，青年为抑郁的高风险群体，18～24岁年龄组的抑郁风险检出率高达24.1%，显著高于其他年龄组。25～34岁年龄组的抑郁风险检出率为12.3%，显著低于18～24岁年龄组，显著高于35岁及以上各年龄组。焦虑风险检出率也呈现类似趋势。

研究还发现，来自家庭内外的支持对人们的心理健康具有显著的积极影响。朋友支持是家庭之外支持的重要来源，调查分析发现，抑郁风险检出率随着朋友支持的增多而递减。当缺乏朋友支持的时候，抑郁风险检出率(32.3%)远高于平均水平(10.6%)。

另外，本次研究还提到运动频率和单次运动时长对于抑郁风险的影响：一、每周运动频率为0次的组别，抑郁风险检出率远高于其他组别，事实上这也是基本不运动与通常规律运动的人群之间的差异，随着每周运动频率的增加，抑郁风险检出率逐渐降低；二、从心理健康的收益来说，单次运动20 min及以上即有意义。

结合我们的大学生活，很多人怀揣着憧憬和想象走进象牙塔后，可能会发现“理想很丰满，现实很骨感”，现实与理想之间存在着一些落差。有点难的专业课、进不去的学生会、吃不惯的食堂、少交流的室友、会挂科的功课……面对这一系列问题的时候，我们可能一时无法适应大学的节奏、无法找到合适的方法去应对，会出现学习目标缺失、人际交往困惑、陷入抑郁或焦虑等各种问题。事实上，人在不同的人生阶段都会遇到这样或那样的问题，因为每个阶段对于我们来说都是崭新未知的。

你觉得自己现在过得如何呢？

不管你过得如何，请一定要记住：心理问题并不是什么可怕的事情，大可不必畏之如虎，但也不能置之不理。只要我们学会正视并合理应对心理困扰或成长困惑，健康与幸福也将随之而来！

话题讨论

（1）如何评估自己是否健康？

（2）如何区分心理正常和异常？

（3）遇到心理问题时怎么办？

（4）心理咨询和心理治疗能提供什么？

（5）什么样的生活态度和方式是健康的？

由于青春期的逆反心理、超负荷的学习、复杂的人际关系、过大的工作压力、过快的生活节奏等，越来越多的人处于心理亚健康状态。那么，在日常的学习、工作和生活中，我们该如何认识心理问题，心理健康又有哪些标准，如何做才能保持良好平和的心态呢？心理健康成了现代人的必修课。本书将为你打开心理健康这扇门！

第一节　你的心理健康吗

在实际生活中，我们祝福别人经常会提到“健康”，例如：“祝你身体健康！”但如果有人这样说：“祝你心理健康！”你觉得被祝福者会有什么感受呢？在传统的健康观里，“无病即健康”，主要指的是身体健康。而现代的健康观是整体健康，不仅指生理上的健康，还包括心理和社会适应等方面的完好状态，所以说健康包括身、心两个方面。

世界卫生组织对健康的界定是：“健康乃是一种生理、心理和社会适应的完美状态，而不仅仅是没有疾病和虚弱的状态。”也就是说，健康这一概念的基本内涵包含生理健康、心理健康和社会适应良好三个方面，表现为个体生理和心理上的一种良好的机能状态，亦即生理与心理上没有缺陷和疾病，能充分发挥心理对机体和环境因素的调节作用，能保持与环境相适应的、良好的效能状态和动态的相对平衡状态。

知识百科　健康与生活方式的选择

传统的医学关注疾病症状的识别和疾病的治疗。相比之下，整体健康关注的是人类所特有的功能。整体健康基于的假设是身体和心理是不可分开的整体，它强调身体和自我的所有方面之间的密切联系，包括身体与心理、社会、智力和精神方面的关系。整体健康不仅关注身体、心理和精神，还关注治愈它们。

健康是一个积极的过程，包括有意识地作出一些选择来形成健康的生活方式。曾有研究者提出健康的要素："健康可以被定为有意义的、愉快的生活，或者更明确地说是有目的地选择生活方式，这样的选择方式会使个人责任和生理、心理以及精神健康得到最大的提升。"健康不仅是没有疾病和虚弱症状，而且是生命的自我成长和创造。

健康是一种生活方式的选择，包括确认个人目标、给目标和价值排序、识别可能阻止自己实现目标的障碍、作出行动计划、实施行动计划直到目标达成。这一系列步骤看起来很简单，但是我们如果不真正用心去做就不会做到。行动计划能够为期望健康的人带来自己所希望的变化，很多人还需要沉静下来去体会身体和内心的真实感受。

还有研究者曾把健康描述为一座由两个桥墩支撑的桥，这两个桥墩分别是自我责任和爱。我们需要对自己的健康负责，我们需要去好好地爱自己。总之，健康是一种选择、一种生活方式、一个积极的过程，是身体健康、心理健康和精神健康的整合，是对自己的爱与责任。

一、了解心理健康

心理健康已经成为现代健康概念中的一个非常重要的部分。可能有同学会这样说："我的心理一直很健康，没毛病啊！"那么事实真的如此吗？接下来，我们来聊聊心理健康和心理不健康有什么区别。

心理健康是指一个人处于各类心理活动正常、人际关系协调、主客观世界一致、人格相对稳定的状态。这种状态是一个相对稳定和平衡的状态。一般条件下，这种平衡是通过自身与内外环境的相互作用来实现的。

然而，无论是自身状态，还是环境因素都处在变化之中。当自身或环境发生剧烈变化的时候，这种平衡就可能被打破，心理活动也就有可能会失常，使心理活动处于一种相对失衡的状态。当心理活动变得相对失衡，而且对我们的生存发展和生活质量产生负面影响的时候，心理活动便处于"心理不健康"状态。

心理不健康也即心理出现了问题，根据严重程度，心理问题可以分为三类：

第一类，一般心理问题：一般由现实因素激发，持续时间较短，情绪反应能在理智控制之下，不严重破坏社会功能，情绪反应尚未泛化(也就是并未扩大化)。例如，小A在最近的一次考试中考砸了，近一个星期以来情绪有些低落。

第二类，严重心理问题：一般由相对强烈的现实因素激发，初始情绪反应剧烈，持续时间较长，情绪反应未充分泛化。例如，小B这一个月以来只要想到即将到来的四级考试，就会紧张、心烦、担心、注意力不集中，有时还会头痛，食欲也不好，晚上睡不着，早上很早醒。

第三类，神经症性心理问题：这一类心理问题已接近神经症的状态，也可以说是神经症的早期阶段。例如，小C因为一次考试没考好，之后一到考试前就会紧张、心慌。近两个月以来不愿意去教室，只要待在教室里就会感到心慌，看书学习完全不能集中注意力。在人多的地方，会感到浑身不舒服，呼吸都不顺畅，当众回答问题时手会发抖。小C的行为表现已接近焦虑症了。

无论是心理健康状态还是心理不健康状态，心理功能都没有遭到破坏，没有出现“精神障碍”的症状，因此都属于“心理正常”的范畴，只是“心理正常”水平的高低和程度不同而已。心理正常、心理不正常、心理健康和心理不健康的关系见图1.1。可见，心理健康和心理不健康都是人的正常心理活动。心理不健康既不是心理不正常，也不是心理有病，而只是心理健康的水平低于一般人群而已。

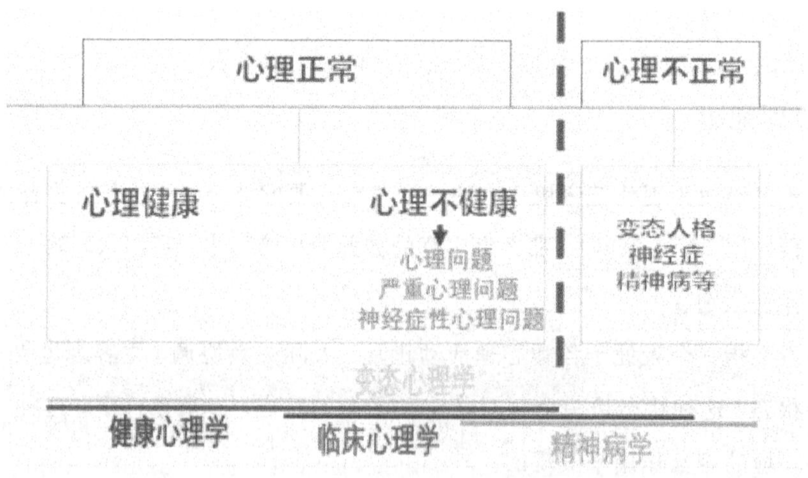

图1.1　心理正常与不正常的界定

最后还要强调的是，健康是一个积极的过程，是我们自己作出的一些选择所形成的结果，它会将我们对待自己的态度呈现给自己和他人，还会直接影响我们的寿命、生活与幸福。所以，是时候了解下自己的健康状况了，特别是自己的心理健康状况。

心理健康对成长的重要性

大学生处于人生的青年早期，需要应对各种全新的挑战，然后不断走向成熟和独立。但实际上，在这一阶段之前，我们很多人更多关注的是“高考”这一个学业目标，其他的心理、生活和社会能力未得到足够的重视。所以，面对刚刚踏入的崭新的人生阶段，我们需要时间成长，以适应未来的生活。

进入大学之后，生活变得与以往不同，各种烦恼也接踵而至。例如，我们可能发现理想与现实之间存在差别，我们可能因丧失生活目标而茫然不知所措，我们可能希望被人接纳却因“社恐”而逃避社交，我们可能鼓起勇气追求却被所爱之人拒绝，我们也可能内心充满压力却无处排忧解烦……

我们是一个完整的人，包括身体、情感、社会、智力以及心理等多个维度。如果我们忽视其中任何一个方面，其他方面都会受到影响。特别是心理健康，它与我们的成长息息相关。如果我们没有一个健康而发展的心理状态，其他的所有能力的成长也会成为空谈。因此，当面对成长中的诸多烦恼时，我们需要在心理上做好充足的准备，学会去面对和解决这些困扰和问题，这也是心理健康课程存在的意义。

二、评估心理健康

心理健康不比身体健康，迄今为止还难以像检查身体健康那样检查心理健康。身体健康与否可以通过体温、脉搏、血压、心电图、肝功能等一系列的客观数据进行反映，而许多心理现象与规律尚处于未知或知之不多阶段，并且由于不同的社会文化背景、经济水平、意识形态、民族特色等形成的不同认知体系、价值观念的影响，至今尚无公认的、科学的心理健康评估标准。此处只介绍目前在世界范围内认同程度较高的心理健康的七项标准。

1. 正常的智力水平

智力是衡量一个人心理健康与否的最重要的标志之一。正常的智力水平是一个人生活、学习、工作的最基本的心理条件。智力不是某种单一心理成分，而是人的观察力、记忆力、注意力、想象力、思维能力以及实践活动能力的综合，是大脑活动整体功能的体现，其中思维能力是核心。虽然目前还没有非常完善的测定智力和全面衡量大脑功能的科学方法，但已有人发明出了具有相对科学性和实用性的、国际公认的智力量表，比如比内—西蒙智力量表、韦氏智力测验和瑞文标准智力测验等。世界卫生组织规定，包括青少年和儿童在内的正常人，其智商不低于85是智力正常的最低标准（韦氏儿童智力量表的标准是智商不低于80）；在70～79之间为智力缺陷，属于心理缺陷；低于70为低能，属于心理疾病范畴；智商超过 130 为智力超常，属于心理健康范畴。智力属于低能的人很难适应正常的社会生活、完成正常学习或工作任务。与同龄人的智力水平相比较，是衡量一个人的智力发展水平的基本方法，可以及早发现和防止智力的畸形发展。对外界刺激的反应过于迟钝或敏感，出现妄想、幻觉等，都是智力不正常的表现。

2. 健全的人格

人格是一个人的整体精神面貌，是一个人所具有的稳定的心理特征的总和，具体是指一个人在适应社会生活的过程中，在其身心行为上所表现出来的对自己、对他人、对外界事物的个性特征，又被称为个性或个性心理。人格的各种要素不是孤立存在的，它们有机结合而形成一个整体。健全的人格是指构成人格的诸要素，如气质、能力、性格、理想、信念、人生观等各方面均平衡、健全地发展。

从人本主义自我实现的需求出发，美国心理学家阿尔波特提出了健全和成熟的人格标准：

(1) 有自我扩展的能力：健康的成人能够积极广泛地参与社会活动，有许多兴趣爱好。

(2) 有与他人热情交往的能力：能与他人保持亲密关系，无占有欲和妒忌心；有同情心，能容忍与自己在价值观念和信息上有差别的人。

(3) 在情绪上有安全感和认同感：能忍受生活中无法避免的冲突和挫折，能经得起突然袭来的打击。

(4) 具有现实性：健康的成人是能看清情境和顺应情境的“明白人”，他们看待事物是根据事物的实际情况而非自己所希望。

(5) 有清醒的自我意识：对自己所有的或所缺的都清楚、准确地知晓，能理解真实的自我与理想的自我之间的差别，也知道自己与他人对于自己认识的差别。

(6) 有一致的人生哲学：有符合社会规范的、科学的人生观，为一定的目的而生活，在意识形态、信念和生活方面能够对他人产生创造性的推动力。

3. 较强的社会协调性

较强的社会协调性是指一个人能够根据客观环境的需要，不断调整自己的身心行为，达到与客观环境和睦相处的协调状态。社会协调性主要表现在以下三个方面：

(1) 较强的人际关系适应能力：能够正确对待、处理和协调好各种人际关系，这是衡量和判断社会协调性的关键和核心因素，是心理健康的重要标准之一。

(2) 较强的自然环境适应能力：为了某种需要，任何一个心理健康者，尤其是青年人，应该具备在各种自然环境中生存的能力。

(3) 较强的适应不同情境的能力：心理健康者能够在不同时空和各种情境中保持自己的心理状态平衡，并充分发挥个人心理潜能和优势。一般地，情境是指个人行为所发生的现实环境与氛围，分狭义情境和广义情境两种。狭义情境是指个体心理活动和行为发生的场所、氛围，交涉对象的态度、情绪等，如面试、演讲、竞赛等场合；广义情境是指宏观的社会历史进程、国际形势等。狭义的情境受广义情境所影响和制约。

4. 稳定适中的情绪和情感

愉快、喜悦、欣慰、畅快、满意等良好情绪有益于心身健康与调动心理潜能，有利于人们充分发挥其社会功能。激烈的情绪波动，如欣喜若狂、悲痛欲绝、怒发冲冠、激动不已等，以及长时间的消极情绪，如悲伤、忧虑、恐慌、伤感、悲痛等，可能导致心理失衡，不仅会使人的认识和行为受到影响，还可能造成生理机能的紊乱，导致各种身体疾病的产生。所以，保持稳定适中的情绪和情感以及良好的心境也是心理健康的重要标准之一。

心理健康者能经常保持愉快、乐观、开朗的心境，对生活和未来充满希望。当然，我们在日常生活中也会有悲、忧、哀、愁等消极情绪体验，但只要我们主动调节并控制表达，便可以做到喜不狂、忧不绝、胜不骄、败不馁。

5. 健全的意志，协调的行为

每个人都有或大或小的理想，自觉地确定你的理想目标，并支配自己的行动，努力实现这个目标的心理过程，就是意志。意志与行为是一体的：行为受意志支配和控制，称为"意志行为"；通过行为，可以看出一个人意志活动的实质。通过以下四种心理品质，可以衡量一个人意志品质的高低、强弱、健全与否：

（1）果断：善于迅速明辨是非，合理决断和执行。

（2）自觉：对自己行动的目的和意义有明确认识，并能主动地支配和调节自己的行动，使之符合于预定目的。自觉性强的人既能独立自主地按照客观规律支配和调节自己的行为，又可以不屈从于周围环境的压力和影响，坚定地达成目标。懒惰、盲从和独断是与自觉相反的意志品质。

（3）自制、自控：善于促使自己执行已采取的决定，排斥与决定无关的行为，克制自己的负面情绪和冲动行为。

（4）坚韧：坚持自己的决定，百折不挠、克服困难以达成目标。

协调的行为是指：行为大多数受理智控制而尽量不受情感和非意识支配；能够采取弹性方式处理问题，不固执僵化。

6. 和谐的人际关系

和谐的人际关系是心理健康的重要标准，也是维持心理健康的重要条件之一。人际关系和谐有以下具体表现：

（1）在人际交往中，能够与他人心理相容，互相接纳、尊重，而非心理相克，互相排斥与贬低。

(2) 对他人真挚善良、真诚可信，而非冷漠无情、伤害别人。

(3) 懂得付出与奉献，以集体利益为重，而非损人利己。

7. 心理特点符合心理年龄

每个人都有三种年龄：实际年龄、生理年龄和心理年龄。实际年龄是指人们的自然年龄。生理年龄是指人生理发育成长所呈现出来的年龄特点，与实际年龄往往有差别，例如若一个人营养不良，那么其生理发育就迟缓，将导致其生理年龄小于实际年龄。心理年龄是指人的整体心理状况所呈现出的年龄特征，与实际年龄也不完全一致。经典发展心理学将人的心理年龄分为7个阶段：婴儿期、幼儿期、童年期、青春期、青年期、中年期、老年期。人在不同的心理年龄阶段具有不同的心理特点，如人在幼儿期天真活泼；在青春期自我意识增强，身心飞跃突变，心理活动往往动荡剧烈；在老年期，心理倾向成熟稳定、老成持重，但身心功能弹性降低，情感容易变得忧郁。

心理特点符合心理年龄，主要有两方面的标准：

(1) 个体的实际年龄应当与心理年龄、生理年龄相符。

(2) 个体在不同心理发育期应表现出相应的心理特征。

三、了解异常心理与行为

界定异常心理与行为时通常要考虑很多因素，而不仅是与众不同或行为另类，尽管它们可能是一个人有点不对劲儿的信号。判断心理是否异常的标准包括主观体验标准、社会适应标准、统计学标准、医学标准和心理学标准。

1. 主观体验标准

大部分人都有自省能力。当一个人或茶饭不思、夜不能寐，或焦虑、抑郁、躁狂，抑或不能有效地调节自己的情绪、控制自己的行为时，他可能会忍不住问自己：“我是不是病了？”一个人的主观体验是判断自己心理是否异常的重要标准。

主观体验之所以能成为判断心理是否异常的标准，首先是因为你知道“正常”的自己是什么样，当你的状态偏离“正常”的自己太远时，你可以认为自己的心理出现了“异常”。其次，异常的心理常常伴随着痛苦的主观体验，它影响我们的工作和社会适应，让我们的生活质量极度下降。而减轻或消除痛苦体验正是心理咨询和治疗的重要目标。

然而，并不能简单地把痛苦体验看作心理异常。当我们的生活出现重大变故，如亲人丧失、失恋、离异或者身体病变时，痛苦体验反而是我们对这些事情的正常反应。因此，把主观体验作为判断心理异常的标准，必须从情绪体验和发生事件的关系、体验的持续时间和体验的强度等方面综合考虑。另外，主观体验作为心理是否异常的判断标准有很大的主观性，受个体的文化背景、生活阅历的影响。有些人对自己的主观体验较为敏感，而另一些人则较为“麻木”。当怀疑自己心理异常时，可以向受过专业训练的心理咨询师或精神科医生咨询和求助。

2．社会适应标准

要成为成熟的社会成员的一分子，人需要经历漫长的社会化的过程。社会化对人提出了两方面的要求：在行为规范上，能够根据社会要求的道德规范行事；在行为能力上，能够在他人的配合下完成自己的工作。行为规范和行为能力是社会适应能力的重要标志。如果一个成年人不具备社会适应能力，那么我们可以推断，这个人可能存在心理异常或心理障碍。

社会适应标准以社会上大部分人的行为为判断依据。这同样是一个主观的标准。首先，不同地区、时代、社会文化和习俗对于“正常”都有不同的定义。比如非洲辛巴族部落的女性都会往自己的脸上和身上涂上红土，如果在我们的周围出现这样的行为就属于行为异常。其次，“正常”并不等于“正确”。历史的经验告诉我们，不仅社会规范会塑造人的行为，一些偏离正常的“少数派”也可能推动社会规范的发展和改变。因此，要判断人的心理和行为是否异常，除了社会适应标准，还需要结合其他标准进行综合考察。

3．统计学标准

统计学标准认为，如同其他个体特征一样，心理的正常和异常在人群中的正态分布是一个连续体，并不存在把两者完全分开的绝对标准。在这个分布的连续体中，心理特征越接近平均数，人数越多，越偏离平均数，人数越少。这被称为正态分布，如图1.2所示。为了方便，我们常常人为地设定一个统计标准(通常为5%)，作为心理异常的判断依据。在心理上处于最极端的5%的人群，常常被认为是心理异常。

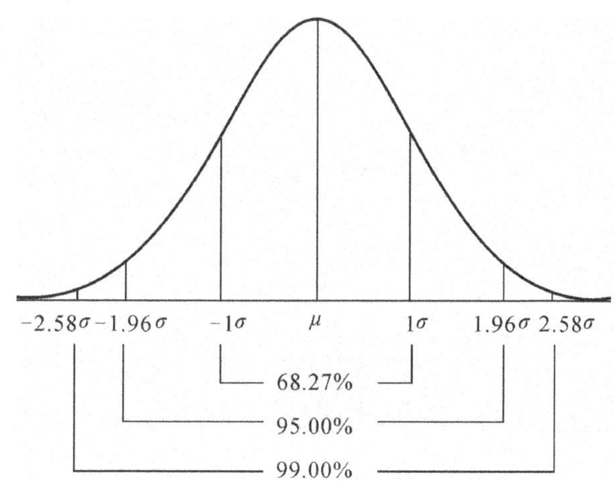

图1.2　作为统计学标准的正态分布

统计学标准在以心理量表为异常心理的诊断工具时较为常用。因为心理量表能提供统计标准所需要的客观的统计指标，如某个心理特征在人群中分布的平均数和标准差，以及个体在某种心理特征上的得分，但统计学标准也存在缺陷。首先，正常和异常的划分是人为设定的，无论受评估人群真实的心理特征如何，都会有一定比例的人被划分为异常。其次，统计学标准以心理特征在人群中呈正态分布为前提，但并不是所有的心理特征都符合正态分布。再次，统计学标准在使用之前，需要做大量工作确定人群中某个心理特征的平均数和标准差，即测量的常模。人们的心理特征随着时代、社会环境和人群的变化而变化，而常模却很难及时更新。以过时的常模为依据来判断人的心理是否异常，常常会产生偏差。因此，对心理测量的结果我们需要慎重考虑。

4. 医学标准

医学标准把心理疾病看作身体疾病的一种。心理医生或精神科医生常常根据个体表现出来的异常心理现象或行为，进行各种医学检验，以找到心理现象的病理解剖学基础。如果某种心理体验或者行为伴随着生理病变，即为异常，否则为正常。

唯物主义认为，心理是脑的功能。医学研究也表明，脑、神经系统或者内分泌的病变都可能导致异常心理或行为，例如阿尔茨海默病患者会出现脑部神经细胞死亡及脑部组织的损失(如图 1.3)。因此，寻找心理异常的神经生物学基础是合理的，但并不是所有的心理和行为异常都以生理的器质性病变为基础。社会环境、生活事件、个人成长史都可能导致心理和行为异常，而这些异常通常并没有严格对应的生理性病变。通常在心理异常的诊断中，把医学标准作为最先检验的标准。在排除了生理病变以后，再确定其他的心理咨询或治疗方案。

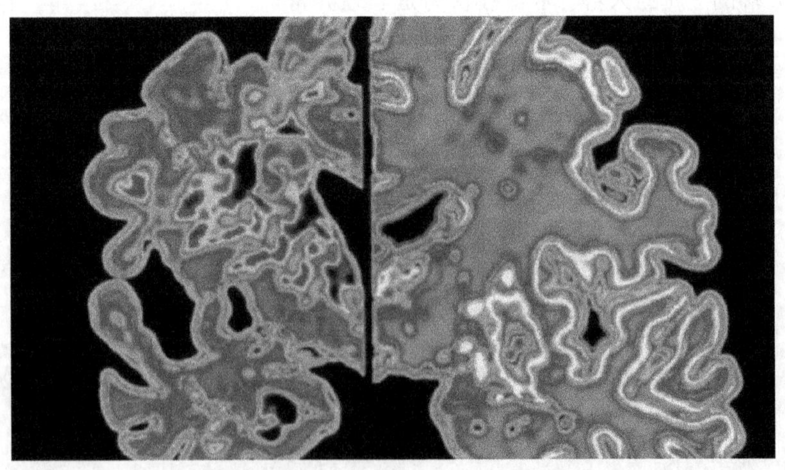

图 1.3　阿尔茨海默病患者脑组织(左侧)与健康者脑组织(右侧)对比

5. 心理学标准

心理学标准认为，既然区分的是“心理”的正常与异常，就应该以心理学对人类心理活动的解释为依据。心理学从认知的客观性、知情意的协调性和人格的稳定性等方面提出了判断心理是否异常的三条标准：

（1）主观世界与客观世界相统一。心理是客观现实的反映，所以正常的心理活动和行为应该与客观环境一致。如果一个人说他看到或听到了什么，而客观世界中并不存在引起他这种知觉的刺激物，我们可以推断这个人产生了幻觉。如果一个人的思维内容脱离现实或思维逻辑背离客观规律，我们可以推断这个人产生了妄想。幻觉和妄想表明人的心理或行为与外界环境失去统一性，是心理异常的重要标志。除了幻觉和妄想，人还需要主动审视自己的心理活动与客观环境的一致性，并觉察到主观体验和客观现实之间的不统一。这种对现实的检验能力和自知力同样是判断心理是否异常的重要指标。

（2）心理活动的内在协调性。心理学把人的心理分为认知、情绪情感、意志等成分。不同心理成分之间协调一致，从而保证了人能准确有效地反映客观现实。如果这种协调一致性遭到破坏，就会产生异常的心理和行为。假如你在准备一个重要的考试，你首先会在认知上意识到考试对你的意义，并在意志上积极努力去准备考试。如果考试通过会让你高兴，反之则可能使你沮丧，这说明你的知情意是协调一致的。但假如认识到了考试的重要性却不努力去准备，当通过考试时你变得忧郁沮丧，而未通过考试时你却兴高采烈，这说明你的心理状态可能出现了异常。知情意的不协调是一些神经症的主要症状，例如强迫症的病人虽然知道反复地做某件事情没有必要，却无法通过意志控制自己的行为。

（3）人格的相对稳定性。每个人在长期的生活积累中，都会形成自己独特的人格。人格一旦形成，就会相对稳定，在没有重大外界刺激的情况下一般不会改变。如果一个人的人格忽然发生变化，如一个热情开朗的人忽然变得忧郁冷淡，一个热心助人的人忽然变得冷漠无情，我们可能就会怀疑这个人的心理出现了异常。

其实心理健康并没有相关的、特定的评判标准，从客观标准来说，心理咨询专业人员会以“一般心理问题和严重心理问题的区别”来判断来访者的心理问题。

知识百科　不要乱贴“精神病”标签

1973 年，心理学家戴维·罗森汉做了一项研究并在《科学》杂志上发表了一篇标题为《在疯狂的地方保持头脑清醒》的论文。在研究中，罗森汉招募了 8 名被试者（包括他自己）来做假病人。这 8 个假病人由 1 名研究生、3 名心理学家、1 名儿科医生、1 名精神病学家、1 名画家和 1 名家庭主妇组成。他们的主要任务是把自己送进遍布美国东海岸五个州的 12

家精神病院。

所有假病人都遵照相同的指示：他们打电话到医院并预约精神科医生，然后在见到医生后都说能听到“无意义的(empty)”、“空洞的(hollow)”和“砰的(thud)”之类的声音。除了这一症状以外，所有被试者的言行完全正常，并且给医生的信息都是真实的(除姓名和职业)。结果所有被试者均被收入不同的医院，且除1人外都被诊断为精神分裂症。

所有被试者进入医院后不再表现任何症状而且行为正常。最初，他们偷偷记录自己在医院的经历，但不久就发现这种隐藏是没有必要的，因为“记录行为”本身就被认为是一个症状。他们都非常希望尽早出院，所以他们模仿病人并积极配合医务人员的治疗，并接受所有的药物治疗(但并不是真的吃下药物，而是偷偷扔到厕所冲掉)。

这些假病人的平均住院时间为19天(有一位患者在住院52天之后才被允许出院)。在此项研究中关键的发现是：没有一个假病人被医务人员识破。即使在出院后，他们的心理状况仍被认为是“精神分裂症缓解期”并记录在病历中。另外一个特别有趣的发现是，当医院的医生、护士和其他医务人员没能鉴别出假病人时，真病人却不那么容易被欺骗。在3个假病人所在的医院，118个真病人中的35人对被试者表示怀疑。他们这样评论：“你不是真疯子！你是记者或编辑，你是来检查医院的！”

罗森汉的研究发现，过于强大的精神病院环境影响了医务人员对个体行为的判断。一旦精神病人进入这种场合，医务人员对病人的看待就有了一种很强的定势，进而忽略了病人本身的个体性。当一个人被贴上“精神分裂症”的标签后，精神分裂症就成为他的核心特征或人格特质。因此，在谈论或阅读精神疾病的相关书籍时，希望你不要轻易地给自己或他人贴标签，因为精神疾病诊断是一个专业而复杂的过程。

拓展阅读：心理健康的相关概念

第二节 什么影响了心理健康

心理健康是一个相对独立的、极为复杂的和动态的过程，所以影响心理健康，导致心理偏差、心理障碍或心理疾病的因素也是复杂多样的。根据来源的不同，各种影响心理健康的因素可以分为内部因素与外部因素两大类。内部因素又可分为生物遗传因素和心理状态因素。

顾名思义，内部因素是影响一个人心理健康状况的内在原因，外部因素是影响心理健康状况的外在诱因。内部因素是决定人心理状况的本质原因；外部因素是通过内部因素来发生作用的，它使人的心理健康状况的变化具有现实性。比如，同样紧张的学习生活和强大的学习压力，对于心理状况良好的学生来说，会激发更高的学习热情，使其投入更多的学习精力；而对于心理状况较差的学生，则有可能引起过度焦虑，导致产生心理障碍。

一、生物遗传因素

生物遗传因素又可以细化为遗传、化学中毒或脑外伤、病菌或病毒感染及躯体疾病或生理机能障碍等因素。

1. 遗传因素

人的心理活动或心理健康状况是不能遗传的，但是人是一个身心交融的整体，而身体特征受遗传因素的影响较大。特别是一个人的躯体、气质、智力、神经过程的活动特点等，受遗传因素的影响更为明显，因此心理也是受遗传影响的。相关研究和临床观察表明，精神病患者的家族中，患有精神发育不全、性情乖僻、躁狂、抑郁等神经精神病或具有异常心理行为的家庭成员占有相当的比例。研究表明，精神疾病发病率与血缘具有明显的关系：与精神病患者血缘关系越亲近，患病率越高。

2. 化学中毒或脑外伤因素

有害化学物质侵入人体，会毒害中枢神经系统，如食物中毒、煤气中毒、酒精中毒、药物中毒等，这些都可能导致心理障碍或精神失常；种种原因造成的脑震荡、脑挫伤等脑外伤，也可能导致意识障碍、遗忘症、言语障碍、人格改变等心理障碍。

3. 病菌或病毒感染因素

如果患了斑疹伤寒、流行性脑炎等中枢神经系统的传染病，人就会由于病菌、病毒损害神经组织结构而导致器质性心理障碍或精神失常。如果患者是幼儿，则可能阻抑心理的发展，造成智力迟滞或痴呆。

4. 躯体疾病或生理机能障碍因素

躯体疾病或生理机能障碍也是影响心理健康的因素之一。例如，一个人若患有内分泌机能障碍类疾病，尤其是甲状腺机能混乱、机能亢进等，往往会出现暴躁、易怒、敏感、情绪冲动、自制力减弱等心理异常表现；若肾上腺素分泌过多，则可能患上躁狂症，而肾上腺素分泌不足，则可能患上抑郁症等。

二、心理状态因素

一个人的心理状态一旦成型，就可预测其以后的心理发展和变化。心理状态因素包括认知因素和情绪因素等。

1. 认知因素

认知过程就是信息的获得、储存、转换、提取和使用的过程。个体的认知因素涵盖范围很广，包括感知、记忆、注意、思维、想象、言语等。

认知因素之间是相互影响的。倘若某一认知因素发展不正常或某几种认知因素之间的关系失调，就会产生认知的矛盾和冲突，从而会使人感到紧张、烦躁和焦虑。认知因素之间的失调程度越严重，人们减轻或消除失调、维持平衡的需要和期望就越强烈。如果这种期望和需要长时间得不到满足，则可能使人产生心理偏差或心理障碍。认知的严重失调还可能导致人格分裂或变态。

2. 情绪因素

人的情绪体验是维持身心健康的重要因素，是一个人机体生存和社会适应的内在动力，它是多维度、多成分和多层次的。

经常波动而消极的情绪状态，往往使人心境压抑、精力涣散、身体衰弱；稳定而积极的良好情绪状态，往往使人心境愉快、精力充沛、身体健康。所以，培养良好情绪、排除不良情绪，对人的身心健康是十分重要的。

3. 性格因素

每个人都或多或少存在一些性格问题，例如孤僻、懦弱、敏感、多疑、固执、暴躁等，这些问题会给我们带来三个方面的影响。首一是会导致生活适应不良，尤其是难以处理人际关系；二是影响学习效率、工作效率和生活质量；三是容易诱发一些心理疾病和身心疾病。

容易诱发心理疾病的性格被医学专家称为易感性素质。在精神与环境方面的不良刺激下，这样的性格很容易产生心理疾病。例如，具有胆怯、自卑、敏感、多疑、依赖性强、缺乏自信、主观任性、急躁好强、自制力差等性格特征的人，容易患上神经衰弱；具有优柔寡断、谨小慎微、犹豫不决、清规戒律很多等性格特征的人，容易患上强迫症。

三、外部因素

外部因素是影响心理健康的外在的、客观的因素，主要包括家庭因素、社会因素和学校因素三大类。

1. 家庭因素

人的心理健康状况，尤其是儿童的心理健康状况，受家庭因素的影响很大。大量研究表明，不良的家庭环境因素，容易造成家庭成员的心理异常。

不良的家庭环境因素主要包括：家庭关系不良，如父母关系、婆媳关系、兄弟姐妹关系不和谐，家庭情感冷淡，矛盾冲突迭起等；家庭成员残缺，如父母死亡、父母离异或分居、父母再婚等；家庭教育存在误区，如专制粗暴、溺爱娇惯等；家庭变迁以及出现意外事件等。

2. 社会因素

政治、经济、文化教育、社会关系等属于影响心理健康的社会因素。其中的各种不健康的思想、情感和行为，会严重腐蚀人的心理健康。社会因素对一个人的生存和发展几乎起着决定性作用，尤其在今日，人与人之间的交往日益广泛，各种社会传媒的作用越来越大，生活紧张事件增多，矛盾、冲突、竞争加剧，所有这些都会加重人们的心理负担，不利于身心健康。

3. 学校因素

学校因素主要是针对学生来说的，主要包括学校教育条件、学习条件、生活条件，以及师生关系、同伴关系等。学生的大部分时间是在学校中度过的，学校是学生学习、生活的主要场所，所以学校生活对学生的心理健康影响极大。学校因素中的种种条件和关系，如果处理不当，就会影响学生的心理健康发展。例如，校风学风不良、教育方法不当、学习负担过重、师生情感对立、同学关系不和等，都会使学生心理抑郁、精神焦虑，若调适不及时，就会造成心理失调，甚至导致学生产生心理障碍。

上面提到的这些因素既相互独立，又相互制约，对一个人的心理健康起协同作用，而这种协同作用要超过单个因素作用的简单相加。所以在诊断心理失调、心理障碍或心理疾病时，必须要充分考虑各种因素的作用，逐一考查后才能全面正确地作出诊断，才能采取有效的措施进行心理调适和治疗。

《零到正无穷》

第三节　呵护你的心理健康

走出心理健康的认知误区

误区一：心理不变态就算心理健康

心理不健康有许多种形式，心理变态只是其极端形式而已。根据状态，人的心理可用三区来表示：白色区、灰色区和黑色区。人处于心理白色区就是心理健康，处于黑色区则心理变态，而处于灰色区则介于上述两者之间。它们之间是可以相互转换的，灰色心理调节得当就会恢复为白色心理，不当则会发展为黑色心理。所以，心理不变态的人不一定心理健康。

误区二：心理健康与心理问题是静态的、不可变化的

许多人认为心理健康就永远不会有问题，心理有问题就永远心理健康不了。这是一个误区。其实心理健康与心理问题是相对而言的，这二者是动态的、可逆的、有变化的。

误区三：心理问题只发生在少数人身上

在人一生中的不同时期都可能产生心理问题。其实，几乎人人都有心理问题，只是程度有轻有重，或是自己没有意识到而已。

误区四：纪律、道德、思想问题与心理健康问题毫无关系

实际上，两者之间是有密切联系的。例如，某位学生一到上课时就咳嗽不止或喜欢东张西望，老师往往以为是纪律或品德问题。事实上，这也可能是过重的学业负担产生的心理压力引起的躯体反应或心理逆反。

误区五：心理问题只能出现后再进行治疗

心理问题是能被早期发现、早期调适的，对心理问题同样应贯彻预防为主的原则。

误区六：去看心理医生是丢人的事情

很多人觉得去看心理医生是很难为情的事情，认为看心理医生的人都心理变态。这是很大的误区。心理咨询在中国是个新生事物，人们对它的了解还不够，这可能是造成这种误区的原因之一。另外，许多人对心理咨询不信任，认为是骗人的东西，这也是误解。其实，正如哈佛大学博士岳晓东所说的："心理咨询是一种享受而不是痛苦，是明智的选择而不是愚蠢的做法。"

误区七：心理上有"病"不用去看

长期以来只重视身体健康而忽视心理健康的宣传，致使人们身体有病大大方方地去看医生，但心理有问题却不好意思去看心理医生，小问题也逐渐成了大问题。

误区八：一次心理咨询就可以解决问题

对心理咨询的不了解也导致了人们过高的期望值，认为通过一次半次的心理咨询就可以解决所有心理问题。其实心理问题和身体疾病一样，"冰冻三尺，非一日之寒"，不可期望很快就能痊愈。而且不同于身体疾病，心理问题的治疗需要患者和心理医生双方互动交流。这自然也不是一次可以完成的。当然，也不是所有心理问题都需要多次咨询和治疗，简单的问题一次足矣。

一、增加"心理弹性"

生活中，我们常遭遇各种挫折和失败。这些挫折和失败会让我们焦虑、沮丧、彷徨甚至

绝望。但大部分时候，我们都能成功应对和超越这些消极的情绪，重新变得快乐。人本主义心理学家相信，人天生具有自我治愈的力量。积极心理学家则用“心理弹性”来描述人在经历人生的变故、创伤后，重新恢复灾难前的情绪水平和心理状态的特质和能力。“心理弹性”可能来源于大脑激素反应、基因和行为方式。一些社会化得到的成熟的防御机制也对我们战胜挫折和失败有积极作用。这些成熟的防御机制包括对消极情绪的适度压抑、注意力的转移、对挫折苦难的升华、幽默和自嘲以及通过帮助他人来缓解自己的痛苦等。通过自我调节，大部分挫折和失败最终会变成成长的一部分，让我们的心理更加成熟和完整。在“解析情绪方程式”和“化解压力的艺术”这两章里，你会学到很多有关不良情绪调适方法、心理压力应对策略等的知识。

二、获得社会支持

我们所处的这个世界是一个拥挤的、嘈杂的、充满污染的、以成功为导向的世界，它会让我们感觉到孤独和不知所措。我们现在比以前更需要家庭成员、朋友以及同事等支持系统来减缓压力。社会支持是指来自一个人所爱的或者所在乎、尊敬和重视的他人的信息的反馈，它是交流和相互支撑的网络体系的一部分。研究显示，在面临重大生活压力时，那些能够得到朋友或家人有效支持的人更容易渡过难关。对于那些患有生理疾病的人来说，社会支持对他们的康复也是大有益处。实际上，缺乏可靠的社会支持会增加人们因为疾病、自杀或事故等原因死亡的风险。

社会支持能带来三类好处：切实的帮助、信息支持和情感支持。家庭和朋友是社会支持系统最重要的组成部分。一些心理学家认为，婴幼儿时期的亲子关系决定了一个人与世界的关系，也决定了一个人的人格是否健康。当我们面临重大生活事件时，融洽的家庭关系能减轻我们的压力，缓解我们的焦虑，帮助我们重塑信心、面对未来。与家庭的先天性不同，朋友更多来源于后天的生活经历。因此，通过积极有效的人际交往获得更多的朋友，巩固和改善社会支持系统是维护心理健康、提升生活质量和幸福感的重要途径。“探索友谊的世界”与“体会世间的爱意”这两章将为你解答如何有效地与人沟通，更好地构建自己的社会网络支持系统；同时也会帮助你建立良好的人际关系，尤其是为你建立和维系友情、爱情这样的亲密关系提供指导。

三、选择健康的生活方式

我们的生活方式对我们的健康具有重要的影响。什么样的生活方式才算健康呢？你的生活方式健康吗？健康的生活方式不仅意味着个体自身的积极状态，也意味着个体和环境、社会其他成员之间的友善关系。心理学家相信，健康的生活方式包含了以下七个方面的内容：

（1）环境方面的健康习惯：具有环保意识的生活习惯，包括意识到全球环境和我国环境的严峻现状，意识到个体的日常习惯对周围环境所造成的影响；保持一种对环境危害尽量小的生活方式；承担起社会责任，参与各种活动来保护环境等。

（2）智力方面的健康习惯：具有清晰思考和回忆的能力，很少受到感情包袱的干扰；可以独立并且审慎地思考，具有推理的基本技能；善于吸收新观念，也包括对文化遗产核心知识广泛而深刻地继承。

（3）情感方面的健康习惯：包括在特定情况下能意识到自身的情感，在生活事件连续发生后，用恰当的情绪反应，用相对稳定的情绪状态来应对；有能力对不同情绪状态做出相应的掌控，并通过积极的情绪来抑制消极的情绪体验。

（4）精神方面的健康习惯：关心生活意义、行为的目的和价值等问题。即使我们无法得到确切答案，对这些问题的关心本身仍然是健康生活的一部分。

（5）生理方面的健康习惯：包括具有良好的营养习惯；有规律地进行体育锻炼；能保证规律和充足的睡眠；不过量饮酒、吸烟和滥用药物以及遵守安全措施以防止意外伤害等。

（6）社会方面的健康习惯：包括分享亲密关系、朋友关系和小组成员的关系，体验共情和积极倾听，关心他人并接受他人的关爱，对所在社区、省市以及国家的社会公益事业不断作出贡献等。

（7）时间方面的健康习惯：在大多数时间内，将生活节奏维持在个人舒适区间；对自己的时间保持相对的控制；一方面避免长期快节奏的生活，另一方面又避免生活枯燥乏味；在活动和休息、工作和娱乐、独处和社交之间获得平衡。

健康生活的这七个方面，既考虑了个体的心理因素，也考虑了个体的生理因素和社会环境因素，与影响健康的生物—心理—社会模式相一致。如果你在这七个方面都形成了良好的生活习惯，说明你的生活方式非常健康。

健康生活的七个方面既可以用于判断我们的生活是否健康，也可以成为我们健康生活的目标设置。健康生活的目标设置遵循几个基本的原则：首先，需要对目标作明确的界定。例如，我希望在时间方面养成健康的生活习惯，最好的方法是对一天或者一周大概的学习时间、娱乐时间和社交时间做具体的、量化的安排。其次，要估量自己当前的状态，以确定目前的问题和想要达成目标的途径之间的差距。再次，要寻找达到目标的途径。为了避免生活的变数给你的计划带来冲击，最好确定两个以上的途径。

四、寻求心理咨询的帮助

我们经常会听到“心理医生”一词，其实在英文里是没有心理医生这个词的，而是把心理医生叫作心理治疗师或咨询心理学家、临床心理学家。当我们遇到困惑时，寻求专业人员的咨询和帮助也是维护心理健康的重要途径。心理咨询是指经过严格专业训练的人员运用心理学的理论与技术帮助来访者解决心理问题、增进身心健康、促进个人成长与发展以及潜能发挥的过程。心理咨询不仅用于解决消极的心理困惑，也用于促进积极的个人成长和发展。目前，大部分学校和医院都可以提供心理咨询的专业服务。如果遇到让你困惑的心理问题，你可以到学校的心理健康教育中心寻求帮助，那里会有专业的咨询老师接待你。

1. 心理咨询是怎样提供帮助的

有人说心理咨询就是聊天或是“话疗”，也有人说心理咨询是谈话的艺术，还有人说心理咨询是一种特殊的人际关系，无论是哪种说法都表达了这样一个核心观点——心理咨询只是通过说话和沟通来解决问题，而不是通过打针吃药来治疗。既然是通过语言来起作用，那么无论心理咨询过程中说什么、怎样说、说多少，最终都要从来访者自身接受并实施的角度去起作用，倘若来访者坚决不做任何事情或自身没有任何改变的愿望，再高明的心理咨询师也没有办法。因此，心理咨询的实质是在心理咨询师的帮助之下，自己去帮助自己解决问题，也就是达到“助人自助”的目的。

知识百科　心理咨询的原则

心理咨询的原则不仅是对心理咨询师的规范和要求，也是保证来访者的权利不受侵害的规则。

（一）保密原则

保密原则是心理咨询的一个基本守则，也是从事心理咨询的基本职业道德。能够引起我们出现心理困扰的原因有许多，其中有很多事情是很隐秘、很不想被别人知道的，因此来找心理咨询师寻找帮助的人都很在意自己心里的秘密是否安全，一旦自己的秘密被泄露就会感到紧张、不安和焦虑。因此为了保证来访者不被“二次”伤害，心理咨询师必须为来访者保密。

保密原则的基本要求是，心理咨询师不经来访者的允许，不得向任何人透露来访者的一切信息和所表达的内容，这里所讲的任何人既包括与来访者不相干、不认识的人(如其他的心理咨询师)，也包括来访者的亲人和家属。但是这个保密原则并不是绝对的，如心理咨询师在工作中发现来访者有自杀、伤害他人或社会等危害性较大的强烈愿望并准备实施的时候，就需要尽快联系来访者的家属或必要的社会机构，适当地说明来访者的当前状况，防止意外事件的发生。

（二）尊重原则

人与人之间互相尊重也是人际交往中最首要的和最基本的原则，因此在以人际关系为基础的心理咨询中，尊重就显得尤其重要。在心理咨询师的眼中，无论来访者出现了多么大的问题，犯了多大错误或是罪过，只要他还是一个人，就应该而且需要得到应有的尊重。道德和法律的惩罚并不是心理咨询师的工作职责。

（三）价值观中立原则

价值观的多元化是现代社会发展的一个趋势，每个人都有自己的价值观，这个价值观可能与当前社会的主流价值观相吻合，也可能与主流价值观有一定距离，但只要这个人的价值观没有违反法律和社会的基本伦理道德，咨询师就不应也不会对其指手画脚。在心理咨询中，心理咨询师不会把自己的价值观强加给来访者，也不会对来访者的价值观进行品头论足，而会尊重对方的想法和观念。

（四）无批评原则

在任何情况下，人们都喜欢听到赞赏和表扬，这是由人类对尊重的基本需要所决定的。只要是情绪和心理正常的人，听到批评或指责后都会出现沮丧、敌对、挫折感等不舒服的负面感受，无论这个批评出于什么目的——是善意的，还是攻击性的。无批评原则是心理咨询中的一个重要原则，即在整个的咨询过程中，心理咨询师始终不对来访者采取批评的方式进行互动和沟通。

2. 心理咨询能帮你什么

首先，教你学会管理自己的情绪。我们可以把情绪比作“发电机”，它源源不断地产生能量，用于推动人的各种活动，使我们过一个积极进取和有贡献的人生。但是在日常生活中，人们不可避免地会产生一些情绪，这些情绪在一定程度上会消耗我们的能量，并影响我们的健康。心理咨询能帮助你把损耗性情绪转化为积极情绪，让你的心里充满阳光。

其次，帮助你学会从不同的角度思考问题。每个人的思维方式、归因倾向以及认知特点各不相同，应对困难和挫折的态度、行为也大相径庭。有些人容易钻牛角尖，有些人遇到挫折后容易气馁……心理咨询能引领你跨过人生的低谷，迈向更有生命力、充满乐趣的世界。

再次，帮助你恢复爱的能力。爱是可以习得的，经过心理咨询师与你心灵深处的沟通，你会感受到被爱、被关注、被肯定和积极情感，重新体验到爱的力量。

第四，帮助你拥有健全的人格。人格的形成是一个非常复杂的过程，受到多种因素的影响，而且在儿童早期人格就基本形成，因此一些不良的人格特征就像影子一样会一直跟随着你，在不知不觉中发挥着巨大的破坏作用。心理咨询虽然不可能彻底重塑你的人格，但却可以帮助你瓦解自卑、自恋、自闭等不良心态带来的巨大的破坏作用，使你的人生更顺利。

第五，帮助你度过人生各个发展阶段的种种危机。人的每一个年龄段都有各自的发展任务，如果没有完成好，就会影响下一个年龄段的正常发展。心理咨询师会帮助你认识你的任务是什么，在完成任务的过程中会有怎样的情绪，如何克服不良情绪带来的反应，怎样顺利地完成这些任务，等等。

微课视频：心理咨询如何帮助我们

五、接受专业的心理治疗

一个人知道自己出了问题，这是一种觉察能力；能够付诸行动去寻求帮助，需要自制力和行动力；心理咨询和心理治疗对于绝大多数人而言是新事物，我们还需要有敢于尝试新事物的勇气。小说家村上春树在他的作品《当我谈跑步时，我谈些什么》里引用过一句话："Pain is inevitable. Suffering is optional."这句话放在这里也颇为合适：患有精神障碍这件事本身也许是无法避免的痛苦，但是咬牙默默承受、独自承担，以至病情恶化错失人生还是求助于专业人士，借助专业的帮助，坚强勇敢地走出疾病阴霾，却是我们可以主动作出的选择。面对磨难，选择专业帮助不失为一种智慧。

1. 何时进行心理治疗

何时进行治疗？要做出判断，首先要考虑问题给自己带来了多少麻烦，或困扰自身的程度以及持续的时间。当你所遇到的问题会导致巨大的痛苦，或破坏学业、职业、社交或其他重要的生活功能时，那么寻求帮助是明智的做法。精神障碍有别于正常问题的是：它们有多么极端以及它们持续了多长时间。一个人越快了解到自己有获得他人帮助、寻求正确治疗的需求，他的症状就可以越快地改善、越快地康复。如果我们不确定自己或身边的人是否有精神健康问题，下列一种或更多的感觉或行为可作为某个问题的早期警示迹象：

- 进食或睡觉太多或太少；
- 与人疏远或通常的活动减少；
- 低能量或没有能量；
- 感到麻木或对什么都觉得无所谓；
- 有无法解释的不适和疼痛；
- 感到无助或无望；
- 比通常更多地吸烟、饮酒或使用毒品；

- 感到不寻常的混沌、遗忘、焦虑、愤怒、不安、担心或恐惧；
- 与家人和朋友打架；
- 有严重的心境转移，导致关系问题；
- 有持续的想法和记忆，不能将其赶出大脑；
- 听到不存在的声音或相信不真实的事物；
- 想伤害自己或他人；
- 不能从事日常事务，如上学、上班。

2. 谁来实施心理治疗

与过去相比，现在更多的人遇到问题会寻求治疗，但遗憾的是大多数人只是在心理问题变得严重时，才会向受过训练的心理健康专业人士寻求帮助。

我们可以从以下几种主要的专业人士那里得到帮助，即心理咨询师、临床心理学家、精神科医生、临床社会工作者和精神分析师等，每一类专家都有自己的专长。

心理咨询师(Counseling Psychologist)至少要获得心理咨询硕士学位，一般情况需要获得心理学博士学位。他们帮助人们处置正常生活中的普通问题，如人际关系问题、职业选择问题、学校里的问题、药物滥用和婚姻冲突等问题。这些咨询师常常在学校、企业、监狱、诊所等机构工作。他们所采用的方法有会谈、测验、辅导或提供忠告等，以帮助个体解决特定的问题或帮助个体对未来的选择作出决定。

临床心理学家(Clinical Psychologist)必须完成研究生的训练，其训练包括对心理问题的测量与治疗，还要有见习训练并接受督导，取得心理学博士的学位。与精神病学家相比，这类心理学家具有广博的心理学、测量学和研究方面的知识。他们所受的训练主要用来治疗严重的心理障碍，通常自己开办诊所或受雇于心理健康机构和医院，一般没有处方权。

精神科医生(Psychiatrist)必须接受取得医学博士学位所必需的所有医学院的训练，还需要完成某些心理和情绪障碍方面特殊的博士后训练。精神科医生所得到的训练更多集中于心理问题的生物医学基础，通常为严重的精神障碍患者开药进行治疗。他们是目前唯一可以进行医学的或药物干预的治疗师，往往私人行医，或受雇于诊所、精神病院。

临床社会工作者(Clinical Social Worker)是心理卫生领域的专业人员。他们接受过精神病学和临床心理学方面的特殊训练。与精神病学家和临床心理学家不同的是，这类咨询师更关注人们问题产生的社会环境，所以他们的工作可能会涉及对家庭其他成员的治疗或至少要与患者的家庭及工作单位取得联系。

精神分析师(Psychoanalyst)具有医学博士学位或心理学博士学位，但大多数都是接受过额外精神分析训练的精神科医生。他们主要使用弗洛伊德的理论，了解心理障碍并知道如何进行分析性治疗。

不同的治疗是在不同的场所（如医院、诊所、学校和私人办公室）进行着临床实践工作。某些人本主义的治疗师更愿意把小组治疗安排在他们的家中进行，以便使治疗情境更为自然。以社会治疗为主的治疗师可能将治疗安排在现场，他们会和患者一起到与患者问题相关的场所中进行工作，例如他们会和具有飞行恐惧症的患者一起坐在飞机里，或和具有社交恐怖症的患者一起去大型购物中心。

拓展阅读：心理治疗的常用方法

章节测验

佳片欣赏 《心灵捕手》(1997)

第二章　成为可能的自己

案例导读　网络流行词映射的心理现象

网络流行词是人们利用计算机互联网媒介进行交际与表达活动时所使用的词语，它以简洁生动的形式得到了广大青年人的偏爱和传播。接下来，我们来梳理下近几年的网络流行词：2016 年的“葛优躺”、2017 年的“我佛了”、2018 年的“我自闭了”、2019 年的“我太南(难)了”、2021 年的“躺平”和 2022 年的“摆烂”，等等。请想一想，这些流行词有什么共同点？是不是都有点“丧”呢？在这个充满“焦虑感”的现实社会中，大学生群体的“丧”的主要表现是不想学习、漫无目的、情绪低迷、欲望低下，只想麻木地活下去的一种颓废的心态。

关于“丧文化”是当代青年人的解药还是毒药这个话题已经争论了很久。如果只是短暂、小范围的“丧”，这仅仅是青年人的一种自我调侃或解压方式；如果变成持续、泛化式的“丧”，这就可能是一种心理问题，甚至会上升到社会问题。2023 年 3 月 2 日，《北京日报》发文《警惕求稳躺平心态蔓延》，文中提到“如今生活压力大、工作强度大，大家笑谈两句‘佛系’，借他人的故事浇自己心中块垒，非常容易理解，但对于那些对这个世界没有什么经验的年轻人来说，这样的风听多了、真信了，恐怕是相当危险的”，“作为社会人，都会有相应的社会责任、社会角色，也都希望实现自身的社会价值”。

事实上，“丧文化”反映的是自我认知问题，积极健康的自我认知是我们成长和发展的内在动力，而消极不健康的自我认知只会让我们陷入颓废和停滞。进入大学的我们，正在走向独立与自主的道路，我们需要勇于面对生活现实和世界真相，通过积极的自我探索来形成比较清晰的自我概念，接纳过去和现在的自己并努力发掘各种可能的自我，逐渐发展成为成熟的、能够为自己的生活方式负责的个体。就像罗曼·罗兰说过的：“世界上只有一种真正的英雄主义，就是认清了生活的真相后还仍然热爱它。”

话题讨论

（1）你是一个什么样的人？

（2）你是如何认识自己的？

（3）你属于哪种个性的人？

（4）你能否愉悦地接纳自我？

（5）你将如何成为更好的自己？

认识自己，这是一个任务，而且这个任务会贯穿你的整个生命，可以说是“路漫漫其修远兮，吾将上下而求索”。现在的你也许无法把自我描述得足够清楚，那么在阅读这一章时你可以从物理、社会、心理这三个方面尝试去了解自己。当然，认识自己并非自我认识的结束，而应该将其视为一种新的开始，通过自我成长寻找属于自己的道路。

第一节　何为自我

在希腊福克斯市，帕尔那索斯的山脚下有一座著名的神庙——德尔菲神庙。它兴建于公元前 9 世纪，传说太阳神阿波罗在杀死大蟒之后，亲自在此为自己修建了这座神庙，后来这座神庙变成了古希腊诸神向求签的凡人传达神谕的场所。传世的德尔菲神谕大约有 600 条，在当时被人们视为神的声音。尽管时至今日，我们不再迷信曾经的传说与神话，但是德尔菲神庙的确给现代人留下了很多宝贵的财富，其中影响最为深远的大概就是刻在阿波罗神庙门楣石板上的那句传说中的“七贤”一起写下的箴言：ξέρεις τον εαυτό σου（认识你自己）。直到今天，这行字在经历了几千年沧海桑田的变化下仍然依稀可见，而这看起来简单的几行字却是人类迄今为止最难完成的一个课题：正确认识你自己。

一、走进自我

2015 年 4 月，一封辞职信引发热评，辞职理由仅有 10 个字：“世界那么大，我想去看看。”网友评论这是“史上最具情怀的辞职”。外面的世界很精彩，我们需要去看看。但是内心世界也很有趣，我们是否有去好好看看呢？要想更好地了解这个世界，我们需要先了解下自己。那么，如果我们现在问自己：“我是一个什么样的人？”“我想成为什么样的人？”“我能成为什么样的人？”我们会怎么回答？当我们思考这些问题的时候，就已经启动了人类所特有的一种重要的意识——自我意识了。那么，到底什么是自我意识？我们先了解下大师们的看法。

精神分析学派创始人弗洛伊德提出了“自我的三结构说”，即本我(代表原始本能与内在欲望)、超我(代表道德良心和自我理想)和自我(代表考虑现实与控制冲动)。自我意识的存在是“本我”与“超我”之间矛盾冲突的产物。例如，自我会阻止考试作弊的冲动，因为考虑到这种行为是错误的，并会通过调节自身的努力程度来代替作弊。也就是说，本我和超我产生矛盾后，自我会进行折中来尽量满足两者的需要。强大的自我可以使我们心理平衡，远离焦虑。

美国心理学家詹姆斯提出凡属于我或与我有关的事物都是自我的内容，并将自我意识分为物质自我、社会自我和心理自我。物质自我指的是真实的物、人或地点，它可以分为躯体自我和躯体外自我。前者包括性别、体形、年龄等，后者包括衣着、家人、个人所有物等。社会自我在宏观方面指的是我们对自己属于哪个时代、国家、民族等的意识，在微观方面则指我们对自己在群体中的地位、经济状况、受人尊敬程度等的意识。心理自我指的是我们对自己能力、兴趣、性格等的意识，它是自我的核心内容。那么，你是否能够接纳自己现在的外貌特征、人际关系和性格类型等各个方面呢?

社会学家米德从个体与社会互动的角度来定义自我，认为自我分为主体我和客体我。主体我就是真实的自我，而客体我是指自己评价中或者别人评价中的那个自己。自我意识的发展包含主体我与客体我的不断对话。也就是说，在主体我和客体我的互动过程中，我们会根据他人的评价和社会的要求不断形成新的自我。

人本主义心理学的代表人物罗杰斯则根据临床实践提出了现实自我和理想自我。顾名思义，现实自我是指现实生活中我们的真实情况是什么样的，而理想自我则是指我们期待自己是什么样的。如果我们的理想自我和现实自我之间的差距过大，可能会导致不愉快、不满足等消极情绪。那么，你的现实自我和理想自我差别大吗?如何缩小差距呢?

心理学家马库斯和纽瑞尔斯认为自我还包括可能自我(possible self)，它是指我们所拥有的关于自己将来可能变成什么样、希望变成什么样或害怕变成什么样的各种观念。可能自我是现在和未来的桥梁，会对我们的成长之路产生影响。例如，一个人觉得自己可能成为一名技术工程师，他就可能经常去了解和学习这方面的知识，那么他成为工程师的概率就会加大。

除了上面的这些理论之外，还有很多心理学家对自我这一概念进行了阐述。概括来说，自我意识(self-consciousness)就是对“自我的认知”，或者说自己对自己的认知。现在一般认为，自我意识包含知、情、意三部分，也就是包括自我认知、自我体验和自我监控三部分。

自我认知是我们对自己的身心特点和社会关系的认知，如能力、性格、价值观等。客观正确地自我认知对于个人的心理生活、行为表现及协调个人在社会群体中的人际关系都具有重大的影响作用。例如，如果一个人总觉得自己低人一等，那么他就会产生自卑感，做事缺乏胜任的信心，没有主动性和积极性，其结果是无论做什么事情都难以获得成就感。

自我体验是伴随自我认知产生的情感体验，如自尊心与自信心、成就感与失败感、自豪感与羞耻感等。也就是说，自我体验包括积极情绪体验和消极情绪体验。前者让我们自我满足，而后者让我们自我责备。比如当一个人在完成某项工作后，自己感觉很不错，周围的人也很欣赏，此时的他会产生成就感，之后会向更高的目标进取。反之，当他完成工作后，自己感觉还行，但周围的人觉得糟糕，此时的他会产生失败感，之后会自我怀疑并放弃努力。

自我监控是我们对自身思想和行为倾向的意志监控，如自我调节、自我控制、自我追求等。例如，我们认识到自己的人际关系有点紧张，于是产生了焦虑不安的情绪体验，进而思考并改善自己的交往模式，努力改变人际关系现状。

自我测试：你是个高自我监控者吗？

二、自我的发展

通过“镜像自我识别”任务被认为是自我意识最初发展的里程碑事件。所谓镜像自我识别，是指当婴儿睡着的时候在他的额头上点一个红色的小点，随后在孩子醒后将他置于镜子前面，人类婴儿只有在一定年龄阶段(两岁左右)之后才能够意识到为了让这个红点消失，他需要做的是擦拭自己的额头而不是镜子中人像的额头(如图 2.1 所示)。在自我意识产生之后，自我的发展是我们所共同关心的问题。到底是什么影响了自我的发展？

图 2.1　镜像自我识别任务

1. 行为主义的观点

在对个体心理发展的影响因素问题的讨论中，历来就有针锋相对截然不同的两种观点。一种观点强调内在的先天因素对个体心理发展的影响，例如传统的结构主义就非常强调遗传因素在个体发展过程中的决定作用；另一种观点则认为后天的环境因素对个体心理发展起着决定性影响作用，例如行为主义的创始人约翰·华生就是这一主张最著名的代表人物。华生曾说：如果给我一打健康的婴儿，我保证能够按照我的意愿把他们培养成任何一类人，或者医生、律师、商人和领导者，甚至于训练成乞丐和盗贼。

1920 年，在印度米德纳波尔地区，有两个女性“狼孩”被发现。人们发现这两个狼孩虽然长得与人一样，但行为举止却完全和狼一样，他们白天睡觉、夜晚活动，常常像狼一样嚎叫，用四肢趴在地上爬着走路，用手直接抓着食物送到嘴边吃。人们把这两个狼孩解救出来之后，首先对他们进行了身体检查，发现他们身体的生物系统基本上是正常的。于是研究者就在人类的正常环境里对其进行训练，教他们识字并教他们学习人类的基本行为方式和生活技能。然而，其中一个狼孩不幸死亡，另一个在四年之后(大约七八岁)才开始能够讲一点点话，智力水平也才相当于一个普通的婴儿的智力水平。这一故事似乎例证了行为主义的观点。然而事实上，影响个体心理发展的因素既有内在的也有外在的，既有先天的也有后天的。我们既要承认遗传素质在个体发展中的重要作用，它是个体心理发展的前提条件，同时也不能盲目夸大它的作用，而忽视后天的环境影响和教育作用。

2. 皮亚杰的认知发展模型

让·皮亚杰是近代最有名的儿童心理学家，他通过观察自己的孩子努力解决各种问题的方式而形成了认知发展理论。在这些观察的基础上，他认为人类的认知发展需要经历一系列的阶段，每个阶段都有独特的理解世界的方式。这种理解在同一阶段内变化很小，但在不同阶段之间差别较大，从一个阶段到另一个阶段的变化会带来生理与认知上的成熟。

感知运动阶段(sensorimotor stage)：皮亚杰认为人们的任何知识都来源于动作，动作是感知的源泉和思维的基础。0～2 岁的儿童的认知水平正处于感知运动的阶段，儿童通过感觉和动作来认识周围的一切，他们逐渐能够把自己与物体分开，意识到自己的活动对环境的影响，形成“客体永久性”的概念。也就是说，儿童学会了当自己看不见某人或某物时，他们仍旧知道这人或这物依然存在。

前运算阶段(pre-operational stage)：2～7 岁的儿童处于这一阶段。这时儿童开始学习并能够运用符号对事物进行表征，进一步发展出某些代表性的系统，比如用特定的字眼来代表人、地点或事件。但这一阶段儿童的思维还是不成熟的，其典型的特点就是自我中心性。如图 2.2 所示，让儿童看四张从前后、左右四个方位所拍摄的三个沙丘的照片，让儿童指出和自己站在不同方位的另外一人(实验者或娃娃)所看到的沙丘情景与哪张照片一样，儿童无法做出正确回答。

图 2.2　自我中心思维的沙丘实验

具体运算阶段(concrete stage)：儿童在 7～12 岁时逐渐掌握了守恒的概念，可以开始进行一些运用符号的逻辑思考活动，逐渐形成一系列的行动心理表象。例如，8 岁左右的儿童去过几次其他小朋友的家，就能够画出具体的路线图来，而 5、6 岁的儿童则无法做到。另外，具体运算阶段的儿童其“自我中心”的程度也在下降，他们开始克服“片面性”而注意到事物的各个方面，发展了了解他人观点的能力，因此提高了与他人沟通的交往能力。

形式运算阶段(formal operational stage)：儿童在 11、12 岁以后就进入了形式运算阶段，这一阶段的典型特征是抽象思维得到了发展和完善。青少年的思维发展趋于成熟，不再将思维局限于具体事物上，而是运用抽象的概念提出合理的假设并进行实际的验证，他们知道事物发展的多种可能性，思维开始具有更大的弹性和复杂性。

3. 埃里克森的心理社会性发展模型

心理学家埃里克森假定人生的特定阶段会产生特定的需求，如果这些需求被满足了，那么个体就会顺利发展到下一阶段；如果这些需求未被满足，那么个体的发展就会停滞或倒退。埃里克森认为，人的整个发展阶段包括八种需要，每一种需要都与人们如何看待和感觉他们自己有关。

埃里克森提出，在我们生命的每一个阶段都要面对一种独特的“心理危机”。如果“心理危机”得到成功解决，那么我们会得到健康发展，并收获满意的生活。如果“心理危机”不能得到解决，则会使我们的成长受到阻碍，生活之路更加坎坷。不同阶段的心理危机是什么？我们分别来看一看。

第一阶段，出生后的第一年：信任对不信任。此时的婴儿完全依赖于他人。如果婴儿在这一阶段能够得到温暖、抚摸、爱和关怀，就会形成对他人的信任倾向。如果抚养者对婴儿冷漠或者在感情上拒绝婴儿，就会使婴儿形成对他人的不信任倾向。不信任倾向可能导致孩子在成长中出现低自尊、低安全感等现象，并且难以和他人建立联系。

第二阶段，1～3岁：自主对羞怯和怀疑。在这一阶段，儿童的自控能力增强，表现出爬行、触摸、探索和自己动手的愿望。不过，在儿童探索世界的尝试中常常会出现各种"事故"。如果父母能够包容并且鼓励这些事故，那么孩子就会获得自主性。如果父母嘲笑不屑或者过度保护，则可能使孩子怀疑自己的能力，并为自己的行为感到羞耻。

第三阶段，3～5岁：主动对内疚。这个时期的儿童表现出更多的主动精神，开始在游戏中学习制订计划和执行任务。如果父母让孩子自由地做游戏、提出问题、运用想象和选择活动，就可能强化孩子的主动性。如果父母总是严厉地批评孩子，不让他们玩游戏，不鼓励他们提问，会让孩子认为积极主动参与活动是件错事，因而产生内疚感。

第四阶段，6～12岁：勤奋对自卑。上学是儿童时期的重大事件，儿童的很多变化都是从上学开始的。儿童开始学习那些社会认为重要的技能，这些技能学习的成败会影响他们的自信。如果儿童在技能的学习上获得成功并得到肯定，他们就会形成勤奋的倾向。如果儿童的努力总是遭到贬低或者嘲笑，他们就会怀疑自己的能力，并形成自卑的倾向。从这个阶段开始，孩子对待自我的态度不仅取决于父母，教师、同学及家庭以外的社会关系也开始起到同等重要的作用。

第五阶段，青少年：角色认同对角色混乱。青少年处于童年和成年之间，一方面，身体已经开始成熟；另一方面，在心理上却还没有做好成人的准备。这个阶段的主要任务是回答一个问题："我是谁？"青少年必须根据自己的自我知觉、生活经历、文化环境和人际关系，建立统一的角色认同感，即把自己过去的经历、当前的处境和对未来的想象结合起来，形成统一的自我认知。无法形成这种角色认同的人会陷入角色混乱的痛苦中，因为他们无法确定自己是谁，不知道该何去何从。

第六阶段，成年早期：亲密对孤独。成年早期的主要冲突是亲密感和孤独感。在这个阶段，个体感到自己在生活中有亲近他人的需要。建立了稳定的角色认同后，一个人便会准备与他人分享生活中的爱或者深厚的友谊。如果没有办法在这个阶段和他人建立起亲密感，很多人就会陷入深深的孤独。需要说明的是，亲密感是指彼此对自我的深刻理解和分享，如果没有这种深刻的分享，即使有表面上的朋友或恋人，很多人仍然会感到孤独。

第七阶段，成年中期：自我对他人。此时，个人的兴趣逐渐从自我转向更广泛的他人。个人开始关心社会，开始承担社会责任。最重要的是，开始关心自己下一代的成长。对他人的兴趣可以通过关心和指导下一代来实现，也可以通过进行创造性的工作为他人作贡献来实现。总之，人到中年以后，就能够放眼整个社会，关心他人幸福并贡献自己的力量。而无法做到这一点，只关心自己的需求和舒适的人，则会陷入空虚并怀疑生命的意义。

第八阶段，老年期：完美对绝望。这个阶段的人常常回顾自己一生走过的路。一生充实和对自己负责的人会有一种完美感，可以带着尊严面对衰老和死亡。而充满遗憾并对自己失望的人会有一种绝望感，可能背负痛心和懊悔直到死去。

第二节　如何认识自己

西班牙作家塞万提斯说过："人应该了解自己，而了解自己也是世界上最难的课题。"我们有了解自己的迫切愿望，但却往往很难了解自己，因为评判自己的是我们自己。所以，我们需要学会更全面、更客观、更积极地认识自己。

一、认识自我

美国心理学家乔和韩瑞提出关于自我认识的窗口理论，也被称为乔韩窗口理论。他们认为人对自己的认识是一个不断探索的过程。因为每个人的自我都有四个部分：公开的自我、盲目的自我、秘密的自我和未知的自我(如图 2.3)。

	自己知道	自己不知道
别人知道	A区域 公开的自我	B区域 盲目的自我
别人不知道	C区域 秘密的自我	D区域 未知的自我

图 2.3　乔韩窗口

图 2.3 中，A 区域代表我们自己知道且别人也知道的公开的自我，这是我们愿意公开的或是不能隐瞒的部分，例如我是大学生，我是开朗的人等。

B 区域代表别人知道但自己不知道的盲目的自我，这是我们没有意识到或无意识地在别人面前表现出来的部分，例如习惯动作、说话方式、行为姿态等。

C 区域代表我们自己知道而别人不知道的秘密的自我，这是我们不愿在别人面前显露出来的个人隐私，例如令人惭愧的往事、内心的痛楚等。

D 区域代表我们自己不知道并且别人也不知道的未知的自我，属于动态发展的部分，例如原本并不擅长演讲的人随着练习讲得越来越好。

乔韩窗口理论认为，每个人的自我都由这四部分构成，但是每个人的四个部分的比例并不是完全相同的，而且随着个人的成长及阅历的增加，自我的四个部分也发生着相应的变化。当一个人自我的公开区域扩大，那么他的生活会变得更加真实，无论是与人交往还是独自相处，都会显得轻松愉快而且更有效率。当一个人自我的盲目区域变小，那么他对自我的认识也会越清楚，越能在生活中扬长避短，不断发挥自己的个人能力。乔韩窗口理论给我们打开了一扇认识自我的窗口，通过与他人分享秘密的自我、通过他人的反馈减少盲目的自我，我们对自己的了解就会更客观、更全面、更深刻。认识自我的途径主要有三种：

1. 从“我”与他人的关系中认识自我

与他人之间的交往，是个人获得自我认识的重要来源，他人是反映自我的镜子。从幼年到成年，我们从简单的家庭关系扩展到外面的友爱关系，进入社会后又会体验到错综复杂的人际关系。聪明而善于思考的人，能够在这些关系中获得足够的经验，然后按照自己的需要去规划自己的道路。但是，在与他人的关系中认识自己也要注意一些问题：

第一，跟别人比较的是我们做事的条件，还是我们做事的结果？比如有些大学生进入大学后，认为自己家庭条件和经济基础不如别人，开始就把自己置于次等地位，进而影响自己的心态和情绪。其实我们应该比较的是大学毕业后各自所取得的收获，而非在学校学习时所具备的条件。

第二，跟他人比较的标准是可变的还是不可变的？经常有人认为自己不如他人，他们关注的常常只是身材相貌、家庭背景等不能改变的条件，对于大多数人来说，这些条件是很难改变的，是没有实际比较意义的。

第三，和什么样的人相比较？是与自己条件相类似的人，还是与自己无法比拟的人，或是与不如自己的人？所以，确立合理的比较对象对自我的认识尤为重要。

2. 从“我”与事的关系中认识自我

从“我”与事的关系认识自我，即从做事的经验中了解自己。我们可以通过自己所做过的事，所得到的结果看到自己身上的优点和缺点。对那些善用智慧的人来说，成功和失败的经验都可以促使他们再成功，因为他们了解自己、善于学习，又有坚强的品格特征，因而可以避免重蹈失败的覆辙；对于某些比较脆弱的人来说，因为只关注失败反映出的负面因素从而使自己一败再败，因为他们不能从失败中学到教训，而且挫败后形成害怕失败的心理，不敢面对现实去应对困境或挑战，甚至失去许多取得成功的机会；对于一些盲目自大的人来说，成功反而可能成为其失败之源，他们可能因为成功便骄傲自大，以后做事很可能不自量力，进而遭受到更多的失败。

3. 从“我”与自己的关系中认识自我

从“我”与自己的关系中认识自我看似容易，其实做到这一点是非常困难的。我们可以从以下几个角度去试着认识自己：

第一，自己眼中的我。即个人眼中观察到的客观的我，包括身体、容貌、性别、年龄、职业、性格、气质、能力等。

第二，别人眼中的我。即在与别人交往时，从别人对你的态度、情感反映而感觉到的我。不同关系、不同类型的人对“我”的反应和评价是不同的，别人眼中的我是个人从多数人对自己的反映中归纳出的我。

第三，自己心中的我，也指自己对自己的期待，即理想中的我。

我们可以通过自己眼中的我、别人眼中的我和自己心中的我这三个我的比较分析来全面认识自己，进而完善自己。

自我测试：我是谁？

《三个我》

二、分析自我

1. 用特质来描述

你知道有多少形容词可以用来描述个人特质吗？这时的你在脑海中一定浮现出很多词语。在英文中，用于描述个人特质的单词超过 18 000 个。特质是指一个人在大多数情境中表现出的相对稳定和持久的品质。例如，你的朋友不论是在食堂打饭还是参加社团活动，与陌生人很容易一见如故、聊得热火朝天，你会想到用“外向活泼”“善于交际”等词语来描述他，这些词语很可能就是他稳定的人格特质。

你知道自己有哪些人格特质吗？你可能会说：“我有时乐观、保守、对人友善，有时害羞、悲观和随心所欲，我自己也不知道我是什么样的人。”遇到这种情况，你就需要认真分析一下，哪些人格特质是你平时的典型行为，如果乐观、对人友善是你经常表现出的行为，而只有当你需要演讲时你才会表现出害羞和悲观，那么你在人格上基本是一个乐观主义者。表 2.1 是一些描述人格特质的词，你可以标出符合自己特点的词，然后在已标出的词语中找出最符合你自己的。

表 2.1 描述人格特质的词语

有攻击性	有条理	有抱负	聪明
自信	忠诚	慷慨	冷静
热情	大胆	谨慎	可靠
敏感	成熟	有天赋	好忌妒
好交际	诚实	风趣	信仰宗教
支配他人	迟钝	精确	神经质
谦虚	无拘无束	好幻想	快乐
体贴他人	严肃	乐于助人	情绪化
整洁	焦虑	顺从	好脾气
自由	好奇心强	乐观	厚道
温柔	易接近	易动情感	易冲动

知识百科 巴纳姆效应

“你很需要别人喜欢并尊重你，你具有自我批判的倾向。你有许多可以成为你优势的能力没发挥出来，同时你也有一些缺点，不过你一般可以克服它们。你有时怀疑自己所作的决定或所做的事情是否正确。你喜欢生活有些变化，厌恶被别人限制，别人的建议如果没有充分的证据你不会接受。你认为在别人面前过于袒露自己是不明智的。你有时外向、亲切、好交际，而有时内向、拘谨、沉默。你的有些抱负可能不太现实。”

上面这段话描述你有多恰当？这段话里面包含很多笼统的、一般性的人格描述，而这些描述几乎可以用在每一个人的身上，甚至还存在着拍马屁的可能性，该现象就是常见的巴纳姆效应，例如星座、血型和算命等。伟大的马戏团表演者巴纳姆曾经在评价自己的表演时说，他之所以受欢迎是因为节目中包含每个人都喜欢的成分，所以他使得“每一分钟都有人上当受骗”。一位心理学家曾经针对这一效应做过实验，他给学生们做完明尼苏达多项人格问卷(MMPI)后，让他们从一份真实的评价结果与一份假造的笼统描述之间进行选择。结果大多数学生认为后者对自身性格特征的描述更加准确。

我们可以看到这样的现实：人们平常总是认为自己很了解真实的自己，而且也相信自己能够对自己的处境进行正确的判断。但事实并非如此，实际上人们很容易受到外界因素的影响或暗示，往往以外在的标准去判断和衡量自己，因此常常导致对自身的认识不准确。由此可见，我们要理性分析自己，既不要盲从也不要一味排斥，积极地吸收和借鉴那些对我们来说客观有用的指导，有效地甄别和过滤那些不负责任的猜测与妄断。

2. 用类型来描述

你在表2.1中找出描述自己特质的词语了吗？你发现自己有哪些特质了吗？这些特质有没有主次之分？哪些更重要，哪些更基本呢？这些特质之间有没有重合呢？例如，你看到“支配他人”这一项，你是否能推出“自信”和“易冲动”两个特质呢？特质理论学家对这样的问题总是充满了兴趣。为了更好地了解人格，特质理论学家总是在不停地分析、归类并联合各种各样的人格特质。

艾森克认为，稳定的特质是构成人格的基本单元，而这些特质结合在一起则构成类型。他认为，人格由三个类型或基本维度组成，即内倾/外倾(extraversion，E)、神经质(neuroticism，N)和精神质(psychoticism，P)组成。通常用E、N、P三个字母来代替人格的三个维度。艾森克认为，对于心理正常的人来说，人格是由两个基本维度组成的，即内倾/外倾和稳定/不稳定；但在描述心理异常的人时，我们需要借助精神质维度。

在这三个维度中，外倾性的个体表现为外向、开朗、冲动和不可抑制，有许多社会联系和经常参加集体活动。他们有许多朋友，喜欢与人交谈，不喜欢独自看书和学习。而内倾性的人则是安静的、不喜与人交往的，他们喜欢书籍胜于喜欢他人，他们是保守的，除了少数知音外，几乎让人敬而远之；他们喜欢有规律的生活，不喜欢充满偶然性和冒险性的生活。

神经质得分高者是指情感的易变性是外显的、反应过敏的、倾向于过于强烈的情绪反应，他们在情感经历之后较难面对正常的情景，他们比一般人更易激动、动怒和沮丧。神经质代表一种倔强固执、粗暴强横和铁石心肠的特点，并非暗指精神病。高神经质者往往被看成是“攻击的、冷酷的、冲动的、自我中心的、缺乏同情的、对他人不关心的，且通常不关心别人的权利和福利”。他们情绪易变，并且经常抱怨说很苦恼、很焦虑，身体也常感不适(如头痛、胃痛、头昏等)。低神经质者则表现为温柔、善感等。

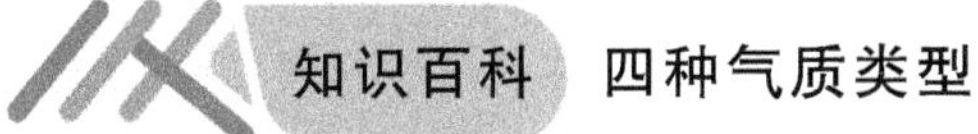

知识百科　四种气质类型

气质(temperament)是一个人生来就有的心理活动的动力特征，类似于我们平常所说的“秉性”“脾气”。例如，有人暴躁易怒，有人温柔和顺等。人格，是一个人区别于他人的稳定的、独特的整体特点；是稳定的行为方式和发生在个体身上的人际过程。气质是人格发展的先天基础，强调人格中的先天倾向，它依赖于人的生理素质或生物特点。气质类型包括以下四种(如图 2.4)：

胆汁质：胆汁质的人一般感受性低而耐受性高；能够忍受强的刺激，能坚持长时间的工作而不知疲劳；精力旺盛，行为外向；直爽热情，情绪兴奋性高；但脾气暴躁，心境变化剧烈，难以自我克制。

多血质：多血质的人的感受性低而耐受性高；活泼好动，行为外向，言语行动敏捷，反应速度、注意力转移的速度都比较快；容易适应外界环境的变化，善交际，不怯生，容易接受新事物；兴趣多变，情绪不稳定，注意力容易分散。

黏液质：黏液质的人感受性低而耐受性高；反应速度慢，情绪兴奋性低但很平稳；举止平和，行为内向；头脑清醒，做事有条不紊；踏踏实实，但容易循规蹈矩；稳定性强，注意力容易集中；不善言谈，交际适度。

忧郁质：忧郁质的人感受性高而耐受性低；多疑多虑，内心体验极为深刻，行为极端内向；敏感机智，别人没有注意到的事情他能注意到；胆小、孤僻、寡欢，爱独处，不爱交往，情绪兴奋性弱；动作迟缓，做事认真仔细，防御反应明显。

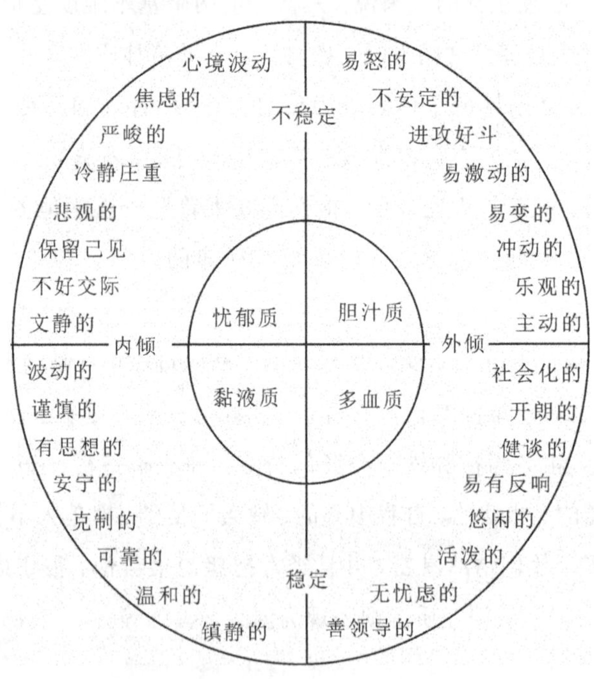

图 2.4　四种气质类型

3. 用因素来描述

研究者们在人格描述模式上形成了比较一致的共识，并提出了人格的大五模型。研究者们发现大约有五种特质可以涵盖人格描述的所有方面，即开放性(openness)、自觉性(conscientiousness)、外倾性(extraversion)、宜人性(agreeableness)和神经质(neuroticism)。大五人格(OCEAN)也被称之为人格的海洋。

小磊是一个热情活泼、值得信任、做事认真、想象力丰富的人，而小凯却是一个孤独冷漠、情绪反复无常，同时又缺乏责任感的人。如果让你跟他们中的一位一起出去旅游，你会选择哪一位？答案是不言而喻的。如果你想对两个人做更进一步的比较，请按照表 2.2 中的五个因素对他们进行大概的评估，比较一下两个人在大五人格中的得分。

表 2.2　大五人格中的人格特质

人格五特质	低分特征	高分特征
外倾性	孤独、安静、被动、缄默、不合群	健康、主动、热情、喜欢参加集体活动
宜人性	多疑、刻薄、无情、易怒	信任、宽容、心软、好脾气
自觉性	马虎、懒惰、不守时、杂乱无章	认真、勤奋、守时、井井有条
神经质	冷静、自在、不温不火、感情淡漠	害羞、神经质、感情用事、自寻烦恼
开放性	行为刻板、创造性差、遵守习俗、缺乏好奇心	富于想象、创造性强、标新立异、有好奇心

自我测试：大五人格问卷(简版)

三、评价自我

自我评价是心理学中的一个术语，是指人们对自身条件、素质、才能等各方面情况的一种判断。自我评价的恰当与否，直接关系到个人道路的选择和生活的快乐。自我评价一般有两种方法：一种是直接的自我评价，一种是间接的自我评价。

1. 直接的自我评价

直接的自我评价首先是认识自己的自然条件，包括健康情况、心理状态、情感特点、兴趣倾向、知识水准、专业特长、智力情况、能力特点，以及文字表达能力、动手操作能力、心理承受能力等各方面的情况。其次是比较自己在不同领域的实践中取得的不同成绩，以发现自己的强项，确定奋斗的目标。美国华尔街股神沃伦·巴菲特原本想成为音乐家，他也曾经在大学里学习音乐专业，但很快发现自己的长处不在这里，于是便毅然转到股票投资方面的学习中去了。

2. 间接的自我评价

间接的自我评价是指通过与他人行为的对照、情况的比对，发现自我认识的错误。当局者迷，旁观者清，不妨用与他人相比较的方法及用自己在不同领域中取得的不同成果相比较的方法鉴别一下。

多数人在自我评价问题上具有两重性：一方面，喜欢幻想，把个人的境遇、发展、前途刻画得绚烂多彩；另一方面，又常常低估自己的才智和能力，自我评价常常是过谦的，甚至是比较自卑的。有的人可能不辨音律，却有着高超的组织才能；有的人也许不解数字之谜，却心灵手巧；有的人可能不好琴棋书画，却酷爱自然、精于园艺。诸如此类，不一而足。正确的自我评价，是帮助我们确定正确方向的前提。

知识百科　其实你没有自己想象的那么重要

某一天，你换了一个新发型，改变了以往的穿衣风格，穿了一件从来没穿过的蓝色裙子，当你走出家门后，无论是在上学途中还是在进入学校的大门后，你都会感觉所有的人都在看着你，都在对你的外貌和穿着品头论足，这种现象便是心理学中所说的“焦点效应”。

“焦点效应”也叫作社会焦点效应，指的是人们常常高估周围人对自己外表和行为的关注度。也就是说，人们往往会把自己视为一切的中心，并且直觉地高估别人对我们的注意程度。

关于焦点效应，心理学家吉洛维奇曾经用实验验证过。在实验中，他让一名被试者穿了一件画有戏剧演员头像的T恤。然后以等候参加实验为接口，让这名被试者坐在其他另外五位穿着普通衣服的学生中间。随后，他让被试者作出判断，让他估计一下那五位学生有几名注意到了他的T恤。被试者回答说大概50%以上的人。然而，事实上，当向那五位学生提问时，只有10%～20%的学生回答说注意到了被试者的穿着。

焦点效应常常会导致人们过度关注自我，过分在意自己在公众场合的表现，为一些自以为是的小尴尬而懊悔郁闷。比如，你可能会为参加同学聚会时不慎把饮料洒在身上而懊恼不已，你可能会因为在一个聚会上摔了一跤而感到万分尴尬，你也可能会因为在员工会议上回答不出老板的问题而悔恨不已。其实，这种负面的心理不过是庸人自扰罢了，因为事实上很多人都没有留意到你所认为的窘态。

很多时候，都是我们对自己过分关注，并以此联想到别人也会如此关注自己。其实，这不过是“焦点效应”在作怪罢了，总觉得自己是人们视线的焦点，自己的一举一动都受着监视，这样就会让人产生焦虑感，甚至还可能产生社交恐惧。社交恐惧者总是“感到”在人群中大家都在关注自己，不自觉地放大自己的社交失误和高估公众对自己的关注度。比如，一个人不小心触动了图书馆的警铃，或者自己是宴会上唯一一个没有为主人准备礼物的客人。但是研究发现，个体所受的“折磨”别人不太可能会注意到，即便是当时注意到了，也可能很快就会忘掉。

如果你不是演艺明星，或者某个位高权重的人物，通常来说其实你没有自己想象的那么重要。在人群中，你所受到的关注也没有你想象的那么多。因此，你根本没有必要为自己在公共场合的不当之举而耿耿于怀，或者因为害怕他人评价而不敢尝试某件事情，因为不论你的表现是好还是坏，他人遗忘的速度总是快于你的想象，甚至是转身之后，他人便不再记得你曾经做过什么。

拓展阅读：自尊是什么？

第三节 如何提升自己

英国最古老的建筑物威斯敏斯特教堂旁边矗立着一块墓碑，上面刻着一段非常著名的话：当我年轻的时候，我梦想改变这个世界；当我成熟以后，我发现我不能够改变这个世界，我将目光缩短了些，决定只改变我的国家；当我进入暮年以后，我发现我不能够改变我们的国家，我的最后愿望仅仅是改变一下我的家庭。但是，这也不可能。当我现在躺在床上，行将就木时，我突然意识到：如果一开始我仅仅去改变我自己，然后，我可能改变我的家庭；在家人的帮助和鼓励下，我可能为国家做一些事情；然后，谁知道呢？我甚至可能改变这个世界。

自我完善，从自我出发进行提升，是自我意识完善的重要组成部分，也是人一生中都需要持续进行的功课。

一、自我认同

自我认同(self-identity)又被翻译为自我同一性，是指个体在寻求自我的发展中对自我的确认和对有关自我发展的一些重大问题，诸如理想、职业、价值观、人生观等的思考和选择。在这一过程中必然要涉及个体的过去、现在和将来这一发展的时间维度。而自我同一性的确立就意味着个体对自身有充分的了解，能够将自我的过去、现在和将来整合成一个有机的整体，确立自己的理想与价值观念，并借此作出种种尝试性的选择，最后致力于某一生活策略。如果我们在这个阶段中获得了积极的同一性，意味着我们将有能力按照社会规范去生活，尽管它存在着不完善和不和谐之处。我们热爱自己所在的社会，我们希望它变得更加美好，我们能在既定的现实中找到自己的位置，能在这个位置中奉献自我、实现价值，在有意义于社会的同时也感受自己生活的意义。我们可以看到，同一性的确立关系到一个人的健康发展，关系到他能否良好地适应社会、能否体验到自身的价值和人生的意义。

马西亚提出青年人同一性发展的四种情形，它们分别是同一性拒斥（identity foreclosure）、同一性分散（identity diffusion）、延缓偿付（moratorium）和同一性达成（identity achievement）。

1. 同一性拒斥

同一性拒斥描述的是个体过早地将自我意象固定化，没有考虑各种选择的可能，而停止了同一性的探求。他们自我投入的目标、价值、信仰反映了父母或其他权威人物的希望，所以又被称为“权威接纳状态”。同一性拒斥的青年人一般具有以下特点：他们极力寻求他人的认可，可能十分尊重权威；他们的自我评价还建立在他人所承认的基础上；与其他人相比，他们较易附和他人，缺少自主性；他们对传统的价值观感兴趣，很少会自己思考，不会沉思；他们较少焦虑，但比较刻板和肤浅；他们在同性和异性中都缺少亲密的关系；他们的智商与其他人差不多，但在遇到紧张的认知任务时，就难以做出灵活和合适的反应；他们喜欢有组织的、有秩序的生活；他们倾向于与父母保持密切的关系，并采纳父母的价值观（如在高考志愿的选择、职业道路的选择、异性朋友的选择时）。

2. 同一性分散

同一性分散指个体经历了颇长一段时期仍没有形成一种强烈的、清晰的同一感。同一性分散的个体常常无法发现自我，一直使自己处于一种散漫的、无所依附的状态之中，不知道自己想做什么，没有明确的发展方向。经历着同一性分散的个体无法成功地作出选择，或者他们会逃避思考问题。他们缺乏兴趣、内心孤独，对未来不抱希望，或者可能很叛逆；他们宁可塞着耳塞听音乐或睡觉，也不愿意接触父母和老师；他们可能选择与他的家庭、国家完全分离的态度，并表现出一种长久的病态的同一性；他们无法做到一贯忠诚，无法兑现他们的承诺、承担他们的义务；他们对自我的评价较低，自尊心较弱；他们难以承担自己的社会责任；他们易冲动，思维缺乏条理；他们与他人的关系常常是表面的、凌乱的；他们虽然对自己父母的生活方式不满，但没能力按自己的方式有序地生活。

3. 延缓偿付

延缓偿付指处在个体延缓状态的个体正在努力地探索自我、寻找自我，但还不能作出个人生活或职业生涯的选择和承诺。在当下快速发展的社会里，大多数青年人都会经历“延缓”这一阶段，势必都会经历自我同一性危机，因为更容易感觉到迷茫和焦虑。而今，这一阶段不再称之为危机了，因为对大多数人来说，自我同一性的达成是一个逐渐缓慢的探索过程，而不是外在的急剧变化。

4. 同一性达成

同一性达成表明个体对某些特定的人生目标、信仰和价值观做出了“承诺”，能够基于对自己的了解，认定属于自己的人生方向。在结束高中学习生活之前，似乎没有人能够达到这种情形，进入大学的我们也需要花一定的时间才能实现。对一些成人来说，在他们生命中的某一阶段，也许会达成稳固的自我同一性。之后，还可能放弃前一种同一性，而形成新的同一性。对某一个体而言，自我同一性达成，并不意味着一成不变。

延缓偿付和自我同一性达成都被认为是健康的。个体亲自去尝试一些试验，摒弃不适合自己的东西，发现适合自己的生活方式，这些是建立牢固的自我同一性的重要部分。那些无法跨越同一性拒斥和同一性分散的个体往往不能很好地适应社会。同一性拒斥的个体刻板、独断、不宽容，自我防御性强，而同一性分散的个体则经常选择放弃，把自己的生活归结为命运使然。

高度自我认同的个体认为自己是独立的，会为自己决定许多生活细节；他们能够承担责任，无论是在工作单位还是家庭中都会主动担负一些工作，甚至安慰他人；他们乐于接受各类挑战，并积极面对；他们能够承受压力，接受失败和感受胜利等。自我认同程度较低的人则表现出对自己的能力不够信任、不够自信，常说“我做不到”；他们逃避任何可能产生焦虑的情况，比如逃避面对有压力的事或不确定的工作；他们拥有较强的自我防御性，难以接受批评或失败，不能面对问题；他们喜欢以责备他人来隐藏自己的缺点。

我们如何达成自我认同呢？答案就是不断地探索。只有保持对自身的不断探索，在选择和尝试中才能发现自己真实的样子。在探索的过程中，可能会需要我们提高各种各样的能力，不仅是认识自我的能力，还包括人际交往的能力、学习的能力、情绪控制的能力等。我们会在后面的章节中学习这方面的内容。

自我测试：自我认同感测试

二、自我效能

你或者你身边的人可能有过这样的体验：在学习时毫无动力，缺乏进取心，遇到挫折时特别想放弃，甚至连自己力所能及的事情也往往不能胜任，根据以往的失败经历认为自己无论怎么努力都不可能取得成功，并且得出一个结论说："我就是这个样子了。"心理学家称这种现象为习得性无助。那么，习得性无助是什么、怎么产生的、如何改变呢？这是我们接下来要分享的内容。

心理学家塞利格曼和梅尔曾经做过一个经典实验：把两群狗放到相邻的两个笼子里。只要蜂鸣器一响，两个笼子里的狗就会同时受到电击。区别在于，A 笼子里的狗可以通过按压杠杆来同时切断两个笼子的电源，而 B 笼子里的狗只能等待 A 笼子里的狗切断电源以后才能避免电击，而自己却什么也做不了。在经过一系列的电击以后，把它们放到另一个笼子里(如图 2.5 所示)，这个笼子的中间有一个隔板，只要跳过这个隔板，就可以避免电击。结果电击开始以后，大部分来自 A 笼子的狗很快学会了跳过隔板来逃避电击，而有 2/3 的来自 B 笼子的狗则趴在那里一动不动，只是被动地接受电击。虽然两个笼子里的狗接受了同样的电击，但产生的效果却截然不同。研究者认为，B 笼子的狗在之前的电击中，获得了一种"习得性无助"，也就是说对环境无能为力的感受让它们放弃了主动逃避而只会绝望地等待痛苦的来临。塞利格曼等人在另一实验情境下，使人也产生了习得性无助。那什么是习得性无助呢？如果一个人觉察到自己的行为不可能达到特定的目标或没有成功的可能性时，就会产生一种无能为力或自暴自弃的心理状态，具体表现为认知缺失、动机水平下降、情绪不适应等心理现象。

图 2.5　特制实验笼子

习得性无助又是怎样产生的呢？习得性无助的人往往在自我归因方式上存在偏差。自我归因是指一个人对自身行为表现做出的解释。当一个人将不可控制的消极事件或失败结果归因于自身能力的时候，一种弥散的、无助的和抑郁的状态就会出现，自我评价会降低，动机水平也会降低，习得性无助也就会产生。心理学家韦纳认为，一个人对自己行为成败的归因一般包括三个维度：控制点、稳定性和可控性。

控制点是指一个人认为影响自己成败的因素源于自身还是外部。例如，小 A 和小 B 都没有通过英语四级考试。小 A 想："我没有努力。"而小 B 想："这次题目太难。"小 A 归因于努力程度不够，努力程度是由个人自己控制的，这属于内部归因；小 B 归因于任务难度，任务难度是由外部原因控制的，这属于外部归因。

稳定性是指一个人认为影响自己成败的因素是否稳定，不随情境的变化而变化。例如，小 C 也没有通过英语四级考试，但他却想"我能力不行"。小 A 与小 C 同样归因于内部原因，但努力程度是可以改变的，而能力高低则是相对稳定的。

可控性是指一个人认为影响自己成败的因素是否可以由个人意愿所决定。例如，没有通过英语四级考试的小 D，他这样想："这次运气不好。"运气好坏就属于不可控因素，能力水平、任务难度也属于不可控因素。

在这三个维度中(如表 2.3 所示)，控制点维度更能有效地解释习得性无助现象。我们可以看到，能力是稳定的、不可控的，而努力是不稳定的、可控的。当一个人把失败归因于能力而非努力时，就会产生习得性无助现象。例如：一个人在生活中，如果长期经历失败而又找不到扭转局面的方法，那么他很可能把失败归因于自己无能或水平低下等稳定、不可控的因素。即便偶尔成功也会被他解释为运气好，任务容易等不稳定的外部因素，这些消极的归因最终使他产生更加强烈的习得性无助感。

表 2.3　自我归因的三个维度

归因维度	能力水平	努力程度	任务难度	运气好坏
控制点	内控	内控	外控	外控
稳定性	稳定	不稳定	稳定	不稳定
可控性	不可控	可控	不可控	不可控

面对这样的情况，我们又该如何改变呢？可以尝试下面的一些方法：

(1) 深入分析之前成功和失败的原因，检查自己的归因方式是否合理。训练自己无论在分析成功事件还是失败事件时更多地进行积极的可控归因，例如成功时归因于"我很努力"，而失败时归因于"我的努力不够"。

(2) 不断给自己设立具有一定挑战性但通过努力可以完成的目标和任务。遥不可及的目标会让我们不断产生挫败感，进而不断强化不合理的归因方式。我们要学会对自己努力过程中微小的进步保持关注，及时奖励自己每一个微小的成功，切身体会到"自己真的可以做到一些事情"。

(3) 找到合适的参照对象，在比较中发现自己的长处。有些人将自己和比自己优秀很多的人比较，于是很容易产生自卑感，觉得自己一无是处。找到合适的参照对象可以帮助我们更好地认识自己，既可以不断发扬自己的优点，也可以正确认识自己的缺点。

自我测试：一般自我效能感量表

微课视频：积极的自我暗示

三、自我实现预言

自我实现预言也叫自证预言(self-fulfilling prophecy)，是指我们对待他人的方式会影响到他们的行为，并最终影响他们对自己的评价。在这种情况下，人们对其他人的预期，会影响他们如何对待他人，而这种对待方式又会导致那个人的行为与人们最初的预期相一致，使得这一预期成为现实。

用正面积极的语言来暗示自己，能够对自己的心理、行为、情绪产生积极影响和作用；而消极的心理暗示则会破坏或干扰人的正常心理和生理状态。对自己说“我一定成功”，而不说“我不可能失败”；对自己说“学习对我来说很容易”，而不说“学习并不难”。因为前者在自己的大脑中种下的是成功的因子，潜意识会指挥你去“成功”；而后者种下的是失败的因子，大脑的潜意识会指挥你去给自己设置“失败”的栏杆。

如果你对自己的生命抱有负面的信念，例如“我真没用”“我不喜欢自己”“我要乖才有人疼”“我要成绩好才会有价值”等，便会对自己接纳不足、生活得没精打采。相反，当你认定生命是美好的，自己是独特的和有尊严的，不论成功或失败都无损生命的尊严及价值，那么你的心灵可以更有力、生活得也更自在。那么，当你在学习、工作和生活上遭受挫折的时候，怎样才能重建自信心呢？下面是英国心理学家提出的10条帮助增强自信心的方法：

(1) 每天照三遍镜子。清晨走出房间之前，对着镜子修饰仪表、整理着装，务必使自己的外表处于最佳状态。午饭后，再照一遍镜子，修饰一下自己，保持外表整洁。晚上就寝前、洗脸时再照照镜子。消除对自己仪表不必要的担心，更有利于你将注意力集中到学习、工作和生活中。

(2) 不要总想着自己的身体缺陷。每个人都有各自的身体缺陷，完美无缺的人是不存在的，对自身的缺陷不要念念不忘。其实，人们往往并没有那么在意你的缺陷，只要少想，自我感觉就会更好。

(3) 提醒自己你感觉明显的事情，其他人不一定注意得到。当你在众人面前面红耳赤地讲话时，听众可能只是看到你两腮红润而没有想太多。事实上，你的窘态并没有那么容易被他人发现。

(4) 不要过多地指责别人。如果你常在心里指责别人，就可能成为习惯。应该逐渐克服这种缺点，总爱批评别人的人是缺乏自信的表现。

(5) 做一位好的倾听者。当别人讲话的时候，不要急于用机智幽默的插话来博得别人对你的好感。你只要认真地倾听别人的讲话，他们就一定会喜欢你。

(6) 为人坦诚，不要不懂装懂。对不懂装懂的东西要坦白地承认，这不仅不会损害你的形象，还会给人以诚实可信的感觉。对别人的魅力和取得的成要勇于承认，并致以钦佩和赞赏。

(7) 在自己的身边找一个患难相助、荣辱与共的朋友。这样在任何情况下，你都不会感到孤独。

(8) 不要试图用酒来壮胆提神。如果你害羞腼腆，那么就算喝干了整瓶酒也无济于事。只要你潇洒大方，滴酒不沾也会受到大家的欢迎。

(9) 请记住，拘谨可能使某些人对你含有敌意。如果某人不爱理你，不要总觉得自己有错。对于有敌意的人，不讲话虽然不是最好的办法，但却是唯一的办法。

(10) 一定要避免使自己处于不利的环境中。当你处于不利的环境时，虽然人们会对你表示同情，但他们同时也会因为感到比你地位优越而在心里轻视你。

最后，希望你通过这一章的学习，能够学会用自我探索、自我对话、自我表现等方法，去走进自己、发现自己、接纳自己和成长自己，树立崇高的人生理想，探索合适的生活状态，活出最乐观的自己！

微课视频：积极的自我表现

章节测验

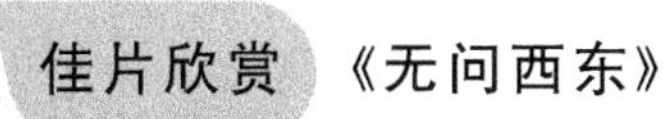

第三章 探索友谊的世界

案例导读 宿舍友谊的小船是如何打翻的

步入大学的你，离开了熟悉的家庭和亲密的朋友，开始面对独立自主的大学生活，学习处理多种多样的人际关系。在所有大学校园的人际关系中，宿舍关系成为现在许多大学生最为困扰的问题。住在同一屋檐下的彼此，为何却拥有“世界上最遥远的距离”?

（一）宿舍内部关系复杂

宿舍矛盾最常见的是貌合神离打“冷战”。大二学生小婷这样描述：“我和一个室友喜欢热闹，经常结伴学习外出，但其他两个室友比较内向，平时喜欢独来独往，所以彼此之间没有交流、各干各的，大家可以连续几天不说话，宿舍生活一直是死气沉沉的。”

少数同舍同学在矛盾升级后甚至动手打架。大一新生小雷抱怨室友经常熬夜打游戏，并且总会把背景声音开得很大：“晚上十一点大家都准备休息了，提醒他戴耳机打游戏，他居然说我玩我的，你睡你的！大家多次好言相劝，他却总是置之不理。一位室友决定‘以牙还牙’，在这位同学白天睡觉时故意大声放音乐，结果两人打架受伤，受了处分。”

（二）多重因素影响友谊

家庭背景、生活习惯、性格脾气、兴趣爱好、价值观念等各种因素都会对宿舍关系产生影响。“每次宿舍检查卫生，室友总是指望我一人，因为我以前总是默默地把卫生做好，使她们养成了依赖心理，变得理所当然。”大一新生小婷对室友在宿舍公共卫生方面不愿意实行“责任承包制”表示不满，“一开始是责任分工，到现在是偷懒拖延。我比较爱干净，经常会打扫，而室友总是以看不清地面上脏不脏为由拒绝做卫生”。

（三）缺少交流积累矛盾

在宿舍中遇到问题，大多数人选择自我消化而非积极沟通，致使彼此之间的心结越来越大，也为日后埋下了不和谐的种子。大三学生小雯表示，日常生活中的摩擦时有发生，但大家都喜欢憋在心里，不愿意说出来。等到说出来，已经是忍无可忍，接近决裂的地步：“室友借钱却一直不还，虽然知道室友可能因为忘记而非故意不还，可是心里总会有些不舒服。自己又不好意思开口，担心对方说自己小气。久而久之，彼此之间谁也不理谁。”

……

宿舍友谊是一种很“悬”的东西，如影随形、无声无息，出没在心底。宿舍友谊的小船可以说翻就翻，也可以上升为友谊的巨轮。每位大学生都希望在大学四年里找到归属、寻到朋友，那就先与最亲密的同窗室友好好相处吧。

话题讨论

(1) 我们为何要与人交往?

(2) 哪些因素影响着人际交往?

(3) 怎样才能做到有效的人际沟通?

(4) 人际交往中有哪些常见的不良心理?

(5) 如何建设性地解决人际冲突?

哈佛大学一项持续75年的研究表明，良好的人际关系是良好生活的密钥。在这一章里，我们将和你一起探索人际交往的奥妙，使你了解人际交往中的心理效应，掌握人际互动的沟通技巧，学会人际困扰的调适方法。正如马克·吐温所说：“生命如此短暂，我们没有时间争吵、道歉、伤心，我们只有时间去爱。”

第一节　我们为何要与人交往

德国教育学家斯普兰格曾说：“在人的一生中，再也没有像青年时期那样强烈地渴望被理解的时期了。没有任何人会像青年那样沉陷于孤独之中，渴望被人接近与理解；没有任何人会像青年那样站在遥远的地方呼唤。”我们每个人都需要与一个或多个特定的人建立深层次的相互关系，例如朋友、恋人或配偶。尽管你我有这样或那样的缺点，但仍有同伴会接纳我们。与这样一个能理解自己内心并能包容我们不足的人相处，是人生中最令人满足的经历之一。不然，我们经常体验到的可能就会是情绪上的隔离和孤独。

一、满足你的需要

亚里士多德将人称为“社会性动物”。美国心理学家马斯洛提出“需要层次理论”(如图3.1所示)，人类的需要主要有生理需要、安全需要、归属与爱的需要、尊重的需要和自我实现的需要五种。事实上，如果我们认真分析一下就不难发现，每种需要的满足都离不开人际交往。生理需要包括食物、住所和性的需要等，如果我们要满足这些需求，就必须与他人建立关系；安全需要也与人际交往有关，这一需要主要体现在秩序、法律、医疗、教育等各方面；归属与爱的需要、尊重的需要在很大程度上是人际交往的产物；至于自我实现的需要，也要在人际交往中才能完成。

正常交往活动的缺乏或被剥夺（如单身监禁），会造成个体的消极情绪反应和心理紊乱。这一点在美国心理学家沙赫特的“交往剥夺实验”中得到了很好诠释：沙赫特以每小时15美元的高薪招募被试者到他创设的特别房间里居住，居住的时间越长，得到的报酬越多。这一房间完全与外界隔绝，没有报纸，没有电话，不准写信，听不到外界的声音，当然更找不到人聊天，每天只供应饮食等必需的生活用品。先后有5名被试者参加了这个实验。实验结果是：有1个人待了2小时，有3个人待了2天，有1个人待了8天。待了8天的被试者出来以后说：“如果再让我在里面待1分钟，我就要疯了。”

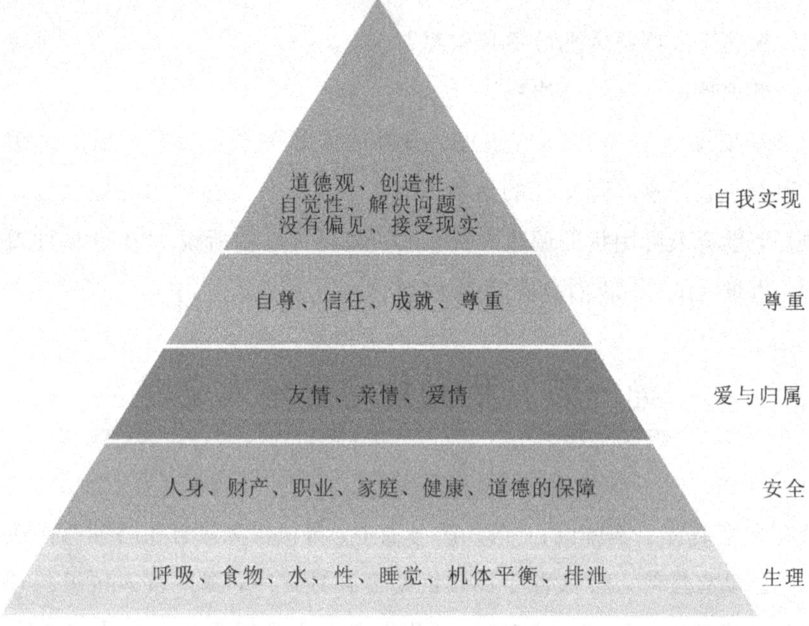

图3.1　马斯洛的“需要层次理论”

沙赫特的实验告诉我们，当基本的人际需要无法得到满足时，我们往往会觉得孤独和痛苦。这一研究可以帮助我们理解：为什么被隔离的人会因为丧失社会联系而变得焦虑和抑郁？俗话说“失去后才懂得珍惜”，当失去一位亲人、爱人或朋友时，我们可能会悔恨为什么当初没有好好去珍惜。所以，不要等人际关系破裂时，你才追悔莫及。

二、获得社会支持

在电影《肖申克的救赎》中，安迪刚进监狱时并不被人喜欢。大家都期待看到他这样文质彬彬的人最后会被监狱折磨成什么样子，但外表文弱的安迪的表现与大家的想象截然不同，他沉默无求，对一切都逆来顺受。在这样的条件下，安迪与瑞德的友谊却在锤子、石头、海报以及漫不经心的话语中慢慢萌生，他们成了彼此的一种依靠。安迪准备逃狱的时候，他还给瑞德留下了希望的火种。瑞德假释后，在不能适应社会的时候，是安迪给了他生活的希望。

社会支持(social support)是指他人向自己提供的情感、物质和信息上的帮助。当我们觉得自己的情绪很糟糕时，我们可以向亲密的家人寻找安慰，也可以与自己的挚友倾诉内心，还可以求助于专业的心理咨询师。通过寻求支持，很多人可以摆脱消极的情绪，并以积极的心态面对生活。电影中的安迪和瑞德都生活在没有自由的环境下，他们友谊的存在就是源于彼此的情感支持。

威廉斯等人(2000年)惊讶地发现，即使在虚拟世界中，被一个永远不可能见面的人拒绝，也会引起挫折感。比如你很想在QQ上与一位异性聊天，但是无论你怎么发信息，对方都不回复你，你有过这种经历吗？研究者从62个国家招募了1486名被试者，让每个被试者与另外两人一起玩一种网络游戏(另外两人是电脑模拟的)。结果发现，那些遭到另外两人排斥的被试者都感到情绪低落，甚至引起过暂时的担忧、焦虑、偏执等负面情绪。可见，被排斥是一种实实在在的创伤，会使我们感到紧张不安，但当我们被他人接纳时，很多问题往往会迎刃而解。

三、评价和提升自我

歌德说过：人只有在人们之间才能认识自己。我们经常为该如何评价自己而困惑，因为自我评价不像测量身高一样，通过尺子就可以做到。当没有一个非常客观的标准时，我们评价自己还需要依赖于与他人的交往，通过他人对我们的评价来完善对自我的认识。例如，一个人被他的家人所喜爱、老师所重视、朋友所尊重，那么这个人就会认为自己具有某些令人喜爱的品质；如果一个人常常被长辈、老师和同学推荐担任某些重要工作，那么这个人肯定认为自己在某些方面具有才能；但如果一个人总是被同学所排斥，很少有人愿意与他交流，那么这个人很可能会认为自己是一个不被人喜欢的人。

社会心理学家还指出，人际交往能够满足人们进行社会比较的需要，即把自己的行为、情感、观点和能力与其他人相比。你是否有过在考试之后与他人比较分数的经历？如果有这样的经历，那么你便是通过与他人交往的方式来对自己的学习成绩进行评价。当然，你并非盲目地进行比较，而是与自己能力水平相似的人做比较，因为这样做才对认识自我具有意义。不仅如此，你还会“向下”或“向上”比较。例如，在这学期的奖学金评比中，由于你考试成绩不理想，你的奖学金从上学期的一等下滑到二等，你可能会因此郁郁寡欢，但当你跟一位一直拿二等奖学金的同学交流后，发现他这学期也没有拿到奖学金，你会不会觉得心里舒畅了些？这时的人际交往就起到了自我保护的作用；同时，你还会向上比较，以拿一等奖学金的同学为榜样，激励自己更好地学习，进而不断地提升自我。

自我测试：大学生人际关系测试

第二节　我们为什么感觉孤独

自从进入大学后，有人会觉得跟寝室和班级里的同学缺乏交流，平时上课、自习、吃饭、回寝等都是一个人，有时候看到身边的人三五成群就会非常羡慕，其实自己期望与他人进行沟通，但是由于长时间一个人学习生活，反倒不知道该怎样与他人进行交往了，于是开始感到深深的孤独。

一、孤独的体验

在生活中，孤独很常见，它是我们人生各个阶段都不可避免的部分，是人生经历中很自然的一个体验。但我们不喜欢、排斥甚至恐惧孤独，主要是因为孤独会带来消极结果以及我们对孤独的错误看法，孤独会对身体健康产生消极影响，长期的孤独感和心脏病、高血压以及寿命缩短有关系。孤独会让生活变得无趣。长期孤独的人更容易对他人形成负性的知觉，会在人际交往中较少地自我表露，表现出更多的单调沉闷和迟钝乏味，从而难以与他人建立较为亲密的人际关系，使得消极的自我实现预言得以实现且不断上演。更荒谬的是，我们甚至会自欺欺人，以为将自己的生活捆绑在别人身上就会抵御孤独。孤独还会引起抑郁。如果把抑郁比作心理疾病中的感冒，那么孤独就可以算作头疼。长期孤独的人会有着像抑郁者一样消极的归因风格，他们长期处于习得性无助状态，因为人际互动不良而责备自己，并且认为自己是无法控制的，从而产生厌烦、消沉、空虚或绝望的内在体验。

二、孤独是什么

孤独感通常是由于一些生活事件引起的——所爱的人去世、与他人的离别、移居到新城市或发生了决定人生的大事等。当我们感到和周围人隔绝开来的时候，孤独感就会出现；当我们缺乏关系网络或者关系出现紧张状况时，孤独感也会出现。对于很多人来说，孤独感就是青年人的同义词。青年人经常会感觉自己孤立无援，而且认为自己是唯一存在这种体验的人。仅仅是生理上的变化和冲动就足以造成困惑和孤独，可实际上这种困惑和孤独也源于青少年经受的成长压力。青年人正在逐渐建立自我意识，所以既渴望成功却又害怕失败；既渴望被接纳和被喜爱却又害怕被拒绝和被排挤。很多人即使被一大群朋友围绕，也常常会体会到深深的孤独。总的来说，孤独感(loneliness)是一个人现在的社会关系与其期望拥有的社会关系间存在的差距所导致的不愉快体验。它包括两个层面：一是社会隔离(social isolation)，指的是我们缺乏足够的人际接触而引起的孤独。但要注意孤独与独处不是一回事，独处是我们主动选择的生活状态，是探索自己和成长自己的机会。二是情感隔离(emotional isolation)，指的是我们缺乏深厚的人际关系而引起的孤独。需要注意的是，孤独与孤单不是一回事，有的时候即使身边有很多人或者交友网站上有很多“好友”，我们依然会感到孤独。

三、孤独的原因

孤独的影响因素有很多，例如孤独与年龄有关。有研究表明，孤独感在 20 岁左右达到顶峰，所以大学生会更容易感受到孤独。随着年龄的增加、阅历的积累，人们会逐渐理解孤独、接受孤独。孤独与性别有关。一般来说，男性比女性更容易孤独。女性相较于男性更愿意、更善于表达，更容易尝试各种方法来应对孤独。有人总结说，女性的关系是面对面的，男性的关系是肩对肩的。孤独与个体特征有关。低自尊者或者说不怎么欣赏自己的人，社交焦虑型、依赖父母型或生活适应不良等个体也容易体验到孤独感。

四、孤独的应对

我们该如何对待孤独呢？这里给出一些建议供参考。

1. 正视孤独

很多时候，我们对孤独的消极体验不是来源于孤独本身，而是来源于对孤独的恐惧。我们错误地将孤独和痛苦画等号，并用消极逃避的方式来应对孤独，例如为了缓解孤独而过度使用网络或随意展开恋情。

2. 积极归因

我们可以尝试把孤独的体验归因于短暂、不稳定的因素，而不是自己或他人持久、稳定的方面。也就是说，我们把孤独看作是暂时的或能改变的挫折，就会产生乐观的心态和积极的期望，而充满希望比消极悲观更有可能摆脱孤独。

3. 放低期望

因为孤独产生于我们所期望的伙伴关系与我们当前已拥有的人际关系之间的落差，所以我们需要当心别把自己的眼光放得太高。例如，离家求学的大学生们会更强烈地感到孤独，这时的孤独是由于生活环境的变化而发生的，我们还会将现在的状况与之前的情形进

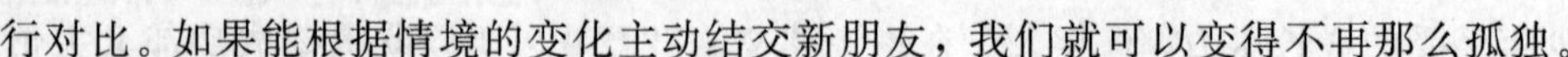

行对比。如果能根据情境的变化主动结交新朋友，我们就可以变得不再那么孤独。

4. 锻炼自己

在新的环境要克服孤独，我们就需要寻求新的友谊，建立新的人际关系。如果我们现在正处于孤独中，那么一定要小心自己的消极态度，不要总是假设自己周围的人是自私自利而且情感淡漠的。如果我们能采用更积极的方法——关注他人的优秀品质，期望他们愉悦友善，并且认可友谊的建立需要花费时间，那么我们总会获得一些接纳和认可。

德国作家黑塞说："人生就是孑然独处。"但是大多数人很难体验独处，因为我们常常让生活变得越来越狂热和复杂。我们害怕独处会让我们疏远别人，于是渐渐疏远自我。世间太多的纷纷扰扰让我们难以抗拒，独处显得越来越没有价值和不被鼓励。例如，从很小开始孩子们的生活就被大量的活动占满，几乎没有闲暇的空余和玩耍的时间，于是孩子们很早就学会了追求刺激，渐渐地他们很容易觉得生活是无聊的。事实上，在生命中的大多数时间里我们都是独处的。与孤独感不同，独处是我们主动选择的生活状态。独处给予我们检验生活沉思的机会，让我们有时间去思索有关自我和生命的深刻方面，例如"我是否真正了解自己""我是否聆听过自己的心声""我是否因忙碌的生活而失去方向"，等等。学会面对孤独带来的恐惧，学会享受独处带来的美好，我们才能真正活出自己的模样。

拓展阅读：常见的消极交际心理

第三节　哪些因素影响着人际交往

著名人际关系学者戴尔·卡耐基在1936年出版了一本讨论人际关系技巧的著作《如何赢得朋友及影响他人》。这本书历经80多年时光仍畅销不衰，已成为人类历史上名列前茅的畅销书，这说明我们是多么渴望被他人接纳和喜欢。接下来，让我们讨论那些有助于最初的人际吸引的因素。

一、接近性："远亲不如近邻"

大学伊始，互不相识的大学生们来到全新的环境。一段时间过后，大多数人都交到了新朋友，而且新朋友都是住得离自己很近的人。另外，时间上的接近，如同龄、同级、同期等也容易在情感上产生亲近感。也就是说，生活的时空性决定了我们只能与时空距离接近的人有密切来往(互联网例外)，时空距离越接近，交往效率就越高，人际关系就越容易建立。大多数情况下，我们的友谊和浪漫关系起始于与周围人的交往。与人见面不一定会喜欢上他们，但喜欢上他们必须先见到他们。一个人在自己的眼前出现的次数越多，自己越容易对其产生偏好和喜爱(当然前提是这个人第一次出现时没有给你带来不适感或厌恶感)，我们把这种只要经常出现就能增加喜欢程度的现象叫作曝光效应。如果你想给别人留下不错的印象，经常在对方面前"露脸"就是一个简单有效的好方法。

知识百科　我们会跟谁成为朋友?

美国心理学家费斯廷格等人(1950 年)以麻省理工学院的已婚学生(后称居民)为实验对象对接近效应进行研究。居民们所在的住宅区有 17 栋独立的两层小楼，每栋楼有 10 个单元，每个单元样式几乎相同。居民们不能决定自己的住处，哪里有空的公寓他们就被分配到哪里。一开始入住时，这些随机安排的居民们彼此之间并不熟悉。一段时间后发现，居民们与住在附近的邻居交往更多，更容易成为朋友。事实上，大多数房门之间的距离只有 5.8 m，而距离最远的房门之间也不过 27 m。但在同一层楼上，被提到愿意与邻居进行交往的人中，隔壁邻居占了 41%，隔一扇门的邻居占了 21%，而走廊尽头的邻居则只占了 10%。此外，住在同一楼层的居民与住在不同楼层的居民相比更容易成为朋友。

二、吸引力

1. 外表吸引力："爱美之心，人皆有之"

在人际交往中，你会看重对方的哪些特质呢? 智慧的人们并不在意诸如美貌之类的外在特征，他们知道"美丽扎根于内心深处"，而且"不可以只通过封面来判断一本书的好坏"。但在现实生活中，我们的确身处一个"看脸的世界"。

哈特菲尔德等人(1966 年)在明尼苏达大学"迎新周"让 752 名一年级的男女学生随机配对参加两个半小时的舞会。舞会结束时，询问学生是否希望再次同对方进行约会。结果表明，不管是男生还是女生，外表吸引力越大就越受人喜爱；迪恩等人(1972 年)向大学生展示了三个大学生的照片，一个外貌漂亮、一个相貌平平、一个是相貌丑陋，然后要求大学生评价他们三人未来是否幸福。研究发现，外表具有吸引力的人获得了更多的肯定回答。还有研究发现，即便是婴儿也偏爱有吸引力的面孔。

尽管"人不可貌相"，但外表在人际交往中所表达出的意义是无法用语言形容的，它在某些方面是一个人内在品质的具体体现。人际交往是一个由表及里、由浅入深的过程。在人们对你的一切都不了解的时候，通过整饰自身的外表礼仪可以影响对方对自己的整体评价，所以开始注意自己留给他人的第一印象吧！

知识百科 “第一印象”中的心理效应

（一）首因效应：抓住第一印象的机会

首因效应是指交往双方形成的第一次印象对今后交往关系的影响，也即是“先入为主”带来的效果。虽然这些第一印象并非总是正确的，但却是最鲜明、最牢固的，并且决定着以后双方交往的进程。

那怎样才能给人留下良好的第一印象呢？第一印象主要是依靠性别、年龄、体态、姿势、谈吐、面部表情、衣着打扮等外在表现，来判断个人的内在素养和个性特征而形成的。所以，在日常交往过程中，要注重仪容仪表与着装打扮，还要注重举手投足的恰当得体和言辞优雅。

（二）光环效应：爱屋及乌与以偏概全

光环效应是指人们一旦认定某个人在某方面具有优秀品质后，便会认定他在其他方面也会有这种优秀品质。例如从喜欢一个人的颜值，到喜欢他整个人；从讨厌一个人的说话态度，到讨厌他所做的每一件事。

常言说：知人为聪，知己为明。避免光环效应蒙蔽自己头脑的关键在于认清自己和了解他人。“知己”就是要努力了解自己，冷静客观地对待第一印象，学会做好改造甚至否定第一印象的准备。“知人”则是尽量了解他人所想，学会根据对方的思维方式判断其言行，而不是根据个人喜好投射他人。

（三）刻板印象

刻板印象是指人们往往把某一个具体的人看作是某一类人的典型代表，并把对某一类人的评价视为对某一个人的评价，因而影响正确的判断，若不及时纠正进一步发展或可扭曲为歧视，例如性别歧视、地域歧视、职业歧视等。

克服刻板印象的具体方法：一是要善于用“眼见之实”去核对“偏听之辞”，有意识地重视和寻求与刻板印象不一致的信息；二是深入到群体中去，与群体中的成员广泛接触，与群体中有代表性的成员了解沟通，不断地检索与验证印象中与现实中相悖的信息，最终克服刻板印象的负面影响而获得准确的认识。

2. 个性吸引力：“近朱者赤，近墨者黑”

在人际交往之初，外表的影响较大，随着彼此认识的加深，个性的作用会不断增大。一个人越能给其他人带来舒服、愉悦和稳定的情绪体验，他就会越受欢迎；一个人总是让其他人产生别扭、生气和难堪的情绪体验，他就会越被疏离。换句话说，人们都喜欢与充满

“正能量”的人接近与交往。

正能量的人有什么样的特征呢？首先，他们经常微笑。微笑永远是受欢迎的，它来自快乐，也可以创造快乐。微笑会感染身边的人，可以在瞬间缩短彼此之间的心理距离。在人际交往过程中，没有什么东西能比一个灿烂的微笑更能简单直接地打动人心的了。所以，放下高冷吧，因为你永远不知道有谁会在下一秒爱上你的微笑！

其次，他们具有人们喜爱的品质。社会心理学家安德森在一项研究(1968 年)中将 555 个描述个性品质的形容词列成表格，让大学生按照喜好程度从高到低进行排序。在这一排序中，代表性的个体品质有三种：最被喜爱的品质、介于中间的品质和最被厌恶的品质。表 3.1 列举了各 20 个三类代表性个性品质，这些品质具有跨文化、跨时代和跨社会角色的一致性。

表 3.1　影响人际关系的主要个性品质

最被喜欢的品质(积极品质)	中间品质	最被厌恶的品质(消极品质)
真诚	固执	古怪
诚实	刻板	不友好
理解	大胆	敌意
忠诚	谨慎	饶舌
真实	易激动	自私
可信	文静	粗鲁
智慧	冲动	自负
可信赖	好斗	贪婪
有思想	腼腆	不真诚
体贴	易动情	不善良
热情	羞怯	不可信
善良	天真	恶毒
友好	不明朗	虚假
快乐	好动	令人讨厌
不自私	空想	不老实
幽默	追求物欲	冷酷
负责	反叛	邪恶
开朗	孤独	装假
信任	依赖别人	说谎

3. 能力吸引力："金无足赤，人无完人"

在其他条件相同的条件下，一个人越有能力，他就会越受到人们的喜欢。这可能是因为当周围都是拥有才能的人时，我们也会在某种程度上得到积极的肯定。实际上在一个群体中最有能力、最能出彩的人往往不是最受欢迎的人，这可能是因为才能出众的人会让我们产生遥不可及的距离感和社会比较的压力感。

在社会心理学家阿伦森等人的实验(1966 年)中，大学生们要通过听磁带选出一位智力竞赛主持人。磁带共有 4 盒，实际都是一个人录的音。在其中两盒录音带中，两位"候选人"都显得非常聪明，另外两盒录音带中的两位"候选人"表现得能力一般。此外，在一位"聪明候选人"和一位"一般候选人"的录音中，被试者能够听到候选人在讲话时笨拙地把咖啡洒到自己身上的声音。实验结果表明，"聪明而笨拙"的候选人得票最多。"一般而笨拙"的候选人得票最少。由此可见，人们对那些有才能但不完美的人情有独钟，这是因为有一些小毛病反而使他们显得更有人情味。

三、相似性："物以类聚，人以群分"

日常生活中，共同的态度、信仰、兴趣和价值观；共同的语言、种族、国籍和出生地；共同的民族、文化、宗教和背景；共同的年龄、职业、阶层和教育水平；还有共同的身体特征，如身高、体重或居住地等，都可以在一定条件下不同程度地增加彼此之间的相互吸引。伴随交往的开展，彼此了解的加深，兴趣、信念和价值观等的作用逐渐突出，甚至成为压倒一切的关键因素。"酒逢知己千杯少，话不投机半句多"说的就这种现象。

密歇根大学的研究者们(1961 年)把 34 名刚刚转学的、互不认识的男生分成两组，每组 17 人。在共同度过了 13 周的公寓生活后，那些一开始就表现出高度相似性的被试者更容易成为密友。例如，其中一组朋友包括 5 名文科生，他们都很聪明并且拥有相似的政治观点。香港的两所大学的研究者们也进行了相关的研究(1996 年)，结果同样发现，如果同居一室的学生具有共同的价值观和个人特质，那么舍友之间的友谊在 6 个月内便可形成，当他们将舍友看成"自己人"时尤其如此。

知识百科　我们为什么喜欢与自己相似的人？

对于相似效应的解释有以下几种：

(1) 与我们观点相似的人使我们的观点得到一种社会性证实，让我们产生了"我们是正确的"这种体验，感受到肯定、支持和归属，所以我们喜欢与我们意见一致的人。

(2) 人们有强烈的欲望要维持自己对他人或事物态度的一致性，而这种一致性可以通过喜欢或不喜欢来达到。喜欢一个人却又在一般问题上存在意见分歧这会让我们产生心理上的不协调。为了最大化认知一致，我们喜欢同意我们观点的人，不喜欢与我们观点不同的人。

(3) 对于在重要问题上和我们意见相左的人，我们会做出一些负性推论。我们会猜测这个人的意见表明他就是我们过去见过的那种讨厌的、愚蠢的人。

(4) 人们有意选择在社会态度上和社会欢迎性上与自己相似的人作为朋友。我们会喜欢出类拔萃的人，不过最后我们的密友往往是那些与我们相似的人。在日常生活中，社会欢迎程度高的人需求率较高，但他们拒绝别人的概率也高。考虑到人际交往的现实可能性，人们倾向于选择那些在社会吸引力上与自己相似的人。

四、互补性："取人之长，补己之短"

我们喜欢那些与自己相似的人，也喜欢那些与自己相反的人。当需要和满足方式正好成为互补关系时，交往双方的喜爱程度也会逐渐增加。也就是说，两人不同的心理特质，可以彼此获得心理补偿。例如，爱说的人与爱听的人更容易相处，急脾气的人与慢性子的人更容易合作。

相似性和互补性究竟何者更重要？当双方有着相同的角色作用时，决定人际吸引的重要因素主要是相似性；而当双方有着不同的角色作用时，互补性就显得比较重要。特别是在婚恋关系中，相似型的恋人更容易白头相守的原因在于他们能够深刻地理解、体验和满足对方的需求。这也是互补型恋人突破差异创造一致的关键，即便彼此之间存在着不同甚至是近乎相反的个性特质，但只要双方能把握住对方的真实需求同样可以白头偕老。

《我们差之微毫的世界》

第四节 人际交往的心理原则

当人际关系初步建立的时候，如果我们要继续保持交流和深入下去，并最终形成稳定而持久的和谐关系，就需要学习一些人际交往的心理原则，积极思考如何将这些原则应用到互动实践之中。

一、交互原则

在日常生活中，我们有一个共同倾向，就是希望别人能够接纳自己、认同自己和承认自己的价值。这种寻求自我价值确立和情绪安全感的倾向，会引导我们在人际互动中愿意表现自己，并愿意吸引别人的注意，处处期待别人能够接纳自己、喜欢自己。在一般情况下，喜欢我们的人，我们也会去喜欢他们；愿意接近我们的人，我们也愿意去接近他们。而对于疏远我们的人，我们的反应也是相应的，对他们也会疏远或厌恶。换个角度，我们在人际关系的建立和维持中，需要首先遵循交互原则，接纳、肯定并喜欢那些与我们进行交往的人。一般来说，人际互动中的喜欢与厌恶、接近与疏远均是相互的，即“爱人者，人恒爱之；敬人者，人恒敬之”。

二、互惠原则

1. 人际互动的本质是社会交换

社会交换理论认为人与人之间的交往，在本质上是一种社会交换过程。这种交换不仅涉及物质的交换，同时还包括非物质的交换，如情感、信息、服务等各方面的交换。费力最小原则是人类行为的基本原则之一，即用最小的付出换取最大的回报。只有当一种关系对我们来说是值得的时，人际关系才可以建立和维持。所以，一切交际活动及一切人际关系的建立与维持，都是我们根据一定的价值观进行选择的结果。对于那些对自己来说是值得的，或得到大于损失的人际关系，我们倾向于建立与保持；而对于那些对自己来说不值得的，或损失要大于得到的人际关系，我们就倾向于逃避、疏远或终止。

因此，我们必须了解交际对象在人际关系方面的价值倾向，并在人际互动中始终保持其得大于或等于失，从而使对方感到同我们交往是值得的，人际关系才能够建立、维持和发展。心理学家强调，我们在同别人交往时需要不断注意人际关系的维护。无论怎样亲密的关系，我们都不能一味地只“索取”而不“投资”，否则，原来亲密的、值得的关系也会转化为不值得的、疏远的关系，使我们陷入人际关系困境。

2. 增值交换与减值交换

增值交换与减值交换是根据自我价值定向理论提出的解释双赢和双输人际关系现象的概念。由于人与人之间价值观倾向的不同，人际交往中存在着不同的社会交换机制。对重内在情感价值的人而言，他们在人际交往中个人情感卷入更多，因而有明显的重情谊、轻物质的倾向，与别人的交换倾向于增值交换过程。他们在人际交往中感到欠别人的情分，因此在回报时，往往也超出别人的期望，这种过程的循环往复，就导致了卷入交往双方都感到得大于失。与此相反，对重外在物质利益的人而言，他们在人际交往中重物质利益意识多于个人情感的卷入，因此倾向于用物质来衡量自己的得失，在人际交往中往往倾向于减值交换。

三、自我价值保护原则

所谓的自我价值保护，就是一个人心理活动的各个方面防止自我价值遭到否定的自我价值倾向。人通常只接纳那些喜欢自己、支持自己的人，对否定自己的人倾向于排斥。为了保护自我价值，人们通常采取自我妨碍(self-handicapping)策略，即个人对未来可能到来的失败制造保护性借口所采取的措施，有利于我们把失败归因于一些暂时的或外在的因素(例如“我身体不舒服所以考试失败了”“我昨天晚上熬得太晚了所以发挥失常”“我并没有真的失败，要不是因为这个我肯定能干好”)，而非自己的天赋或能力的缺乏，从而维护自我形象和保护自我价值。

另外，心理学家阿龙森和林德(1965 年)曾做过类似的实验。在实验中，研究者巧妙地安排了被试者可以很自然地被合作伙伴反复评价，同时又合理地安排了被试者每次都“无意中”听到合作伙伴如何评价自己。由反复评价的变化和性质，构成了四种不同的实验情境：① 评价始终是肯定的；② 评价始终是否定的；③ 评价由否定逐渐转向肯定，并最终达到第一种情况的肯定水平；④ 评价由肯定逐渐转向否定，并最终达到第二种情况的否定水平。最后让被试者评价自己对合作伙伴的印象好坏，最高为 10 分。如图 3.2 所示，人们对于原来否定自己而最终变得肯定自己的交际对象喜欢程度最高，明显高于一直肯定自己的交际对象。而对于从肯定到否定变化的交际对象喜欢程度最低，大大低于一直否定自己的交际对象。这一现象被称为人际吸引的增减原则或得失原则(gain-loss principle)。因此，在人际交互过程中，我们需要支持和肯定他人的自我价值，这样才可能被他人接受和赢得他人。人际关系学大师卡耐基曾经说过：如果你想赢得朋友，让你的朋友感到比你优越吧；如果你想得到敌人，时时表现比你的朋友优越吧。

评价类型	喜欢水平
肯定——肯定 (始终给予肯定)	+6.42
否定 (始终给予否定)	+2.52
否定——肯定 (先否定然后转向肯定， 最后达到第一种肯定水平)	+7.67
肯定——否定 (先肯定然后转向否定， 最后达到第二种否定水平)	+0.87
注：表中得分是-10~+10等级评定量表得分； 其中-10代表最厌恶，+10代表最喜欢。	

图 3.2 阿龙森和林德的人际实验

四、情景控制原则

人具有探究反射行为。当我们处于陌生环境时，会主动探索周围的事物，从而使自己感到安全和自由。反之，当我们处于无法掌控的环境时，会感到恐慌与不安。情境控制是指我们需要对自身所处环境的自我控制，具体是指对于别人的思想、情感的影响力和感染力，对他人行动的控制、支配程度，对于双方交往方式、内容、时间、地点等做决定的主动权，加深交往和终止交往的主动权等。

良好的人际关系要求交互双方对交际情景有大致对等的控制程度，能够达到一种心理上的地位对等。交互双方对情景的控制越充分越好，这样就可以保证双方在交互过程中感到自由与舒畅，并引发真实的、深层次的内心交流，因而有助于建立相互接纳、信任和支持的关系。如果双方对于交往情景的控制不对等，那么处于被动、压抑地位的一方会难以充分和真实地表现自己，从而回避与拒绝与对方建立密切的人际关系。

微课视频：常见的人际知觉偏差

第五节　学会更好地与人相处

人际关系是一门学问，也是一门艺术，其中蕴涵着深刻的道理和技巧。如果能运用正确的方法和技巧与人交往，那么在与人沟通的过程中就会事半功倍。阿拉伯哲语这样说："一个没有交际能力的人，犹如陆地上的船，是永远不会漂泊到人生的大海中去的。"所以，为了拥有良好的人际关系，我们需要努力掌握一些沟通技巧。

一、学会倾听

朋友，就是这个世界上能够真心理解我们，在我们遇到问题时能够耐心倾听，能够改变我们观点的那个人。在人际交往中倾听是如此的重要，但遗憾的是，只有少数人称得上是良好的倾听者。即使在纯信息层面，研究者也发现约有 75%的口头语言信息被忽略、被误解或者被遗忘。试想当你兴致勃勃地向某人谈论感兴趣的话题时，对方仅表现出机械的反应，你是否会感觉特别得受挫？下面分享一些实用的倾听技巧。

1. 目光接触

眼睛是心灵的窗户。我们可以通过目光交流来“听懂”说话者更深层的意思，也可以从说话者的角度理解他的切身经历和内在感受。有效的目光接触是指倾听者将目光柔和地看向说话者，表达自身乐意倾听的兴趣与愿望，同时为了避免持续的注视可能会引起的尴尬，还要偶尔将目光从说话者面部转移到其他部位，例如正在做手势的手臂，然后回到面部，再次目光接触。无效的目光接触是指倾听者频繁地将目光转移到说话者之外的人或事上，盯着说话者一动不动或完全不看说话者，或在说话者注视自己的时候将视线移开。

2. 表示注意的姿态

良好的倾听者既会通过随和放松的肢体语言来表达“我能够接纳你”，也会通过恰当合适的躯体紧张来表达“我会努力理解你”。在交谈过程中，保持身体前倾更能表现出关注和投入，视线水平也应该与说话者彼此一致，如果说话者站着而你坐着，或者说话者坐着而你站着，这种姿势会造成交流的障碍；不要双臂交叉或者双腿交叉，保持开放的姿势是表示关注的另一项重要内容，因为交叉的双臂或双腿意味着自我封闭和自我防御；适当表现出主动和活跃要比冷漠和僵硬更利于人际交往，同时还要避免因为注意力分散而对无关刺激做出肢体反应，例如在别人说话时眼睛看向别处或自顾自事。

3. 恰当反馈

倾听的艺术在于能够做出恰当的反馈。恰当的反馈是指采用一种表示理解和接纳的态度，重新再现说话者的情感或谈话的内容。具体是指，采用倾听者自己的语言对说话者谈话的要点进行简明扼要的反馈，关注说话者的事实信息，例如“你所说的意思是……”；采用准确的语言将说话者在沟通中的情绪反馈给对方，“听懂”说话者的情感反应，例如“你感觉……(情感词汇)，因为……(与情感相关的事实)”；采用简短的语言来概括较长一段沟通的谈话主题和情绪状态，总结说话者的核心表达，例如“我刚才在认真地听，你主要关心的好像是……”。

二、换位思考

对于父母与孩子的关系，美剧《随心所欲》里说道：“我们一生都在等父母说出‘对不起’，而父母一生都在等我们说出‘谢谢’。最终，我们谁都没有得到自己想要的。”对于恋人的关系，电影《他没那么爱你》里提到：“我就是喜欢剖析每个小动作，自己添油加醋地乱想……”对于朋友和陌生人，电影《爱玛》里有这样一句台词：“世界上总有一半人不理解另一半人的快乐。”现实生活中的我们经常会以己度人：一是认为别人的好恶与自己相同，进而按照自己的思维方式试图影响对方；二是过度地赞美自己喜欢的人，或者过分地贬低自己不喜欢的人。但是，人心各不同，莫以己度人。我们需要用想人所想的换位思考进入交往对象的内心世界。

什么是换位思考？一方面是设身处地替对方着想，这样就能通情达理地谅解对方的行为和态度。例如，你向朋友借用一架他新买的照相机，他表现得有点舍不得。你可能会想："这么小气，不够朋友。"但若互换角色想一想：假如朋友向你提出这样的要求，你是否一定会毫无难色地一口答应呢？将心比心，人同此理。如果能意识到他人的难处，你就容易宽容和理解对方了。另一方面，以对待"客观之我"的方式来对待他人，就能采取较为适当的行为，即所谓的"己所不欲，勿施于人"。你不希望别人在背后议论你，那你就先不要在背后说别人的坏话，也不要轻信他人在背后播弄是非。你期望他人怎样对你，你就应该怎样去对待他人。当你对他人做出某种行为或表示某种态度时，应当首先考虑到对方可能会产生什么样的感受和反应，并由此考虑调整或改变自己的行为，避免给对方造成伤害或带来痛苦。

换位思考需要我们改变从自我出发的单向思维，站在对方的立场上思考和理解问题，努力体验他人在此情此景中的感受，使自己适时并恰当地做出反应，减少很多误会和冲突。长此以往，对方也会如是待你。除此之外，《孙子兵法》讲"知己知彼，百战不殆"，如果此刻的你正希望获得他人的喜欢和欢迎，那么就需要你在正式接触对方之前，认真仔细地了解一下对方的个人好恶、兴趣、心态等相关状况，这样才能更好地得到对方的关注。

三、自我暴露

自我暴露(self-disclosure)的意思是向交往对象诉说心里话，坦率地表白自己、陈述自己和推销自己，即一个人自发地、有意识地向另一个人暴露自己真实且重要的信息。笼统地说，就是把有关自己个人的信息告诉给他人，与他人共享自己的感受与信念。心理学家们认为，至少让一个重要他人了解和接纳真实的自我，具有这种能力的人在心理上是健康的，是自我实现的个性所必需的，更是建立亲密关系的前提条件。

在自我暴露的研究中，互惠性原则指的是接受者按他们所接收到的表露私密程度回报给对方。当人们与自我暴露水平较高的个体交往时，最有可能进行较多的自我暴露。人们往往会回报或模仿其他人所欣赏的自我暴露水平。回报发生在现实生活的广阔范围中，包括知己关系、婚姻关系等亲密关系。如果一个人的表露在内容、强度或稳定性上不匹配，这可能会引起对方的不愉快。

社会心理学的研究告诉我们，人际关系由低水平的自我暴露和低水平的信任开始。当一个人开始自我暴露时，这便是信任关系建立的标志；而他人以同样的自我暴露水平做出反应，这就是对方接受信任的标志。这种自我暴露往复交换，直到双方达到满意的水平为止。最后，彼此之间的亲密关系就会逐步形成。也就是说，随着双方沟通话题的由浅入深，人们之间的人际关系也由一般转向亲密。

社会心理学家鲁宾把自我暴露分为四个层次：第一层是自我表层水平，涉及兴趣、爱好等方面，如饮食、偏好、日常兴趣、消遣活动的选择等；第二层是对事物的看法和态度，例如对某一政治事件的评价、对某个老师的看法等；第三层是自我的人际关系与自我概念状况，例如自己与父母的关系、自己的自卑情绪等；第四层是自我的最深层次，属于一个人的隐私部分，不会轻易向别人表露，例如自己的某些不能为社会一般观念所接受的经验、念头、行为等。因此，了解自我暴露的层次就可以了解人际交往的进展。

值得注意的是，太少的自我暴露和太多的自我暴露都会引起人际环境适应方面的一系列问题。一个从不自我暴露的人不可能与其他人建立密切的和有意义的人际关系。同样，习惯于喋喋不休地向他人谈论自己的私密，也会被他人看作是适应不良的自我中心主义者。社会心理学家认为，无话不谈是有度的，理想的模式是对少数亲密的朋友做较多的自我暴露，而对其他人做中等程度的暴露。

四、正确的付出

商人之间友情的基础，是利益上的互惠；挚友之间友情的基础，是心灵上的互惠。社会交换理论(social exchange theory)认为人与人之间的交往，在本质上是一种社会交换过程。

最简单的付出是对他人的称赞。美国心理学家詹姆斯说："人性中最本质的愿望，就是希望得到赞赏"。彼此之间选择恰当的时机和适当的方式表达对对方的赞赏是增进彼此关系的催化剂。在称赞对方时要注意以下四点：首先，频繁的赞扬可能会失去价值；其次，与夸大其词、阿谀奉承相比，人们更喜欢恰如其分、真情流露的肯定；再次，与顺境中的赞扬相比，人们更希望在逆境中得到支持；第四，与即时的恭维相比，人们会更加看重事后的回顾。例如，一个人演讲刚结束你给予喝彩，他会认为这只是一般的礼貌。但是在过了一段时间后你再对他谈起演讲内容和感受，他便会对你表示感谢或感激。

那么付出就一定会有回报吗？当你拼命给予的时候，可能并不会获得对方的关注和珍惜，甚至还可能会使交往双方渐行渐远。例如，一味倾尽所有地去对待别人，可能会让对方产生理所当然的心态，从而对这段关系越来越轻视；一味自以为是地对待别人，可能并不了解对方真实的需要和感受，从而让这段关系越来越尴尬；一味委曲求全地去讨好别人，可能会产生物极必反的结果，从而使自己变得越来越疲惫。总而言之，当你下定决心投身于一段关系时，要知道付出不一定会有回报，也要努力尊重和接纳他人的选择，更要明白需要合理拒绝的时候就该大胆说出来。

五、距离产生美

生物学家为了研究刺猬的生活习性，曾在寒冷的冬天把十几只刺猬放在寒风凛冽的户外。为了生存，它们不得不互相依偎，但又难以忍受彼此身上的长刺。经过一次又一次地靠近与分开，刺猬们终于找到既可以相互取暖又不会彼此伤害的合适距离。在人际关系中，人与人之间的相处距离也是如此，离得太远可能会形同陌路，离得太近又可能会两相生厌。

美国人类学教授霍尔将人际距离划分为四种类型：亲密距离、私人距离、社交距离和公共距离：

(1) 亲密距离(44 cm 以内)：15 cm 以内，是最亲密区间，彼此能感受到对方的体温和气息；15～44 cm，身体上的接触可能表现为挽臂执手或促膝谈心。对于异性，这一距离只限于恋人、夫妻等之间；对于同性，这一距离只限于密友、挚友。在人际交往中，一个不属于亲密领域的人如果随意闯入这一空间，不管其用心如何都是不礼貌的，可能会引起他人的不适与反感。

(2) 私人距离(46～122 cm)：这是有分寸感的距离，较少直接的身体接触，一般表现为亲切握手和友好交谈。通常熟人间的交谈多采用这个距离。在人际交往中，人们为了向对方表示特殊的亲近感也会有意采用这样的距离。

(3) 社交距离(1.2～3.7 m)：这已超出了亲密或熟人的人际关系，体现为一种公事上或礼节上的较正式关系。例如，论文答辩时，教师和学生之间往往间隔一张桌子或保持一定距离，这样就会增加一种庄重的气氛。

(4) 公众距离(3.7～7.6 m)：这是一个几乎能容纳所有人的“门户开放”的空间，人们完全可以对处于这个空间的其他人“视而不见”“听而不闻”，因为彼此之间未必会发生交集或互动。

这四类距离在交往过程中会发生动态变化，这依赖于双方关系、具体情境、文化背景、性格特征、心境变化等。例如性格开朗的人较容易接纳别人的靠近，他们也愿意主动去接近别人，他们的自我空间相对较小；而性格内向的人可能会对他人的靠近十分敏感，即便你是他的好友或是家人，你都要保证和他的距离控制在一定范围。如图 3.3 所示，在餐厅就座时，两个陌生人更多是坐对角线，因为距离相对较远；两个朋友更多是面对面或肩并肩，因为这样更亲近些。

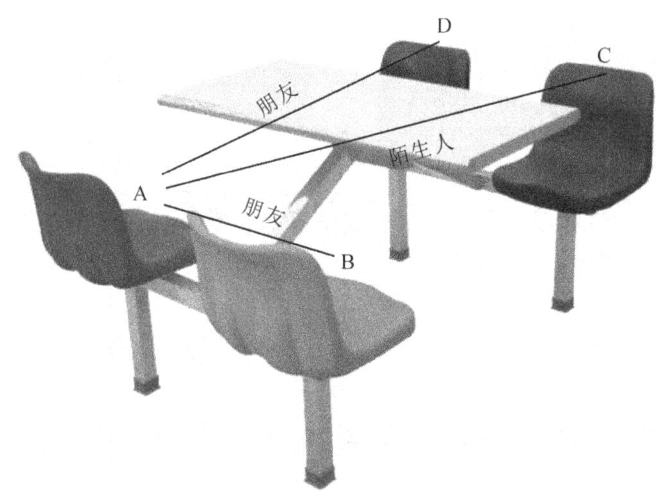

图 3.3　餐厅就座规律

我们可以从人际距离的变化中窥见对方的心理变化，判断对方的真实意向，从而及时做出相应的行为反应：这段关系是更进一步，还是适当调整。例如，初次见面时，我们一般会主动上前并打招呼，同时保持良好的目光接触，然后等待对方做出反应：若对方待在原地不动，他可能对当前的距离感到满意；若对方后退一步或稍微移开，他可能需要更大的空间或不想再待在这儿；若对方上前一步，彼此间离得更近，他可能愿意相处或喜欢交谈。

在日常生活中，我们应注意对方对于自我空间的心理需求，要给对方一个自由和宽松的交际氛围，还要允许他人有思考和反思的时间。与此同时，我们更要学会尊重差异、容纳个性、接纳缺点，能够谅解他人的一般过错。"水至清则无鱼，人至察则无徒"，过分挑剔的人往往很难拥有朋友，心胸狭隘只会将人际关系推向崩溃的边缘。

拓展阅读：建设性地解决人际冲突

章节测验

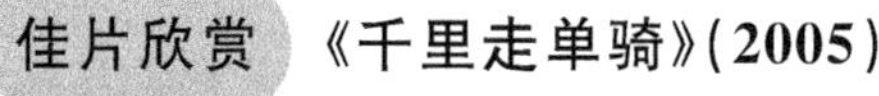

佳片欣赏　《千里走单骑》(2005)

第四章 体会世间的爱意

案例导读 2022年度“每月男友”大盘点

2022年，我国高口碑的网络爱情剧大爆发，吸引了大批00后、90后甚至80后观看，引发了收视狂潮和网络热评。有网友说：大概是可以追一部剧，“换”一个“男朋友”。那么，我们现在就来盘点几位“每月男友”：

二月男友是《一闪一闪亮星星》中的张万森。他是“暗恋天花板”，他对心爱的人从未表达过爱意，他总是刻意地隐藏着自己对她的喜欢；他对心爱的人一直温暖而深沉，他总是默默地守护并悄悄地保护着她。他用了十几年的时间，付出了那么多的努力，终于能够离她更近一点了，可是却发现她的心里已经充满了别人。他说或许遗憾才是青春里的常态，那么爱一个人应该向他或她表白吗？

六月男友是《梦华录》中的顾千帆。他被网友称为“人间理想”，他在外出查案时冷静睿智、杀伐果断，铁血手腕令人闻风丧胆；在与心爱之人相处时心思细腻、温柔细语，情深不移令人为之动容。当心爱之人被情所伤而怕重蹈覆辙时，他坚定回应：“茶无论是身在钱塘山间，还是身在御院，只要茶汤凝香幽远，就会引来品味之人，我顾千帆就想做那个人。”未言喜欢，却字字情深。那么，双向奔赴的爱情到底是什么样子的？

七月男友是《星汉灿烂·月升沧海》中的凌不疑。他是“直球男友”，他城府深沉、少年老成，是一个为国为民但同时又精通谋略算计的两面人物；但他又是一往情深、直抒爱意，是一个愿为所爱之人改变也愿与之相伴成长的纯情人物。他是什么时候爱上她的呢？“那日，漫天华彩四溢的灯火，你驻足街中，人潮如织，可我只看得见你，所谓一眼万年，也不过如此吧。”那么，一见钟情与日久生情有什么不同吗？

八月男友是《苍兰诀》中的东方青苍。他是“霸总升级”，他完全区别于以往为了天下而舍弃心中之爱的古偶男主，而是选择同时保护挚爱之人又守护国家子民，“爱苍生，也爱一人”。在与心爱之人相处的过程里，他在一点一滴地学习什么是爱与如何爱人，于是从开始的“拔情绝爱”、七情尽失，到最后懂得“情不是负累”、爱是尊重和信任。那么，我们可以如何成长爱的能力呢？

……

除了上面提到的四位“每月男友”，还有网络投票选出的“民选女神”，等等。事实上，很多深受人们喜爱的影视作品或角色都反映了人们对美好爱情的向往或者是心中爱情的样子。我们听过：艺术来源于生活，但不等于生活。我们要找到心中所爱，需要去了解爱的本质，在实际中成长和探索，用心体会世间的美好。

话题讨论

(1) 爱情是什么？

(2) 我们为什么会单身？

(3) 爱情中存在哪些个体差异？

(4) 我们应如何面对爱情中的烦恼？

(5) 除了爱情，在我们身边还有哪些“爱”？

德国作家歌德在《少年维特之烦恼》中说：“哪个少男不多情，哪个少女不怀春。”爱情是世界上最令人魂牵梦萦的复杂情感，很多人渴望它、追求它、失去它、得到它，却仍对它如雾里看花。在这一章里，我们将利用一些与爱情相关的经典理论和有趣研究来探讨爱情的本质，同时也将提供调适爱情烦恼及培养健全爱情心理的方法与建议。希望你能在阅读完这章后获得爱的启发！

第一节　“情”为何物

英国戏剧大师莎士比亚在其喜剧《皆大欢喜》中问道：“爱情是什么？”这是人类追问了几千年都难以作答的问题。对爱情的定义至今仍然是仁者见仁、智者见智。我们或许可以从下面几位心理学家对爱情的定义中得到启发：

社会心理学家鲁宾认为，爱是一个人对另一个特定的人所持有的一种态度，他以特定的方式表达自己对爱慕对象的思想、感情和行为。

精神分析心理学家弗洛伊德说，爱情是性本能的表达与升华。

新精神分析心理学家弗洛姆提出，爱首先是一种给予而不是索取。除了给予的要素外，还有一切爱的形式所共有的其他要素，那就是关心、责任感、尊重和了解。

人本主义心理学家罗杰斯说，爱是深深地理解与接受。

存在主义心理学家罗洛·梅认为，爱是使人向上，使人追求真善美，使人走向更高意义上的自我实现。

一、爱情的类型

俄国文学大师托尔斯泰有句名言："一千人就有一千种爱情。"但是不同的爱情都是由三种成分组成的。

爱情领域的著名研究者斯滕伯格认为，爱情的第一个成分是亲密，是一种"不分你我"，彼此间很紧密和亲近的感觉，把自己的生活以坦诚、不设防的方式与对方分享，互相理解、尊重和支持对方，满足彼此的需要和欲望。

第二个成分是激情，是一种"强烈地渴望与对方结合的状态"。由于对方的强烈吸引，特别是外表吸引和性吸引，而产生一种怦然心动的感觉，与对方相处时会有兴奋的体验。

第三个成分是承诺，包含短期承诺和长期承诺。短期承诺是指将自己投身于一份感情的坚决，长期承诺则是指自己维护这份感情的努力。

根据三种成分的不同组合，爱情可以分成七种不同类型：

(1) 喜欢的爱(liking)：只有亲密，缺乏激情和承诺，如友谊。友谊不是爱情，喜欢并不等于爱情。不过朋友可以发展成恋人，尽管有些人因为恋爱不成连朋友也做不成。

(2) 迷恋的爱(infatuated love)：只有激情，缺乏亲密和承诺，如初恋。少男少女的初次恋爱总是充满了激情，但缺少成熟与稳重，是一种受本能愿望指引的青涩爱恋。

(3) 空洞的爱(empty love)：只有承诺，缺乏亲密和激情，如勉强结合的婚姻。此类爱情虽然得到官方认可，却因为彼此间缺少感情，最后可能是失败的结局。

(4) 浪漫的爱(romantic love)：只有亲密和激情，缺乏承诺。这种爱情崇尚不求天长地久，只在乎曾经拥有。

(5) 愚蠢的爱(fatuous love)：只有激情和承诺，缺乏亲密，如一见钟情。没有亲密的激情顶多是生理上的冲动，而没有亲密的承诺不过是空头支票，难以预料这样的爱情会走多远。

(6) 伴侣的爱(companionate love)：只有亲密和承诺，缺乏激情。此类爱情的典型例子是长久而幸福的婚姻，虽然年轻时的激情已经逐渐消失，但仍旧能继续幸福相守。

(7) 完美的爱(consummate love)：包含承诺、激情和亲密。在这样的爱情中我们可以体验到彻底的或完美的爱情，每个人都梦寐以求，但却可遇而不可求。

自我测试：喜欢不等于爱情

二、爱恋的风格

社会学家李提出了六种爱情风格，它们的差别表现在爱恋情感的强烈程度、对爱人的忠诚程度、期待的爱人特征以及得到对方回报的爱情期望。人们在一生中会出现不止一种的爱情风格，有时还会同时存在两种不同的爱情风格。在接下来的阅读中，你可以尝试着辨别自己的爱情风格。

(1) **情欲之爱**(romantic love)：这种模式主要是基于强烈的身体吸引。这类人不断寻找外表特征适宜的恋人，一旦遇到符合他们理想的对象就会强烈地体验到"一见钟情"的感觉，并且急切地想与对方建立深厚的关系。

(2) **游戏之爱**(game playing love)：这类人将爱情视为游戏，让他们把爱情都奉献给一个人是很困难的。他们会时常更换爱情的对象，看重恋爱的过程而非结果，不愿承担爱情的责任与义务，将性视为乐趣而并非承诺的符号。

(3) **友谊之爱**(best friends love)：在这种模式中，爱情随着好感慢慢开始，随着关系越来越熟。这类人认为爱情是彼此共享时间和兴趣的特殊友谊。他们在长久了解的基础上变得愈加坚定和忠诚。

(4) **占有之爱**(possessive love)：这种模式是情欲之爱和游戏之爱的混合。这类人对于情感的需求非常大，表现出强烈的占有欲。他们需要恋人不断地做出保证和承诺，同时因为担心受到伤害而隐藏自己的感情。他们会与恋人保持一种"既爱又恨"的关系，在恋爱中的情绪不稳定。

(5) **利他之爱**(altruistic love)：这种模式是情欲之爱和友谊之爱的混合。这是一种无私的、给予的、利他的爱情。这类人追求爱情但不求回报，他们把照顾恋人视为责任。他们表现出温柔、耐心、细致入微、充满责任感，不考虑个人利益。

(6) **现实之爱**(pragmatic love)：这种模式是游戏之爱和友谊之爱的混合。这类人对爱情抱有现实主义态度，不相信恋人之间存在特殊的"化学反应"。他们会认真考虑对方的现实条件和彼此的爱情成本，并期望让自己的所得增加并且减少付出。

知识百科　男性与女性之间存在纯友谊吗？

电影《当哈利遇上莎莉》中有一句经典台词："在两人各有所爱的时候，男人和女人或许可以成为朋友，但很快他们就会质疑为什么要与只能做朋友的人交往。"实质上，男性和女性之间的确存在纯友谊。大部分人都曾经和异性有过亲密的友谊，这种关系在大学生之间更是司空见惯。然而当他们一旦离开校园，许多人就不会再维持亲密的异性友谊。为什么会这样呢？

男性和女性成为亲密朋友的原因和他们接近同性朋友的目的一样："我们都需要他人的陪伴，共度美好的时光，开心快乐地交谈。"在这样的友谊里，人们还会获得尊重、信任和支持。与异性朋友交往时，人们要比与同性朋友交往时更开放、更有创造性、更有表达能力等。

然而，异性间的友谊还会遭遇同性友谊不会碰到的障碍，例如：是继续保持彼此友谊，还是发展成为爱情呢？不同于爱情，友谊是不具有排他性的，而且不包括性含义，双方是彼此平等的伙伴关系。所以，异性友谊需要学会把握超越友谊的亲密程度。实质上，多数情况下人们不会把异性友谊转变为爱情，他们会尽力保持柏拉图式的伙伴关系。人们不愿意冒着失去宝贵友谊的风险，而贸然将友谊转变为爱情。

如果异性朋友有了自己的爱人，这段友谊可能会受到影响。在亲密关系之外，还有能够提供陪伴守候、关心爱护的人，这会让爱人感受到不舒适甚至是敌意。因此，有了爱人的男性和女性不太可能像单身男女那样拥有亲密的异性友谊，这正是人们在离开校园后异性友谊不再那么普遍的重要原因。

三、爱情的产生

中国著名作家林语堂在《中国传奇·碾玉观音》中有这样一句话："自从开天辟地，你就是为我而生，我也是为你而活，我决定不让你走。"英国女作家艾米莉·勃朗特在长篇小说《呼啸山庄》中有这样一句话："如果你还在这个世界存在着，那么这个世界无论什么样，对我都是有意义的。但是如果你不在了，无论这个世界有多么好，它在我眼里也只是一片荒漠。而我就像是一个孤魂野鬼"……诸如此类的爱情故事、小说，还有诗歌、散文等都描述了人们投身浪漫爱情时的热烈感受。当人们爱上某位特定对象，体验到这些感受时，必定有一个起源。那么，爱情是如何产生的呢？

1. 激素的作用

人类学家费舍提出爱情的三阶段理论，她将爱情分为三个阶段：① 性欲，主要由性激素（雄激素和雌激素）所驱动；② 吸引，主要由肾上腺素、多巴胺和5-羟色胺所驱动；③ 依恋，是指将情侣长时间地维系在一起，主要由催产素和加压素两种垂体后叶激素所驱动。其中，不同激素分泌水平的增加会引起不同的行为反应。比如，肾上腺素的增加会让人们在遇到心上人时出现心跳加快、瞳孔放大、手心冒汗等生理反应；多巴胺的作用是传递亢奋和欢愉的信息，人们对一些事物上瘾主要是因为它。多巴胺的增加会让人感觉兴奋、开心、激动，对睡眠或食物的需要降低，并使恋爱中的人们能够在关系的细节中寻找到快乐；5-羟色胺会让有关爱人的想法不断涌入你的思维；催产素是一种性爱过程中会释放的激素；后叶加压素则是在性爱后释放的激素。如图 4.1 所示，我们大脑中的相关区域会分泌上面提到的部分的“快乐激素”，会对爱情心理和行为产生影响。性欲、吸引和依恋分别基于截然不同但相互关联的大脑系统，彼此间以特殊的方式相互作用，通过激素和神经递质调节着人们的爱情行为。因此，费舍说过：“爱情是世界上最让人成瘾的东西。”

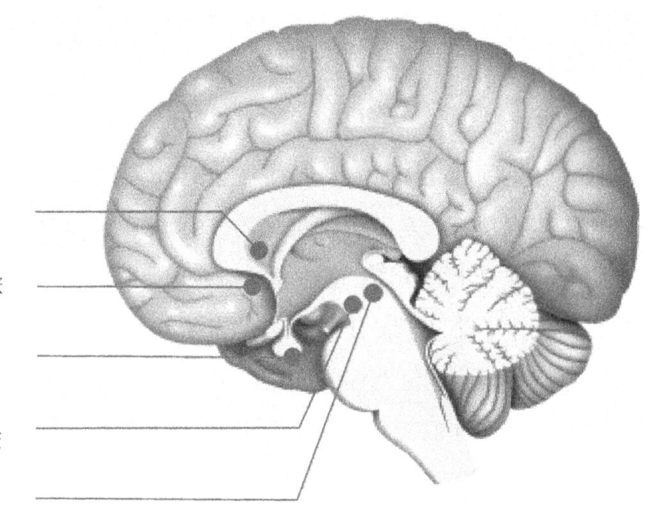

图 4.1　爱情相关的大脑区域

2. 情绪的唤起

社会心理学家沙赫特和辛格的情绪的二因素理论认为，特定的情绪是生理唤醒(physiological arousal)和认知过程相互作用的结果。如果人们由于一些自身并不明确的原因引起了生理唤醒，而此时的他正好与一位异性在一起，他就可能会产生一种错误归因，把这种生理唤醒理解为是由对方引起的，从而认为自己恋爱了。

知识百科　“悬索桥上的爱”

情绪心理学家达顿和阿伦设计了一个有趣的实验来证明这一现象，实验的名称是“悬索桥上的爱”。

这个实验是在一条全长 450 英尺(1 英尺≈0.305 米)，宽 5 英尺的著名吊桥上进行的。从 100 多年前起，吊桥便以 2 条粗麻绳及木板悬挂在高 230 英尺的河谷上。悬空的吊桥来回摆动，既动人心魄，又令人心生惧意。研究小组让一位魅力十足的年轻女子站在桥中央，等待着 18～35 岁的没有女性同伴的男性过桥，并请求他们帮助她完成一份调查问卷。当对方完成问卷后，她会留下自己的姓名和电话，并告诉对方如果想要了解更多问卷的信息可以联系她。与此相对，相同实验在另一座横跨了一条小溪但只有10英尺高的普通小桥上进行。

结果会怎样呢？实验发现，走过危险吊桥的男性认为女子更有魅力，大约有一半的男性后来联系过她，而在稳固小桥上经过的男性当中，则甚少有人联系过她。阿伦说：“在危险的环境中，人们更容易动心。”

生理唤醒促进了罗曼蒂克的反应，肾上腺素会使两颗心贴得更近，这就是有些人在约会时选择观看恐怖电影、乘坐过山车等的原因了。

3. 想法的出现

谚语有云：“爱情是盲目的。”人们往往会对爱人抱有乐观美好的想法，爱到深处时对爱人的理想化也达到顶峰。人们会把某个特定对象看作是特殊的，甚至是唯一的，会将注意力高度集中于对方身上，强调、夸大优点，忽略、缩小甚至是重新解释对方的缺点。社会心理学家古德温做了一个实验，让男性被试者扮演饭店经理，观看一位女性进行广告宣传的演讲录像并进行评价。这位女性的表现或是睿智连贯，或是笨拙无能。在正常条件下，男性被试者可以对这位女性的表现做出客观评价。但当男性被试者被告知自己将会与这位女性约会时，这位女性的表现就会得到失之偏颇的较高评价。

当坠入爱河时，我们对自己的看法也会发生改变。阿瑟·阿伦和伊莱恩·阿伦认为，随着爱人给我们带来了新的体验和新的社会角色，爱情使我们的自我概念得到变化和扩展，我们逐渐了解到以前不曾认识的自己。如图4.2所示，两个独立的个体在一起后，会有一种生命得到延伸的感觉，彼此间共享各自的经历与想法，共同拓展了生命的广度与深度。因此，积极健康的爱情体验会使我们获得内心满足，这也是为什么人们开始爱情时常常感觉快乐无比的原因所在。

对她来说：

她知道了他来自广东，了解了广东人并不是什么都会吃；

她知道了他学计算机，了解了程序员不等于电脑维修工；

她知道了他爱科幻片，了解了科幻片并不是胡编加乱诌……

对他来说：

他知道了她来自山东，了解了山东人不都爱煎饼卷大葱；

他知道了她学心理学，了解了心理学不等于心理咨询学；

他知道了她爱动画片，了解了动画片也可以深入人心……

图4.2 自我延伸模型

知识百科　得不到的就是好的?

在莎士比亚的经典名剧《罗密欧与朱丽叶》中，罗密欧与朱丽叶相爱，但由于家族世仇，他们的爱情遭遇到双方家庭的百般阻挠。但是，两人之间的感情并没有因为家长的干涉而有丝毫的减弱，反而愈加深沉，最终双双殉情。这种现象被称作“罗密欧与朱丽叶效应”。

究竟是什么原因让那些“被棒打的鸳鸯”关系更加紧密呢？认知心理学家费斯廷格提出的认知失调理论认为，当我们有两种想法或信念在心理上不一致的时候，就会产生紧张感，为了减少这种不舒服的内心感受，我们就会调整自身的想法。也就是说，如果你是自愿作出某种选择时，你会喜欢你所选择的对象，也就不存在认知失调；但如果你并不乐意接受某种选择，内心就会产生不舒适感、抗拒，你就会作出完全相反的选择。所以，当外界压力要求人们放弃自己的爱人时，由于心理抗拒的作用，人们反而变得更加坚定，并增加对爱人的喜欢程度。但是，当这种爱情阻力消失的时候，苦恋的彼此反而失去了曾经的热情，双方或许要面临分手的结局。

四、爱情的阶段

在罗马神话中，丘比特是一个生性顽皮、身上长着翅膀的小爱神，他被喻为爱情的象征。他常常带着弓箭漫游，射出的“金箭”会让人倾心热恋、冤家变佳偶，射出的“铅箭”则会让人彼此憎恶、佳偶变冤家。他经常无目的地瞎射，因此人们常常用丘比特的顽皮任性来解释爱情发生时的不规则性。爱情的发展是一个动态变化的过程，但也是有规律可循的。完整的爱情一般包括四个阶段，即“爱情四部曲”。

1. 寻找梦中情人

从青春期开始，每个人的内心都有一个梦中情人的样子。梦中情人实质上就是抽象的爱情理想。它是社会价值观和个人审美观的综合，包含了一个人对理想爱人的外在形象、个性气质、思想品质、道德情操、社会地位等各方面的期望。

梦中情人的模样还受时代背景的影响。例如，中国女性在 1949 年后的一段时间，善良淳朴的贫农是她们的理想对象；抗美援朝的时候，军人是她们眼中最可爱的人；国家提出四个现代化后，大多数女性都喜欢知识分子；随着改革开放，女性逐渐偏向成功的企业家。

文化因素也会影响人们的爱情理想。比如我国女性的理想对象一般是身材高大的白马王子，而西方女性却并不怎么在意身高。又如，黑皮肤的人觉得人越黑越美，其他肤色的人自然不会这么认为。

南宋诗人辛弃疾说："众里寻他千百度，蓦然回首，那人却在灯火阑珊处。"当我们遇见自己的心上人时，这句词最能反映内心的悸动了。"情人眼里出西施"，陷入爱情的人们开始出现审美错觉，如痴如醉。

2. 求爱与接受期

当确定了爱情对象，我们就要追求爱情了。求爱过程又甜又苦，既需要力量又需要智慧。坠入情网的人会日思夜想，如何将心中的爱慕表达，这就是所谓的"相思病"。俗话说，人贵有自知之明。在我们进行求爱行动之前，需要对自己与对方的性格特征、处事风格、兴趣爱好等进行客观清晰的了解和判断，即所谓的"知己知彼"。例如，男性向女性表白，若这位女性为人比较开朗直率，不妨开门见山、直接坦率地说出心中的爱意；但若这位女性是比较小心谨慎的人，那就需要循序渐进、含蓄温婉地慢慢靠近。总之，不管你采用什么求爱手段，都要有礼有节，恰如其分地将自己的真情实意传达给对方，千万不要弄巧成拙而惹人讨厌。

接受他人求爱是一件需要慎重的事情，于己于他人都不应该是儿戏，我们需要考虑很多方面：求爱的人的真正动机是什么？自己是否要接受求爱？如何合适地拒绝求爱？……如果接受求爱，则应考虑一系列的长远问题和现实问题。如果拒绝求爱，也应该认真思索，设身处地地为对方着想，采用对方可以接受的拒绝方式，尽量不要伤害对方的自尊心和爱的勇气，并且不要让过分的内疚感困扰自己。如何拒绝他人求爱有时可以反映出一个人的道德和修养。

知识百科　爱情中的心理效应

除了在人际关系中曾提到的首因效应、近因效应、晕轮效应等，在爱情中还有许多有趣的心理效应。

在求爱过程中，如何让心上人接受自己呢？登门槛效应，又称得寸进尺效应，是指一个人一旦接受了他人的一个微不足道的要求，为了避免认知上的不协调，或想给他人以前后一致的印象，就有可能接受更大的要求。例如，男性在追求女性时，不能在认识之初就提出要与对方共度一生，可以通过邀请对方吃饭、看电影、轧马路等慢慢过渡，最终达到追求的目的。

与登门槛效应相反，留面子效应，又称以退为进效应，是指人们拒绝了一个较大的要求后，对较小要求接受的可能性增加的现象。例如，一位男性向心仪的女性表白，对方可能因为不太了解或存在误会而拒绝，此时就可以尝试着与对方从朋友做起。

人们在面对他人求爱时所表现出的犹豫不决、迟疑不定的现象就是布里丹毛驴效应。“布里丹之驴”是以14世纪法国哲学家布里丹的名字命名的悖论：一头饥饿至极的毛驴站在两捆完全相同的草料中间，但是它始终犹豫不决，不知道应该先吃哪一捆才好，结果活活饿死了。例如，有些人在被他人特别是被多个人追求时，可能会左思右想、不知所措，以致既耽误了自己又伤害了别人。

在经济学中有“沉没成本”这一概念，是指已经付出且不可收回的成本。人们在恋爱过程中的那些情感付出、时间消耗、精力投入、金钱开支等点点滴滴，都会随着爱成往事而覆水难收，变成沉没成本。所以，当无法继续或维系一段感情时，人们的内心会变得非常纠结，不愿意让之前的努力就此付诸东流，所以会当断不断、反受其乱。

3. 热恋期

爱情本是一种充满浪漫情怀的感情，热恋中的浪漫将会达到最大值。“一日不见如隔三秋”，热恋中的男女总会觉得时间过得太快。著名物理学家爱因斯坦曾用这个例子解释过相对论：一个热恋的青年同心爱的姑娘在一起，他会感到一小时像一分钟那么短。如果他在灼热的炉台旁坐一分钟，他就会感觉这一分钟是那么的漫无止境。

处于热恋中的人往往精力十分充沛，容易出现极度亢奋，彼此间有说不完的话，还会情不自禁地做出亲昵举动。但是，爱情中不能缺少理智。健康的爱情应该是推动我们前进的加速器，既可以提高自己，也能提高对方，而不是我们学习、工作或生活的绊脚石。

爱情之路并不会平坦。当最初的“伪装”卸去后，彼此间的真面目就出现了。偶然的事件、细微的曲折、琐碎的细节都会引起爱情的烦恼。恋爱中的摩擦或矛盾主要是由双方个性特征、思维能力、家庭教育、生活环境等因素的差异所造成的。双方要以相互尊重和信任的态度去解决矛盾，不要把自己的意志强加给对方，更不能把对方看作是自己的附属物（或依附物）。发生矛盾时，只要不是重大原则问题，彼此要相互谅解和忍让。例如，女性要以稍微宽容的态度对待男性的粗枝大叶，男性对女性的任性和娇气不要过分计较。

4. 心理平静期

这是热恋的降温阶段，不是消失不见，而应是愈加成熟。但由于彼此间无所不知，当初的新鲜感降低，此时容易发生移情别恋。俄国文学家车尔尼雪夫斯基这样说：“世界上不是缺少美，而是缺少发现美的眼睛。”享受激情，但不要把它作为维持爱情关系的基础。这一阶段应多多培养与爱人之间的友谊，努力保持新鲜感。如果不再有新鲜感，那就努力去创造更多的新奇，把握每一个彼此共同探索新奇的机会。爱情需要两个人的彼此付出与共同努力，互相在对方那里看到一个更加成熟与圆满的自己。当爱情走向平淡时，彼此间最初的热情已经变成深厚的感情，这是一种美好而幸福的结果。

知识百科　为什么相爱容易，相守不易？

网络上流传这样一个故事：台湾音乐人陈升在1999年举办了一场名叫“明年你还爱我吗”的跨年演唱会。这次演唱会的门票提前一年预售且仅限情侣购买，支付一人的价格就可以获得两个座位。但是，一份情侣票包括男生券和女生券两部分，双方各自保存属于自己的那张券，两张券在一年后合在一起才能生效入场。演唱会门票很快就销售一空，很多年轻人想要证明自己的爱情：“一年算什么”“我们要在一起一辈子呢”……等到演唱会开始那天，场内专设的情侣席位还是空出了许多。很多人会不禁问：爱情为什么难以持久？

爱情随着时间而减弱有几个原因：首先，如前所说，爱情会让恋爱中的人产生审美错觉。幻想(fantasy)对爱情起到促进作用，但是幻想会随着时间的流逝和经验的积累而逐渐变弱。当彼此间长时间朝夕相处、无话不谈后，爱情变得越来越现实。其次，新奇也可以为爱情关系注入兴奋和力量。爱人之间的初吻比后来成千上万的亲吻更加激动，一切变得熟悉和习以为常，爱情倦怠感就会产生。最后，爱人之间不可能永远保持紧张的激动状态。幻想会随着时间逐渐消失，大脑中也无法再产生足够多的多巴胺。

研究者曾在印度进行了一项有趣的研究：研究者让印度斋浦尔地区的50对夫妇完成一份鲁宾的爱情量表。结果发现，结婚五年以上的自由恋爱的夫妇会觉得彼此之间“有爱情”的感觉越来越少了，而包办婚姻的夫妇则会在新婚后随着时间的推移而报告出更多的爱情体验。还有研究者发现，在日本和中国，自己选择伴侣的女性更多地感到快乐。这是由于相对于北美，亚洲社会似乎较少强调个人感受，而更多地注重现实社会。亚洲人不太倾向于自我关注和个人主义，因为这种方式从长远来看会损害一段感情，并可能导致分手。

原创作品：杭电三行情诗

第二节　爱情的差异

爱情是世界上最美好也是最复杂的一种感情，每个人的爱情都有不同的背景、不同的对象、不同的经历……千差万别、各有特色。在这一部分，我们将讨论和爱情有关的、影响较为持久的个体差异。

一、依恋模式

请你先阅读下面三种描述：

A. 我发现自己比较容易与他人接近，并且与他们相互依赖时感到舒适。我不担心自己被遗弃或与人过于亲近。

B. 当与他人接近时，我感到有些不舒服。我发现完全信任、依赖他人是困难的。我与任何人过于接近时都会感到紧张，就连恋人与我亲近时也会感到不自在。

C. 我发现他人难以像我期望的那样接近我。我经常担心恋人不是真的爱我或者会离我而去。我想和恋人完全融为一体，可这个想法有时会吓到对方。

请想一想：你觉得自己在亲密关系中的表现更符合哪一种描述呢？其实，这三种简要描述是心理学家哈赞和谢弗所开发的测量成人依恋类型的一种自我报告法。那么，什么是依恋呢？依恋最初专指婴儿与主要的抚养者(一般情况下是母亲)之间存在的一种特殊的情感联结。例如，作为婴儿，当抚养者关注我们的时候，我们会咿咿呀呀并报以微笑；而当抚养者离开我们的时候，我们就会感到不安并哭闹不止。在他人研究的基础上，哈赞和谢弗认为成人之间的爱情也是一种依恋过程，因为它与"婴儿—抚养者"之间的依恋十分相似。比如，沉浸在爱情中的人们会专注与迷恋对方，存在紧密的身心接触，愿意与对方分享自己的新发现，采用"baby talk"(婴儿导向的语言，例如夸张的发音和表情、高频率多变化的声音、词汇简单多重复等)的说话方式，还会因为对方在身边并及时回应自己而感到安全等。

哈赞和谢弗还主张可以比照婴儿的三种依恋类型来刻画成人的爱。接下来我们具体来看看：

第一种，安全型依恋。大约七成的成人表现出安全型依恋，这一类型的恋人会带来安全感。安全型依恋的人很容易与别人接近；可以信任他人，坦诚地与对方进行自我表露；更多地体验到安全、忠诚、愉悦和满意；不会对别人太过依赖或因被抛弃而深感苦恼。

第二种，回避型依恋。大约两成的成人表现出回避型依恋，这一类型的恋人可能会"爱无能"。回避型依恋的人可能不愿被打扰，倾向于封闭自己；对他人缺乏信任，较少地向爱人倾诉自己的情感与想法；往往担心别人离自己太近从而回避亲密关系。

第三种，焦虑型依恋。大约一成的成人表现出焦虑型依恋，这一类型的恋人可能会比较"作"。焦虑型依恋的人会表现出较强的占有欲和妒忌心；对自己的爱人着迷，但在爱情关系中却总是提心吊胆地忧虑怀疑；当与爱人出现冲突时，他们的情绪会变得易怒和激动。

表 4.1 详细呈现了三种依恋类型看待亲密关系的差异性，让我们一起来了解一下。

表 4.1　三种依恋类型对相同问题的不同看法

表　现	安全型依恋	回避型依恋	焦虑型依恋
如何看待情感亲密	当然想要跟恋人在一起，但也希望有自己的空间做自己喜欢的事情	不想被恋人打扰，需要自己的空间	很希望与恋人很亲密，但自己的表现可能会吓到恋人
如何看待恋人的感受	有责任去支持和呵护恋人，双方要对彼此的感受同样负责	每个人都应该独立，恋人的感觉是他/她自己的事情，如果恋人把他/她自己的需求强加在我身上会让我生气	很希望恋人能爱自己，害怕恋人对自己失去兴趣，因此需要经常性地确认恋人仍然爱自己
如何看待感情由谁推动	彼此都有主动驾驭感情的时刻，并且会努力做到让双方满意	自己可能处于压抑当中，往往需要恋人主动	感情取决于恋人。如果失去恋人，会感到再也不会找到别的需要自己的人
何时变得高度警觉	在感情方面不是高度警觉的那种人	感到感情上被束缚或对方对自己要求过高时	感到有可能被恋人拒绝时
当感情遭受压力时	会努力解决问题。如果与恋人发生争吵，自己会尽力就事论事而非波及整个感情关系	倾向于封闭自己，避免应对此类问题，但在心中会对恋人感到失望	会感到心烦，可能会做一些不该做的事情，如整天电话骚扰、表达愤怒或批评指责
当与恋人分开时	可能会想他/她，但自己知道彼此的感情很牢固，自己能够放心地专注于其他的事情	在与恋人分开时会深刻地体会到我对恋人的感情。但在与恋人重聚时，对方的缺点会激怒自己，并且对于亲密行为的恐惧以及害怕自己会失望的感觉会出现	担心恋人会忘记自己或者另寻他人，这种担心会加剧并会使自己分心，只要恋人的一条短信或一个微笑就会让自己恢复正常
当与恋人分手后	会悲伤一段时间，然后寻求一段新的感情，毕竟自己有爱与被爱的权利	即使恋人让自己伤心难过，也会表现得风轻云淡	会念念不忘，甚至会自责，需要很长的时间才能恢复

研究者进一步提出，婴儿时期所建立的依恋关系形态会影响到我们成年时期所建立亲密关系的形态。那么，一个人的依恋类型是稳定不变的吗？当然不是。我们先前形成的依恋模式，会被新的经验一点点地更新和改变，有时候甚至会被完全地颠覆或重建。

如果你是不安全型依恋的人，不用担心，有意识地培养信任感并尽量打开自己的内心，需要相信你终会遇到愿为你付出真心的恋人。具体来说，你可以这样做：首先，充分地了解并正确地判断自己最初的依恋类型；其次，有意识地观察自己在亲密关系中的心理反应与行为表现；然后，尝试改变不安全依恋类型对自己的思维模式产生的影响。举例来说，如果一个人在小的时候形成的关系模式是焦虑型的，他在之后的亲密关系中很可能无意识地不断制造和复制焦虑，然后自己不断重复经历这种经验并归结为命运的捉弄。当你发现自己总是在同一个地方跌倒时，有意识地改变自己习惯化的思维模式，尽量避免寻求自己已经熟悉的依恋类型，亲密关系的质量就很可能发生好转。

如果你的恋人是不安全型依恋的人，没有关系，可以通过高质量的亲密关系逐渐改变对方，比如你可以尝试采用接下来分享的一些方法：

首先，面对回避型的恋人，我们可以做的是努力理解和接受对方对自己的贬低化或理想化的诉求；注意沟通中的情绪表达，提高对方的感受能力和表达能力；恰当地分享自己的内心体验，逐渐增强对方对亲密关系的信任感。

其次，面对焦虑型的恋人，我们可以做的是让对方感受到这段关系是安全的，彼此间是完全被接纳的；让对方知道无需采用过激的策略也会获得无条件的陪伴与支持；鼓励对方去重视因长期的忧惧和愤怒而忽略的生活追求、职业目标等。

事实上，爱情会帮助我们改善自我认知和情感模式，从而使我们学会如何更好地爱自己与爱他人。请思考：你觉得你是按照自己想要的方式去爱别人的吗？你觉得你是按照自己想要的方式被爱的吗？

知识百科　爱的能力

每个人都有体验爱的能力吗？回答是否定的。有研究表明，爱的能力可能是由我们过去的经验塑造的。

发展心理学家哈洛做了这样一个实验：哈洛将刚出生的幼猴与母猴及其同类隔离在笼子里，结果发现幼猴对盖在笼子地板上的绒布产生了极大的依恋。幼猴躺在上面，用自己的爪子紧紧地抓着绒布，如果把绒布拿走的话，它们就会发脾气，这就像人类的婴儿喜欢毯子和填充熊玩具一样。后来，哈洛用铁丝做了一个代理母猴，它的胸前有一个可以提供奶水的装置；然后，哈洛又用绒布做了一个代理母猴，它不能提供奶水。他曾在文章中写道："一个是柔软、温暖的母亲，一个是有着无限耐心、可以24小时提供奶水的母亲……"当把幼猴和两个代理母猴关在笼子里时，令人惊讶的事情发生了。在几天之内，幼猴把对猴妈妈的依恋转向了用绒布做成的那个代理母猴。由于绒布做成的代理母猴不能提供奶水，所以幼猴只在饥饿的时候跑到铁丝做成的代理母猴那里喝几口奶水，然后又跑回来紧紧抱住绒布做成的代理母猴(如图4.3所示)。

虽然幼猴获得了良好的喂养和身体的照顾，但没有得到传统意义上的母爱。当把幼猴放回同龄猴群中时，它们没有与同龄猴群玩闹嬉戏或建立友谊的能力。等到发育成熟时，它们不接受异性的求爱。哈洛使雌猴接受人工授精，观察它们抚育后代的能力。结果发现它们根本不会喂养和照顾幼猴，甚至会很凶狠地对待幼猴。

哈洛的实验在人们看来是有点残忍的。不过他的实验给我们带来一些启示：早年的情感剥夺会让人丧失爱的能力，变得无法给予或接受爱。我们都需要爱，而不仅仅是食物。

图4.3　哈洛的依恋实验

二、性别差异

在生活中，我们可以观察到在关系互动或沟通过程中存在着一些性别差异，比如在电影《他没那么爱你》里提到，女生喜欢剖析每个小动作并添油加醋地乱想。女生认为这说明我在乎你，而男生可能会认为这是无理取闹。再比如，女生会经常抱怨男生："你为什么不能理解我？"而男生也会经常表示困惑："她到底在生气什么？"这节课我们就一起讨论下在关系互动或沟通过程中可能存在的性别差异。

我们分享几个常见的性别差异。

首先，两性对“爱”的定义存在差异，也就是说在亲密关系中的需求不太一样。女性在亲密关系中更希望获得来自恋人的关心、照顾、了解、尊重、忠诚和肯定。女性希望感受到恋人对自己是体贴入微的，这样她就会感觉到自己是特殊的、唯一的、被爱的。而男性在亲密关系中更希望获得来自恋人的信任、接纳、欣赏、赞美、认可和鼓励。男性需要感知到恋人对自己的接纳和认可，信任自己有能力为恋人带来美好的体验。例如，女性希望恋人经常向她表白，男性希望恋人信任他的能力。

其次，两性在沟通中的关注点存在差异，女性倾向于分享感受，男性则喜欢解决问题。女性更偏向感性思维，面对事情更倾向注重感受，在沟通中的情绪性表达更多，并认为重要的是谈话过程本身而并非谈话内容。男性更偏向理性思维，处理事情更注重效果，在沟通中的逻辑性表达更多，总以为恋人的宣泄是为了寻求解决问题的方法。比如，女性给男友发微信说：我感冒了。男友回复说：买药吃，多喝水。可是，这样的回答真的好吗？

然后，两性在处理消极情绪时存在差异，女性习惯于通过倾诉来舒缓压力，而男性更习惯于通过独处来自我恢复。女性会借助语言这个工具来表达自己的复杂情感，从而处理好自己的消极情绪并使其得以发泄。男性遇到烦恼时更喜欢开启“独处模式”，通过忘却问题和关注其他事物(如看视频或打游戏)来调节情绪。如果恋人在这个时候不断追问或指责，男性会因缺乏信任和支持而躲避亲密关系。所以，当男性在遇到烦心事，表现出想静静时，恋人需要给他一定的空间。

最后，两性在面对沟通中的沉默时会有不同的反应，女性不希望恋人过多的沉默，而男性更多地表现出沉默。对于女性来说，沉默代表着疏离、冷漠、拒绝或不满，常常会通过各种方式填补沉默造成的空缺，她更希望恋人能够认真地给予自己反馈与回应。而在男性看来，沉默意味着默契、思考、威严或行动，他们不会仅仅为了说话而说话。例如，在发生冲突时，女性更多的是希望通过彼此的交流来解决冲突，而男性很可能以沉默来表示冷静，这一性别差异性可能会导致矛盾升级。

概括地来说，如表 4.2 所示，女性在亲密关系中更希望被关怀体贴、想法受理解、经常被表白；男性则是希望能力被信任、想法被欣赏、努力被承认。当然，除了这四个方面的不同，两性在其他方面同样存在着一定的差异。我们要注意的是，差异并非是绝对的，也并不代表对立、分歧或矛盾。也就是说，无所谓对与错、优与劣，而仅仅是不同。爱情是两个人的事，不要为难自己，也不要勉强对方。为了让彼此间的亲密关系变得更和谐、更深刻，这就需要双方能够了解并接纳彼此的差异，在没有委曲求全的前提下适当地做出一些妥协，共同努力并用心经营属于两个人的美好爱情。

请想一想，你心中或许有一个朦胧的身影，又或许这个他/她就在你身边。那么，你心中期望的他/她是什么样子呢？你可以试着按顺序写下你心中的他/她应具备的五项特征并想想为什么是这五项。

表 4.2 亲密关系中的部分性别差异

差异方面	她	他
在感情中的需求	关心、照顾、了解、尊重、忠诚、肯定	信任、接纳、欣赏、赞美、认可、鼓励
彼此相互沟通时	需要恋人倾听她的感受，而不是讲道理、提建议	以为恋人的宣泄代表向他寻求解决问题的方法
处理消极情绪时	通过倾诉宣泄情绪	需要独处自我恢复
面对沉默的反应	沉默代表着疏离、冷漠、拒绝或不满	沉默意味着默契、思考、威严或行动

拓展阅读：进化心理学中的性别差异

第三节 爱情的烦恼

有句话说：“最甜美的是爱情，最苦涩的也是爱情。”人们在爱情中都会体会到或大或小、或多或少的各种烦恼，只要恰当合理地去面对与调适，这些烦恼就不会对我们的学习、工作和生活产生太多负面影响。这一部分我们主要谈谈常见的爱情烦恼。

一、单恋

奥地利作家斯蒂芬·茨威格在他的名著《一个陌生女人的来信》中记录了一则悲剧式的单恋故事。故事的主人公——著名小说家在他 41 岁生日那天收到了一封陌生女子的来信，信中倾诉了她从 13 岁起对他的至死不渝的爱情，然而他竟对这个女子一无所知。按陌生女子在信中所述，他们也曾有过几次邂逅，但对这位作家来讲，那不过是无数风流韵事中的一桩而已，在他的生活中未曾激起任何涟漪，但是这个痴情的女子却为这样的爱情付出了一切。随着儿子的夭折，她彻底绝望了。她留下一封信，留下她的爱情，与这个世界告别。

宋代词人李冠的《蝶恋花·春暮》中“一寸相思千万绪，人间没个安排处”这句话描写的正是单恋的状态：一往情深、苦苦等待、相思成灾。单恋也被称作单相思，是指对某位异性一厢情愿的爱恋，而对方却不能投之以爱的回报或者根本不知道。心理学家研究发现，单恋是一种很普遍的爱情体验，在青少年晚期，即16～20岁时似乎最为多见。在我们的周围，大约有80％～90％的年轻人都曾经历过单恋，特别是男性要比女性更多地发生单恋。

单恋主要包括三种类型：第一种，你可能在心里默默地、强烈地爱着一个人，但是由于害羞或是胆怯，始终不敢向对方吐露真情，因而陷入无边的自我苦恼中，正所谓“衣带渐宽终不悔，为伊消得人憔悴”。第二种，你可能向意中人表达了爱意却遭到了拒绝，即“落花有意随流水，流水无情恋落花”，但热烈的爱情并不因此消减。第三种，就像“所谓伊人，在水一方”一句所描述的，你所爱之人可能远在天边、飘在云端，渺渺茫茫、可望而不可即。你明明知道连走近对方身边都毫无希望，却无法熄灭心中的爱情，仍然日夜空思念。

如何面对单恋呢？首先，当觉察到自己陷入单相思时，要给这份爱情的感觉打问号。爱情是需要理性认知的，需要正确地、客观地、全面地认识自己和对方及其现实和未来，不要过分相信自己的感觉，免得最后作茧自缚。其次，不如鼓起勇气向自己的意中人表白。对方若是接受，那就皆大欢喜；若不接受，那也无须后悔，让这份美好的爱意留在回忆里吧！再次，可以找自己的挚友倾吐心中的郁结。有的时候“当局者迷，旁观者清”，听听他们的劝慰、分析和建议，可能会让自己心境平静、豁然开朗。最后，尝试把自己的注意力转移到其他事物上去。原来没时间去实现的兴趣爱好去做一下吧，比如K歌、跑步、爬山，等等。

二、失恋

《少年维特之烦恼》是歌德的一部自传性书信体小说，里面的男主人公维特因为失恋而自杀。年轻的维特来到一个小镇，这里美丽的自然风光，淳朴善良的民风，还有天真快乐的儿童给予他极大的快乐。他在一次舞会上认识了一个叫绿蒂的少女，她的一颦一笑、一举一动都让他倾倒。绿蒂也很喜欢维特，但却不能给予爱的回报，因为她已与维特的好友订婚。维特就此陷入尴尬和痛苦，于是选择毅然离开此地，希望在事业上得到解脱、有所成就，然而鄙陋的外界环境、污浊的人际关系、压抑的生存秩序等都使他无法忍受。当维特怀才不遇地重返绿蒂身边时，发现绿蒂已经结婚，便决定以死殉情，遂用一支手枪结束了自己年轻的生命。

失恋对于任何男女来说都是一杯浓烈的苦酒，都会在内心深处烙上伤疤，甚至这种心理隐痛可能会伴随一个人的整个人生旅程。失恋意味着恋爱的结束，这是恋爱中最不愿意看到的结局。失恋的原因有很多，比如：性格不合、社会压力、一方见异思迁、恋爱动机不纯等。有时候，我们虽然尽了最大努力去维持这段感情，但是我们还是没有办法彻底摆脱失恋带给我们的伤害。

失恋之后，随即带来的可能是一些不良的心理或行为。在失恋之后，有些人整天闷闷不乐、茶饭不思，长时间情绪低落；有些人心生怨恨、伺机报复、寻死觅活；有些人每天哭哭啼啼，苦苦哀求对方重新开始；还有些人甚至轻率地结束自己的生命。失恋确实会让我们感受到强烈的分离焦虑，失恋后的恢复需要一个长时间的过程，不要总想着一两天就从失恋的阴影中走出来。

以下几种建议也许会对失恋有所帮助：

(1) 冷静理智地面对这段爱情，分析一下到底问题出在哪里？既然分手已是事实，那就正视现实。失恋并不是是非对错的问题，也许是适合不适合的问题，努力从中找到你的收获，也许就如《失恋33天》中的女主人公黄小仙一样，另一个“对的人”就在你身边。

(2) 采用合理化的防御机制，例如使用阿Q的精神胜利法：“他也没那么好。”

(3) 以合理的方式宣泄自己的不良情绪，比如体育锻炼等。

(4) 换一个环境试试，比如出去旅游，美丽的户外风光或许可以使你心情舒畅起来。

(5) 可以考虑把失恋转化为更好地学习、工作和生活的前进动力。

(6) 避免有意无意地再去翻看对方的社交网络信息，不要因为对方的一些近况导致自己的心情陷入消极循环的怪圈。

总之，随着时针一圈圈转过，日历一页页撕去，他会渐渐地淡出你的记忆，你的心伤便会慢慢愈合。

三、异地恋

大学阶段的爱情类型中，异地恋是较为常见的，因为很多恋人会在高考结束后异地或异国求学。事实上一提到异地恋，人们可能抱有一些担忧，比如很多人会认为异地恋比近距离恋爱更容易出轨或分手。这其实是一种思维误区，有研究表明，异地恋和非异地恋的分手率分别为27%和30%，两者不存在显著差异；还有研究表明，异地恋不会比非异地恋更容易出轨，因为会出轨的人无论是否异地都容易出轨。

异地恋相比近距离恋爱有着自己的优势，例如：

(1) 异地恋会让人更坦诚地表达爱。物理上的距离会让恋人们更加渴望心灵上的沟通。因为分开的时间比较多，双方单独经历的事情也比较多，因此在和对方沟通时，总想与对方分享自己生活的点点滴滴。在沟通的过程中，恋人之间也会比较大胆和直白地表达自己的爱意。

(2) 异地恋会让人把自己的恋人理想化。由于距离的原因，恋人们之间见面的机会较少，这样既看不到对方的一些缺点也避免为一些生活琐事发生冲突。他们可能将自己天天通话、时时想念的他在脑海中想象成比真实更加美好的人。研究表明，异地恋的人对于恋人或伴侣的满意程度要高于非异地恋的人。

(3) 异地恋会给双方带来更多个人自由。因为恋人不在身边，很多时间需要自己度过，这样可以让双方更加自由地追求自己的学业、事业或者爱好。

异地恋同样也存在一些挑战，常见的主要是下面三个：

(1) 时间和金钱上的压力。异地恋情侣最期待见到对方的那一刻，双方为了见到彼此需要在城市间奔波，这就需要不少资金来支付住宿和交通。

(2) 最迫切的需求无法得到及时满足。时间和空间上的距离会在恋人感到脆弱时变得格外难以接受，因为"我最需要你的时候你却总是无法陪在我身边"，误解和忧虑很可能会不断伤害彼此间的亲密感。

(3) 重聚后的期待幻灭与不适。远距离会让恋人美化对方，也会遮蔽一些矛盾，例如生活习惯上的差异等。近距离在一起后，两个人对彼此的新发现可能会引发一些冲突。

在了解异地恋的优势和挑战后，我们尝试做些什么来优化这段感情呢？首先，客观评估关系，避开自证预言。如果一开始就对异地恋抱有悲观态度，当出现问题或摩擦时就会归因于"异地恋是很难的"，那么这段感情十有八九会以分手而告终。其次，保持态度上的真诚。距离会放大不确定性，恋人需要主动给对方安全感，不刻意隐瞒对方在意的事情，主动与异性保持合适的距离。再次，保持定时定量的沟通。恋人可以提前约好每周或每日的通话时间，在这段时间里专注地倾听对方和分享自己，例如，聊一聊发生在各自身边的新鲜事，让彼此产生对方就在身边的感受。然后，可以制造些惊喜或赠送礼物。如果可以的话，试试提前计划下然后突然出现在对方面前，或者赠送一些能够随身携带的小礼物。最后，也是最重要的一点，要学会过好一个人的生活。如果彼此都是积极成长的、向着彼此奔跑的，这段感情一定可以长长久久。

《关于爱情的一些故事》

第四节 培养爱的能力

如何获得美好的爱情？如何建立、发展健康的爱情关系？爱是一种能力，也是一种艺术。爱情的成功与失败，除了许多外在的原因，自身的爱情心理是否健全也是十分重要的影响因素。我们来看看健全的爱情心理所具有的特征。

一、自信

马斯洛发现，心理健康的人大多能接受自己，热爱自己，“他们能够不带忧虑地接受自己的人性，包括其中的种种缺点及与理想形象之间的种种差异等。但是如果认为他们自满自得，那显然是不恰当的。我们要指出的是，他们对待人的脆弱、罪恶、虚弱、邪恶等，恰如对待大自然的种种特点一样，以同样的不加疑问的态度表示接受认可”。也就是说，一个人有了自信，才有一定的心理承受能力，才能全部地接受自己的爱人(例如优缺点)，同时也能承受起自己和他人的感情。自信的人会充满魅力，敢于主动去爱和被爱。试想，一个连自己都不喜欢的人如何能获得别人的爱呢？

二、独立

爱情中的独立不是疏远也不是隔离，而是在与爱人相处时有自己独立的思考和行动，不会轻易受到他人左右。独立的人是有自信的，他们会知道自己真正需要的是什么。当遇到自己理想中的爱情对象，独立的人会毫不迟疑地去追求并给予对方爱，却又不会一味地沉迷于缠缠绵绵与朝朝暮暮，更不会毫无原则地顺从对方，而是为了爱情去努力拼搏，构建一个幸福和谐的家。独立的心态是一种成熟的品质，是一种在心理上已经断乳的标准，它可以承受爱情的挫折、抵御情感的打击，及时调整并重新来过。

三、专一

爱情是最忌讳三心二意的。你可以对爱人不够理解、不够奉献、不够关心或者不够欣赏，但万万不能把爱情当作游戏，脚踏几只船。当然，一个人一生可能不只爱一个人，但那是在人生的不同时刻发生的事情。从心理学上看，只有专一才能获得充分的感受，正如学习需要专心一样，爱情也需要专一，否则会破坏爱情的感受。保加利亚社会学家瓦西列夫在《情爱论》中说：“爱情对象的选择是对熟悉的众多异性中某一个人的具体偏爱，是对这个人的价值理想化。没有一个人会同时深深地、忘我地、热烈地爱着两个人或三个人。那必然会导致心理动荡，使人面临困难的抉择，分散感情的洪流。爱情首先要求一个人将注意力集中在一个对象上，要求感觉的和谐和完整。”

四、付出

从某种意义上，爱应该是一种主动的、无私的、勇敢的、不计回报的奉献。只有懂得奉献的人，才会获得真正的爱情。爱情是主动给予，不是消极等待。但是在现实生活中，有些人却更多地关注对方应该如何爱自己，时刻算计着自己的收支平衡，以故作矜持、傲慢无礼来玩弄别人的真心付出。那些懂得爱情真谛的人会毫不做作，他们抱着真诚的心态主动给予对方爱，为了爱人尽可能地奉献自己的所有。俗话说，有意栽花花不开，无心插柳柳成荫。在认真耕耘的过程中，一个人可以使别人感受到快乐，也给自己带来了希望，从而也能收获一份真挚的感情。

五、关心

弗洛姆说：“爱是对所爱对象的生命和成长的积极关心。哪里缺少这种积极关心，哪里就没有爱。”由此可见关心在爱情中的重要作用。关心是对爱人的密切关注，能够注意到对方的感受和需要，尽自己的努力予以安抚和满足，这就是爱的奉献。关心可以体现在平常生活的一点一滴中，比如给爱人理理头发、整理衣服、提醒天气等，也可以体现在人生大事上，比如关心爱人的学习、工作或前途。这种无微不至、体贴细腻的关心可以使人心生暖意，增加爱情的甜蜜感。但是，关心不是自作多情、把意志强加到对方身上，例如不管对方是否需要、不管对方内心感受，硬要爱人接受自己的好意，这会让对方感到心理压力，甚至会心生厌烦。真正的关心是悉心观察对方所需，做到雪中送炭。

六、尊重

在爱情中，如果一方支配或占有另一方，那么这种爱情是缺乏尊重的。弗洛姆说：“尊重是指一个人对另一个人的成长和发展应该顺其自身规律和意愿的认可。尊重蕴含没有剥削。爱是让对方的理想自由发展，而不是让对方为己服务。”真正的爱情是互相尊重，包括对爱人的个性特征、想法选择、家庭背景、兴趣爱好、工作事业等各方面的接受。没有尊重就是残酷的占有，会让对方心生压抑与怨恨，也会导致彼此的不幸福。

七、信任

爱情需要相互信任，应避免无休止地确认对方对自己的爱，例如不停地让对方来证明有多爱自己；无根据地猜测也会让爱情变得痛苦不堪，例如刨根问底或胡乱猜疑对方漏接电话、晚回短信、约会迟到的原因。给彼此一些距离，这样更有利于爱情的稳固。如果爱已不在，过多地追问、挽留也无济于事。实质上，信任自己就是信任对方，越是不自信的人越可能不信任爱人，常常会怀疑对方背着自己做了一些背叛的事情，总是担心自己会被对方所戏弄或抛弃。

八、欣赏

爱情的真正魅力在于相爱的人相互欣赏，在之前我们多次提到恋爱中的审美错觉。法国作家缪塞曾在其小说中有这样一句话："自从我爱上你以后，我觉得其他的男子全都是怪模怪样的、愚蠢的。"爱情的欣赏不仅包括对心上人的欣赏，还包括对其周围一切相关事物的喜好，所谓"爱屋及乌"就是这个道理。爱人间的相互欣赏可以使彼此获得心理上的满足，促进两个人的发展进步，让爱情变得更加积极美好。

九、理解

理解在心理学中有移情(transference)的概念，是指能够设身处地地站在别人的角度，理解和欣赏别人的感情。理解作为一种心理品质，可以使双方和谐相处，能够促成和鼓励双方交流，使彼此更加坦率真诚、推心置腹，并在很大程度上避免了两人之间的误解、冲突。在爱情中，相互理解非常重要，缺乏理解往往容易导致爱情夭折，而加深理解则会使爱情更加深厚。一般来说，相似的文化背景或经历体验比较容易引起共鸣，增加理解。

十、宽容

俗话说，金无足赤，人无完人。任何人都有其长处和短处，爱情中要包容对方的缺点。一段长久的爱情与双方有无一颗宽容之心是分不开的。如果没有宽容的胸怀，因为一件琐事就任性地说分手，这未免是对这段感情太过随意或对爱人太过苛刻。另外，人的一生中最容易被自己所爱之人伤害，爱得越深伤害自然越大。所以，如果对方真心悔过，不妨给彼此间的感情一个转机。

自我测试：测测你的恋爱心理成熟度

《爱的贷价》

微课视频：恋爱冲突的解决之道

第五节 爱在你身边

在我们的生活中，爱既无处不在，又包罗万象。在“认识你自己”部分中，我们认知了自我之爱；在“探索友谊的世界”部分中，我们探讨了朋友之爱；在刚刚的部分中，我们又谈论了恋人之爱。当然，爱的内涵不仅仅如此，比如还有生命之爱、父母之爱、手足之爱、师生之爱、事业之爱、社会之爱、祖国之爱、人类之爱、自然之爱等。

从人的一生来看，生老病死，都有爱的存在。婴儿在还没有出生前，就受到母亲对自己的细心关爱。婴儿一出生，立刻生活在父母无微不至的爱护之中。一岁到三岁的儿童，会受到亲朋好友的喜爱。进入学校以后，又会得到同学的友爱。青春时期，你会经历一段热烈的恋爱。当你找到人生伴侣时，爱情将为你营造最温馨的爱。在你中年和老年，子女晚辈们对你的孝敬之爱，会让你感到无比温暖。即使在你生命终止之后，你的后辈们，仍旧会怀着敬爱的心情将你纪念。在人类生活的天地中，爱是最明亮的阳光。

爱是什么？德国哲学家费尔巴哈说过：“爱是人的本质，我欲故我在。”这句话的意思是：爱是人与生俱来的特性，是天赋的。人们都会承认：母亲对自己的孩子有母爱；孩子对母亲有依恋之爱；爱情男女对自己的情侣会有情爱。这种爱都是人的本性，不需要有人教导。

爱来自人的内心，或者说，来自我们的感情。比如，对于不真的事实，人是可以爱的，例如上帝，从唯物论来说，并不是“真”的，但是基督徒完全可以爱上帝；对于做了坏事的人，人也可以爱，例如小孩子说了一次谎话，完全可以原谅他，好好教育他；对于不美的人或事物，也可以爱，例如你的母亲可能长得丑，但是不会影响你对她的爱。爱或不爱，并不决定于外界的特性，而是决定于你的内心，或你的感情。

爱是一种正面的感情，并且是最重要的正面感情。爱不仅是感情，而且是感情和理智的综合。即使是婴儿对母亲的依恋之爱，也有初级的理智，至少婴儿意识到可以从母亲那里得到温暖和乳汁。热恋中的男女需要理智，如果缺乏理智，就可能做出一些对自己、对方、亲人和社会都不负责任的事。伴侣或夫妻之间的爱是每个人一生中最重要的爱。两人会共同生活几十年，不可避免地存在矛盾、争执、冲突等，但是理智会让彼此相互宽容、妥协、让步，共同携手走下去。

柏拉图说："爱的力量是伟大的、神奇的、无所不包的。"爱要对所爱的对象进行爱护、帮助、照顾、奉献，这些都是要付出体力和心力的，是要付诸行动的。爱还具有创造性的生命力，它可以推动人们进行不懈的努力，去追求或实现真、善、美，从而产生人类的一切文化、科学和艺术等。全部人类文明，都是爱的创造。

一、生命之爱

弗洛姆在《爱的艺术》一书中说道："我自己跟别人一样也是我爱的对象，对自己生命、幸福、成长以及自由的肯定，根深蒂固地存在于爱的能力中。"每个人只有敬畏生命、尊重生命和热爱生命才能让爱发生和继续。法国作家罗曼·罗兰说过："每个人都有他隐藏的精华，和任何别人的精华不同，它使人具有自己的气味。"每一个人的生命轨迹都是不同的，但同时也是有且只有一次的。生、老、病、死是生命的自然过程与规律，没有人能够逃脱，但如何活出生命本来的面目则在于个人选择。所以，活着只是显示生命的长度，而如何活着则会体现生命的宽度。著名残疾人励志演讲家尼克·胡哲患有"海豹肢症"，天生没有四肢，但勇于面对身体缺陷，创造了生命的奇迹。他说："活着有什么意义？活着就是做有意义的事，而做有意义的事就是活着……生命的意义在于全心全意地投入。"每个人对生命的意义有不同的诠释，只要能够活出属于自己的生命意义，也不枉费我们在人世间走过这一遭。

很多人对"死亡"二字讳莫如深，但每个人都不能避免死亡。目前，在一些国家与地区的中小学或大学里开设了死亡教育课程，引导学生们坦然地讨论有关"死亡"的话题。许多体验者在体验完毕"重生"之后，都感到"好多事应该放下""好多事还没有做"，告诉自己要更加珍爱生命、珍惜当下。现在，请闭上眼想象一下，如果你仅剩一个月的生命，你最想见哪些人？说哪些话？做哪些事？博朗尼迈尔是美国的一名缓和医学护士，她将自己所照顾的病人所发出的临终感悟整理成一本书——《临终的五大憾事》："希望当初我有勇气过自己真正想要的生活""希望当初我没花这么多精力在工作上，错过了关注孩子成长的乐趣，错过了爱人温暖的陪伴""希望当初能有勇气表达我的感受，而不是长期压抑愤怒与消极情绪""希望当初我能和朋友保持联系，而没有因忙碌的生活忽略了曾经闪亮的友情""希望当初我能让自己活得开心点，而不是习惯了掩饰，在人前堆起笑脸"。

事实上，生命中的成功与失败、荣耀与耻辱、纯真与芜杂，都将是一本与众不同的书、一幅风格迥异的画、一首别具一格的诗。我们不应该放弃生命的恩赐，不应该拒绝生命的美好，人生不设限，只要你勇敢。

二、父母之爱

你是否还记得作家朱自清先生的散文《背影》？这篇散文叙述的是作者离开南京到北京上大学，父亲送他到车站，照料他上车，并替他买橘子的情形："他用两手攀着上面，两脚再向上缩；他肥胖的身子向左微倾，显出努力的样子。这时我看见他的背影，我的泪很快地流下来了。”唐代诗人孟郊有一首著名的诗——《游子吟》：慈母手中线，游子身上衣。临行密密缝，意恐迟迟归。谁言寸草心，报得三春晖。在这个世界上，有一种爱，亘古绵长、无欲无求，不因时间改变、不因名利沉浮，这就是来自父母的爱。

我们在人生的最早十几年中，完全是依靠父母而成长的。每个人都要依赖母亲的乳汁喂养，依偎在母亲的怀抱中长大，借助父母的搀扶学步走路，依靠父母的开导咿呀学语……就算成年以后，我们依然时不时离不开父母的帮助。这种亲情是世间任何感情所不能替代的。《诗经·蓼莪》中有句诗为：“无父何怙？无母何恃？”（“怙”“恃”均意依靠）提起对父母的感恩，很多人会说要努力学习、努力工作，“将来有钱了在物质上感恩”，似乎把父母对子女的爱看成了一种期望获得收益的投资，就这样把“感恩”物化了。父母到底需要什么呢？其实，哪怕一件微不足道的事，都会让父母感到无限欣慰，例如问候的短信、关心的电话、耐心的陪伴，等等。曾经有一段感人心腑的广告，里面一个小男孩，吃力地端着一盆水，天真地对妈妈说：“妈妈，洗脚！”类似这样的事，每个人都能够做到，但又有多少人真正做过呢？俗语说：“树欲静而风不止，子欲养而亲不待。”子女对父母付出的爱，是父母最好的慰藉，也应该是子女莫大的幸福。对父母的感恩并非我们口口声声说的“将来”，孝敬父母是不能等的。

我们在逐渐长大，而父母在慢慢老去。你或许会觉得他们变得唠叨、糊涂、固执、落伍……的确是岁月不饶人。对于至亲的父母，我们更需要耐心和爱心。有话慢慢说，有话好好说，一切还来得及。

三、社会之爱

我们除了自爱和家庭范围之爱外，还有更大范围的爱，例如对社会的爱。在心理学中有亲社会行为一词。亲社会行为又可以叫作积极的社会行为，是指人们表现出来的一些对社会有益的行为。我们在社会生活中也会表现出类似这样的行为，比如帮助、分享、合作、安慰、捐赠、同情、关心、谦让、互助等。但随着功利主义和实用主义的蔓延，很多人变得冷漠、疏离与自私，亲社会行为也越来越少：对他人十分计较与苛刻，缺少宽容与爱心；对社会缺乏责任感，最关心自己的前途与命运，只看重自己的享受与利益；不善待自然，不关心环境，即便是举手之劳也不愿去做……

每个人都是社会中的一分子，不能独立于社会而存活。当然，社会也离不开其中的每位个体。社会的模样就是其中大多数人们的模样。我们每个人的眼界都应该更开阔些，特别是年轻人更应该胸怀天下，从“小我”到“大我”，从“小爱”到“大爱”。从 2002 年起，央视推出了一档栏目《感动中国》，从里面走出了许许多多震撼人心、令人感动的人物与团队。

我们或许做不了那样的事情，但可以从身边的小事着手，例如照顾身体不适的同学、帮助同事打印一份文件、给疲劳的陌生人让个座、顺手关掉白日还亮着的廊灯、量力而行地参与社会公益活动……

在现实生活中，有许多人喜欢抱怨他人、社会和世界，却从来没有尽己所能地去做些事情、尝试改变，即便是微乎其微、一点一滴。让我们拒绝冷漠，付出正能量，然后去拥抱爱，一切就会豁然开朗了。

章节测验

《独自等待》(2004)

第五章　做积极的学习者

案例导读　我们会被 ChatGPT 淘汰吗？

2022 年 11 月以来，美国人工智能研究公司 OpenAI 开发的聊天机器人 ChatGPT 迅速成为史上增长最快的消费级应用程序并引发广泛关注。ChatGPT 的出现成为人工智能发展的引爆点，也再次引起人们是否会被人工智能取代的大讨论。

作为知识辅助生产工具，ChatGPT 凭借强大的存储和算力，在记忆、理解、总结和简单运用能力上远远强于人类，例如它可以生成文献综述、论文摘要和学术论文等。相比人类的知识生成工作，ChatGPT 具有 4 个明显优势：速度快、极便宜、水平高、信息全。这证明人工智能不仅可以取代体力劳动，而且可以取代部分脑力劳动，人类将生存于与人工智能竞争的劳动环境中。我们也要看到，ChatGPT 的本质是“筛选者”和“搬运者”，即从海量数据中寻找并选择最佳答案并展示出来，它不是真正的“创造者”和“创新者”（即独立完成具有创造性和创新性的高级知识活动）。

可以预见在未来，人类将会开发出越来越便捷好用的新工具，人工智能带给我们的冲击波将会一波接一波。我们需要特别警惕的是：机器越来越聪明，人却越来越“傻”。ChatGPT 引发的最大危机，不是职业，而是人本身。如果只是使用机器为解决我们的某些困惑难题提供一些结果性答案，或者替我们完成一些工作、生活或学习中的事务等，只能满足我们的身体需要，既助长身体的惰性，也滋长精神的惰性，唯独对自身的成长无益。一个失去自我思考能力或缺乏自我驱动力的人，将会面临被取代或淘汰的危险。我们化解危机的唯一出路，就是自主学习和自我成长。

我们要学习和成长什么呢？

我们要改变思维与提升思维，包括批判思维、创造思维、模块思维以及编程思维等智能时代最需要的思维能力；

我们要注重情感的学习，机器可以模拟情感的各种表达方式，但无法像人类那样拥有真实的情感世界；

我们要注重意志品质的培养，机器永远不会疲惫，从来不会真实地感受到挫折、沮丧和绝望，然而这是人生的常态，为此要特别注意坚忍不拔的毅力和勇气的培养……

这些能力都是我们人类的所能和所长，但却是ChatGPT的所不能和所不长。

(1) 我们在大学里到底学什么？

(2) 学习是指什么？

(3) 学习过程受到哪些因素的影响？

(4) 怎样才能成为一名高效的学习者？

你对自己大学四年的学习有什么设想呢？你有好好考虑过你在为什么而学习吗？你又有哪些学习方面的困惑与苦恼呢？在这一章里，我们将和你一起探讨学习的意义，让你了解影响学习过程的心理因素，与你分享可以促进高效学习的建议。真心希望你能够爱上大学，成为一名爱学习的生活者。

第一节　大学到底学什么

在高中的时候，我们梦想自由的大学，憧憬无忧无虑的时光，渴望解放自己的内心。当终于一路闯关来到大学，拥有了时间也拥有了自由，有些人为什么失去了方向？2016年，北京大学心理咨询师徐凯文提出了"空心病"一词，他发现北大一年级的新生，包括本科生和研究生，其中有30.4%的学生厌恶学习，或者认为学习没有意义，请注意这是高考战场上，千军万马杀出来的赢家。还有40.4%的学生认为人生没有意义，我现在活着只是按照别人的逻辑这样活下去而已，其中最极端的就是放弃自己。厌学、空虚和逃避是很多大一新生面临的问题，他们不知道上大学到底有什么意义。那么，大学里到底要学什么？

一、学习生存

学习是我们生存的本能，每个人从一出生就开始学习，从在母亲怀抱中听声音、学说话、练翻身，学习玩耍、探索，再到学习其他内容，成长的每一步都离不开学习。大学是人生最关键的阶段，我们在这一时期探索各种角色、价值观和行为模式。大学让我们接受"文化冲击"，与新的思想和追求、新的自由和机遇、新的知识和社会要求相接触。从小到大有父母提供的比较充足的物质环境，现在的你可能还不需要忧虑生活的压力，但考虑到自己未来要走向社会并独立生活，现在的你需要增强自己的核心竞争力。因为像世界上其他物种一样，人类也要遵从“物竞天择”的规律。

在工作了若干年之后，有人发现自己不喜欢当前的工作，可是又没有能力改变现状。原因就是自己在工作之外没有别的特长，没有能力和别人竞争。也有少部分人在工作之余，长期坚持学习新的技能，慢慢转向自己更感兴趣的职业。除了在不同方向的选择机会，还有在同一个领域的选择机会。例如，你在计算机编程方面有很深的造诣，你可以去大公司获得一个很高的技术职位，也可以去创业公司做技术合伙人，或者作一个技术导师去讲课等，此时的你可以有多种多样的选择。如果你只是一个非常普通的程序员，实在对不起，雇佣你的公司随时可以找到他人替代你，这就是生存现实。

大学里学到的很多知识可能你这辈子都不会用上，但重点不在你学了什么而在于你是怎么学的。所以，大学的要义不是学习知识，而是学会学习。没有人会天天陪伴身边提醒你，在相对比较自由和宽松的大学校园里，培养自己的自控能力和自律能力是最为重要的，而良好的思维习惯和学习习惯也会让我们终身受用。在校园励志电视剧《龙樱》里有这样一句话：“你要是不喜欢这样的世界，就自己重新制定规则。”当你真正学会学习的时候，你就会更好地生存下去，并且掌握属于自己的自由。

记得有学生曾说，学习生存没有什么大不了，我现在做直播就可以赚钱。尝试在社会上找份兼职或实习锻炼自己、学着自立是值得推荐的事，但若仅以赚取金钱为目的并消耗光你所有的时间和精力就是得不偿失。国家退休年龄不断在推后，以后赚钱的时间很多，没有必要那么“心急如焚”。对于一些人来说，除了青春和时间就身无长物了，遗憾的是这两者都是不可再生的。

二、学会生活

每个人都会拥有自己的生存之道，但不一定找到属于自己的生活。一天之内大多数人有 8 小时的睡眠，8 小时的上课或作业，剩下 8 小时则包括吃饭、休闲和人际交往等。如果你能从学习中找到乐趣，那么清醒的一半时间都在进行有意义的活动；如果你畏惧起床、讨厌学习，那么学习的这 8 个小时会对其他 8 个小时产生消极影响。如果把现阶段的大学教育看成是一份工作，以你现在的生活模式迎接下一份社会工作时，你会感到快乐吗？

假设现在的学习生活让你感觉疲惫，或者未来的社会工作不能给你带来价值观，这时候我们需要找到学习或工作之余能够满足被认可、重要性、有能力和愉悦感等这些需要的事情，而大学四年正是我们探索或经营这些事情的好时机。无论是娱乐活动、创造性活动、志愿者活动，还是与亲人、恋人或朋友在一起时进行的活动等，都会让我们从中获得价值感，也会让我们变得积极有趣。

很多人经历过紧张的高中生活，进入大学后就特别想“放松”，以至于什么也懒得做。什么都不做就是放松吗？心理学家曾付费给一些大学生，对他们的要求就是什么也不能做。他们的基本需要得以满足，但是禁止进行任何工作。在4～8小时后这些大学生开始感到沮丧，尽管参与研究的收入非常可观，但他们宁可放弃参与实验而选择那些压力大同时收入也没有那么多的工作。人们宁愿做一些毫无意义的事情也不愿傻傻地待着，就像重复刷手机、玩游戏的人可能是在逃避无聊一样。

学习也可以是一种放松方式，比如学习乐器弹奏自己喜欢的音乐，学习摄影拍摄美照与人分享，学习骑行去千岛湖环岛行，学习游泳锻炼自己的身体……一举两得的放松方式会让你成为更好的自己。还有一种安静的放松，那就是阅读。作家三毛曾说：“读书多了，容颜自然改变，许多时候，自己可能以为许多看过的书籍都成过眼烟云，不复记忆，其实他们仍是潜在的。在气质里，在谈吐上，在胸襟的无涯。也能显露在生活和文字中。”

微课视频：学习是指什么

第二节　学习是如何进行的

一般来说，大学生们的智商水平相差不大。那么，为什么有的人学习水平更高？仅仅是因为努力程度的差异？究竟有哪些因素影响学习的过程？学习是一个复杂的心理过程，接下来我们一起了解下学习是如何进行的。

一、动机决定行为

“先定一个能达到的小目标，比方说我先挣它一个亿。”万达集团董事长王健林在接受鲁豫采访时说的这句话让很多网友扎心了。事实上，做任何事、做成任何事和做好任何事都需要我们坚持不懈地追求一个特定的目标，而激发我们朝向这一目标不断前进的内在力量就是动机。那么，你有没有思考过自己的学习动机？是为了应付学业考试？是为了找工作赚钱？是为了报答养育之恩？是为了丰富自己内心？还是为了造福人类社会？不同的学习动机会决定你在学习过程中拥有不同的行为表现：如果是为了敷衍或功利而学习，你不会品尝到快乐感，也不会真正有所学，只是看上去努力了或了不起而已；如果是为了兴趣或热爱而学习，你会体验到成就感，也会获得价值感，更可能会为他人或社会带来福祉。

学习动机的不同强度也会影响你在学习过程中的行为表现。假设三位智力和知识水平相当的学生同时参加一门重要考试：学生甲对考试并不在意；学生乙希望自己能够表现得更好一些，但是也告诉自己即使考试失败生活也不会变得糟糕；学生丙对考试非常重视，认为这次考试会对未来产生极大影响。试想一下，哪一位学生最可能取得好成绩？这三位学生具有不同水平的唤醒——由神经系统的活动引起的改变、警觉和激活。耶克斯-多德森定律提出，唤醒水平与活动效率之间存在关系。低水平的唤醒会让人缺乏动力，高水平的唤醒则会让人感到焦虑，中等水平的唤醒才会有利于才能的发挥(如图5.1所示)。当然，最佳动机水平因任务和个人而异：对于相对简单的任务，动机水平偏高有利于任务的完成，例如不需要动脑的重复性工作；而对于相对复杂的任务，动机水平偏低反而有利于任务的完成，例如一项对你来说充满挑战和困难的任务。

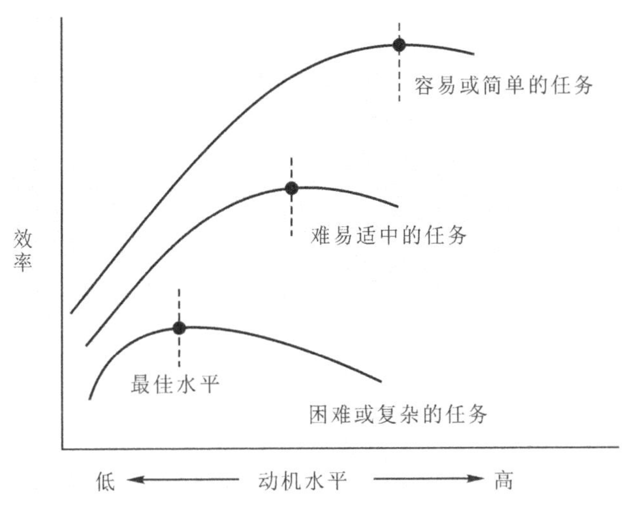

图5.1　耶克斯-多得森定律

案例一： 小H在上大学前成绩优异，是老师眼中的红人。上大学后，他发现同学们都非常优秀，一个学期下来成绩平平，他感到内心非常茫然，学习也没了动力，生活变得没有目标。有时候想想父母，会恨自己不争气，可他的确找不到目标与学习动力。有时候他也想振作精神好好学习，但注意力很快就被手机吸引了。上课的时候也经常走神，感觉老师讲的也没有意思，一些专业课跟不上老师的进度，后来就干脆不去上课了。有时候也想是不是该换个专业，但换专业后还要补很多课程，也不一定能通过考试。他该如何摆脱这种状态？

你的高中老师是否笃定地告诉你说“上大学就轻松了”？你为了让自己在应试为主的高中学习中突出重围是否也用这样的预期暗示自己？你在进入大学以后是否用完全放松的状态补偿过去缺失的自由？例如，有人会在课堂或宿舍没日没夜地打游戏，还有人说在大学里不挂科就不完整，更有人早早地退学或无法按时毕业。我们中的很多人学习动机欠缺、自控能力不足，不愿尝试努力和寻找追求，却用顺其自然来麻痹自己。那么，我们该如何对待学习动机缺失呢？首先，你可能不太明白为什么大学里必须学习你不太喜欢的高等数学。你要知道生活中就是有这样许多“不得不做的事”。既然我们必须要去面对，正面对决要比拖延逃避更有效，在这些科目的学习过程中更会锻炼你的自律能力。其次，倘若你真的不想听课，那么一定利用这段时间做一点有助于自我成长的事情。再次，如果还没有找到自己的方向，你可以先设定一个小目标，然后一点点地投入其中，如果最后实现了请记得给自己一个奖励。第四，为自己的学习制定一个计划，计划不一定很详细、很完整，但起码可以引导你做一些事情。最后，大学是一个焕然一新的开始，是一段由你掌控的时光，没有什么可怕的，大胆地去锻炼自己，培养自己的兴趣爱好，并试着充分利用周围的资源吧！

案例二：小Q一直提醒自己奋斗与规划的重要性，于是在上大学前就已经做好了细致的生涯规划：大一要通过英语四级考试，所有功课优秀，学分绩点排名前五；大二要加入中国共产党，同时要锻炼自己各方面的能力，积极参与校园里的各项活动，保证自己的综测分数排名为专业的前二；大三要认真复习，备考名校研究生。于是他就像一只飞速旋转的陀螺一样，珍惜大学一年级的每一分每一秒，他相信“付出总会有回报”。直到大一学年考试结束，他发现自己的绩点没有达到自己的期望。他无法接受这个事实，沮丧、羞愧、愤怒、自责全部涌上心头，他感觉整个大学生活都没有意义了！他该怎么办呢？

如果学习动机很强，我们是不是一定能做得很好呢？例如，有些人会有这样的想法：“只要付出努力，就会获得成功。”以至于把大部分时间都用在了学习上，但考试结果却总是不如人意。事实上，努力是成功的必要条件但不是唯一条件，正确的观点应该是只有努力才有可能成功；还有一些人设置一个可望而不可即的目标，结果让自己总是处在目标达不到的挫败感中。有时候，我们需要正视自己的实际情况来设置目标，并学会把目标进行分解、分段完成。除此之外，学习动机过强甚至会导致学习焦虑，例如有些人之所以高考失利是由于在考前较长的一段时间内产生了恐惧感和焦虑感，及其导致的各种严重的心因性不良生理反应，如头痛失眠、多梦易醒、神经衰弱、食欲缺乏、记忆衰退等(缓解学习焦虑的方法你可以参考第七章介绍的方法)。

《致我们即将成为的学长》

二、注意带来专注

俄国教育家乌申斯基说："注意是一座门，凡是外界进入心理的东西都要通过它。"这说明注意力集中对学习过程有多么重要。注意是指心理活动对一定对象的指向和集中，是一种有意识的和受控制的活动。当注意力高度集中时，注意指向的范围就会缩小，我们对周围的一切可能会"视而不见、听而不闻"。如图5.2所示，当注意聚焦于白色，我们会看到花瓶；当注意聚焦于黑色，我们会看到人脸。这一现象在心理学中被称为选择性注意，它是指当两个或两个以上的物体同时出现在眼前时，我们常常只注意其中的一个物体，而不注意另外的物体。例如，在人声嘈杂的公共场合，我们只注意朋友间的窃窃私语；在琳琅满目的购物超市里，我们只关注自己最想要的商品。

图5.2　花瓶还是人脸

当我们的注意力高度集中时，学习会有事半功倍的效果。但在日常生活中，你在学习过程中是否经常被一则微信、一条微博或同学打游戏的一声尖叫所吸引？你在注意力分散之后能否很快地调整自己、重新回归到学习过程中？这体现了注意的稳定度。一般来说，舒适放松的环境和愉悦兴奋的情绪容易让注意力发散，而相对安静和适度紧张则可以使我们较好地集中注意力，这也是很多同学排队去图书馆学习而不在宿舍学习的原因。注意的稳定性并不意味着心理活动总是指向和集中于某一事物或活动，而是指虽然行动所接触的对象和活动本身有所变化，但注意的总方向和总任务却没有改变。例如，你在听课时，既要看教科书，又要听老师讲述，还要记笔记等，这些活动都服从于听课这一项总任务，它们属于在注意稳定性范围之内的注意转移。对于要求持久注意的学习活动来说，活动转换可以防止疲劳并提高注意稳定性。

我们认知资源的容量有限，往往只能一次做一件事，也就是做事需要一心一意。在中国古代，就有人提出“使左手画方，右手画圆”，结果发现“由心不两用，则手不并运也”。但事实上，我们有时也可以一心二用，例如研究发现听低信息负载的音乐(如纯音乐)可以提高阅读理解能力。这涉及注意的分配过程，它取决于同时进行的两个任务的性质、复杂程度以及人们对任务的熟练程度等条件。当同时进行的两个任务相对复杂或难度较大时，注意分配就比较困难，而当其中一个任务已达到相对“自动化”的程度时，注意就集中在比较生疏的任务上。听歌促进学习是因人而异的，但只要排除无关事情的干扰，学习效率会因为你的专注而提高。

有些人看起来特别的勤奋：每天很晚睡觉，只是拿着手机点了无数的赞；每天早起上课，只是在教室里补昨晚和早起的觉；每天在图书馆坐一天，只是真的在那上网坐了一天……为了集中注意和高度专注，最关键的一条就是杜绝外界的影响。例如，从强制断网、卸载游戏到各种“关小黑屋”的软件，乃至真正地把自己关进小黑屋……你可能还需要一点外力(如没收手机)帮你屏蔽干扰。毕竟，错的不是找你聊天的朋友，不是布置作业的老师，也不是信息爆炸的网络，错的是无法凭借自己的意志集中注意力的你，而你终究也会为这个错误付出一些成长的代价。

音乐欣赏：帮助集中注意力的学习音乐

三、记忆会被遗忘

如果用计算机来比喻记忆，那么记忆就像是对数据的编码、储存和提取。我们对事物从感觉到记住再到不忘记，其实经历了三个信息加工阶段，但我们不会对这些阶段进行注意。当你看到烟花绽放后渐渐淡去的痕迹时，当你听到音乐的旋律从一个音符跳跃到下一个音符时，第一阶段的感觉记忆就发生了，这部分记忆保存的时间非常短，所以大脑会快速对这些信息进行筛选，如果发现这些信息没有用，你也就很快将其忘记了，它的保存时间不足1秒。

你一定有过这样的经历：别人告诉你一个号码，你复述并马上打出去，过后就忘记了这个号码，这一现象中用到的就是第二阶段的工作记忆。工作记忆强调对当前信息的加工处理，强调当前信息与在大脑中已存储信息之间的关联程度，更加注重于当前任务的完成。如果工作记忆对某些信息进行了深入加工，那么这部分记忆就会进入第三阶段——长时记忆。

长时记忆是没有限度的，但也存在遗忘现象。事实上，遗忘对人类来说充满了意义，例如现在积极心理学的观点认为，人们对过去消极事件的遗忘，有助于维持良好的心理健康。

但是我们不喜欢发生在学习过程中的遗忘，特别是在考试前夕临时抱佛脚时。那么，遗忘是如何发生的呢？

记忆可能会随着时间的流逝而变得模糊。例如，如果这学期心理课结束后，毕业时你还会记得老师曾讲过什么吗？德国心理学家艾宾浩斯以自己为研究对象完成了遗忘的实验研究：他首先学习一个几乎或完全不蕴含任何语义的无意义音节表(如 XIQ、ZEH 和 GUB 等)，然后采用机械重复的记忆方法对词表进行系列学习。艾宾浩斯采用节省法测量自己的记忆保持量，即学习音节表到恰能背诵时，间隔一段时间再重新进行学习，达到同样能背诵的程度后，然后比较两次学习所用的学习时间和诵读次数，就可以得到一个绝对的节省值。结果发现，遗忘在学习后立即开始，遗忘速度在最初很快，之后逐渐缓慢到不再遗忘(如图 5.3 所示)。这一研究提醒我们，在学习知识的过程中，特别是学习比较难懂、不易理解的知识时，及时复习或反复学习将有利于知识的掌握。除此之外，深度加工和知识联想要比机械记忆更有效。

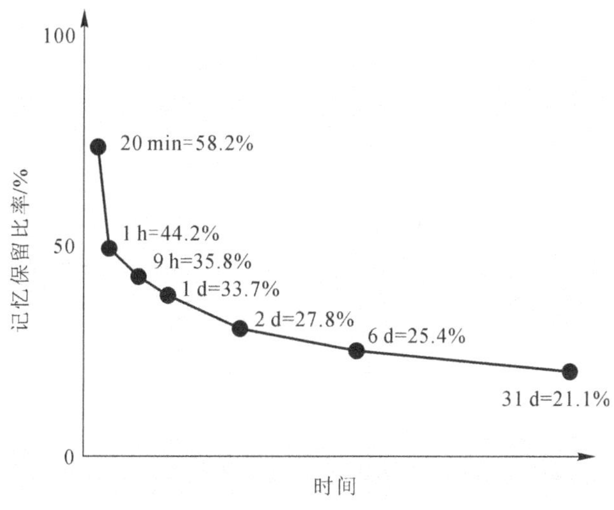

图 5.3　艾宾浩斯遗忘曲线：前快后慢

干扰也会导致遗忘。例如刚上完法语课的同学接着上西班牙语课，就会出现互相干扰的现象。干扰的因素可包括：将要学习的内容之间越相似，彼此可能产生的干扰就越大，所以法语课和西班牙语课远比心理学课和计算机课更容易互相干扰；没有意义的信息比有意义的信息更容易干扰，由于长时记忆是根据意义来进行组织的，所以记住密码锁的密码往往要比记住银行卡的密码更难；引发强烈情绪的事件也是造成干扰的重要原因，例如昨晚刚跟自己的朋友吵架，你在今天的课堂上可能什么也听不进去。所以，合理地安排学习内容会让我们更好地避免遗忘，可以进行分段学习并在中间穿插休息时间或其他活动。

知识百科 常见的记忆术

古罗马哲学家西塞罗说："我们有两种记忆：自然记忆源于我们的心灵，并与思维同时产生；人工记忆是通过训练可以加强的记忆。"记忆术是一种可以通过训练习得的精细加工技术，其基础是利用视觉表象或寻找语义之间的联系。在记忆名词、种类、系列或项目组等信息时，记忆术非常有用。

(1) 位置记忆法是在头脑中创建一个熟悉的场景，在这个场景中确定一条明确的路线，在这条路线上确定一些特定的点，然后将所要记住的内容全都视觉化，并按顺序和这条路线上的各特定点联系起来。例如，为了记住一个购买清单，你可以在心里将清单中的各个条目沿着你从家到学校的路线顺序进行排列，之后在回忆这个清单时只要在心里重走这条路线，找到每个特定地点所对应的条目就好。

(2) 首字连词法是利用每个词、每一句的第一个字形成一个缩写。例如，二十四节气歌就是将各节气首字相连以方便记忆的：春雨惊春清谷天，夏满芒夏暑相连，秋处露秋寒霜降，冬雪雪冬小大寒。

(3) 谐音联想法是运用联想，假借意义。例如，有这样一个有趣的故事，一个私塾先生每天让学生背诵圆周率，自己却跑到山上与和尚喝酒。于是有学生编了一个顺口溜：山巅一寺一壶酒，尔乐苦煞吾，把酒吃，酒杀尔，杀不死，乐而乐。将数字赋予意义，并化作视觉表象，记忆起来就简单多了。

(4) 关键词法是将新词或概念与相似的声音线索词通过视觉表象联系起来。例如，英文单词"tiger"可以联想成"泰山上一只虎"。这种方法在外语词汇学习时非常有用，还适用于其他信息的学习，如地方名称、地理信息、阅读理解等。

四、培养批判思维

2017年浙江高考阅读理解所选取的文章是《青年文摘》巩高峰的《一种美味》，文章的大体内容是一个农村家庭吃鱼的经历。该大题最后一道小题"文章结尾赏析"却让许多考生苦不堪言。文章末尾写道："现在，它早已死了，只是眼里还闪着一丝诡异的光。"诸多考生在微博留言："那种诡异的光，究竟表达了什么？"作者回答不出，"很多根本没采访的媒体大聊高考阅读理解出题老师过度曲解，我从没这么说……出题老师有自己的看法没任何问题"。事实上，在过去的中学生活中，接受灌输和死记硬背是大部分人的学习常态。有些人学会了揣摩和记忆"标准答案"，但却可能已经丧失了独立思考的能力，以至到现在还只采用"海绵式"接收信息的方式。这种信息处理方式的特点便是：浅尝辄止、囫囵吞枣、非黑即白、过目即忘。特别是在信息爆炸的网络时代，每天都在上网的我们有没有认真地审视自己所看到的、所听到的和所学到的？批判性思维(critical thinking)是指将对言论的评估和判断建立在充足的理由和证据支持上，而不依赖情感或轶事定夺的能力和意愿。批判性思考者能够洞察判断中的错误，抵御没有理论或事实根据的论断。批评一种观点与批评产生这一观点的人不同，批判性思考者是对这一观点进行有效且有力的批评。当然，批判性思考不只是包含负面的思考，它还包括创造性和建设性的能力，这种能力伴随着对事物独到的解释、对研究结果意义的思考、将新知识运用于社会和个人的能力。越来越多的人喜欢到健身房通过锻炼身体来保持体形美好，清醒地思考同样也需要我们有意识地努力和锻炼。下面向你推荐八条必需的批判性思维指南。

1. 提问并学会质疑

“天空为什么是蓝色的”“飞机为什么不会掉下来”……随着年龄的增长，我们不再喜欢问“为什么”。开启创造性思维的关键特质是好奇、怀疑和探索，我们可以针对自己所接触到的观点、理论和事例提出自己的问题，特别要关注那些没有被提问或提问过没有得到答案的问题。

2. 定义你的概念

当你心存疑问时，下一步就是用清晰而正确的概念来描述。例如，你在问卷调查中提问“什么会让人感到幸福？”这里的“幸福”是指大多数情况下那种愉悦的状态？或是对生活的满意感？还是从困境或痛苦中解脱的快乐感？如果没有对“幸福”进行定义，你可能会得不到答案。

3. 检验得到的证据

你是否听过一个人在争论中声嘶力竭地大喊：“我的观点任何事情也不能动摇！”或者“不管别人怎么说，我知道这是对的。”你是否也做过这样的断言？未经证实就接受一个观点，甚至要求别人也这样做，这是典型的思考懒惰。批判性思维者则会有这样的疑问：“有证据支持或反对这个观点吗？这些支持或反对的证据是否可信？”但在现实生活中，检验一些证据是否合理有时并不可行，这时候需要考虑这些证据的来源是否可靠，例如到底是来自专家还是“砖家”。

4. 分析假设和谬误

批判性思考者会努力鉴别和评估那些未被说出来的假设，而这些假设往往支持了某些断言和论据(在我们阅读的书籍中、我们浏览到的网络言论中以及每天向我们推送的各种广告中)。“处女座的人都有洁癖”“年轻人就是需要我们的商品”“所有人贩子都必须判死刑”，这些带有偏误的假设则会让我们远离公正地思考事实或者使我们完全忽视事实到底是什么样子。

5. 避免情绪化推理

人是情感动物，所以我们很可能对某些人、事、物投射自己的情绪。例如，当读到一个自己不喜欢的人的观点或者自己不喜欢的一类观点时，你可能提出自己相反的意见，甚至还会言辞激烈地与之争辩。这时，你需要先思考一下你为什么不同意对方的观点，是因为对方的观点没有有力的证据支撑，还是因为你不喜欢对方或是对方的观点让你心里不舒服？

6. 不要过于简单化

批判性思考者可以超越明摆着的事实，抵御容易获得的结论，拒绝非此即彼的思考。最常见的过于简单化的形式是从个人经历或少数例子中抽取出的经验通用于所有人。例如，一个精神病人伤人，不代表所有精神病人都会伤人。我们在得出结论之前，需要更多的证据，而非一两个个案。

7. 思考其他解释

2014 年世界杯期间，有多条“球迷熬夜看球猝死”的新闻报道，于是很多人将熬夜与猝死画上等号。看到这一结论，你需要思考其他可能性，也许熬夜的人更容易过度吸烟、喝酒，而正是这些不良习惯增加了猝死的风险。也就是说，在我们得到熬夜是猝死的直接原因之前，我们还需要考虑到其他的解释。

8. 忍受不确定性

我们会面临这样的情境，几乎没有证据用以检验结论，或者证据充分得到结论后，新证据又将其全盘否定，这就需要我们有忍受不确定性的能力。批判性思维不能解决世界上所有的问题，例如生命是否会有轮回？这个问题基本上属于宗教范畴。批判性思维是一个思考过程，并非一次性可以达成，也没有人是不犯错的。在大学四年里，有意识地培养和锻炼自己的批判性思维，有利于更好地看待自己、他人和社会。例如，你就可以用批判性的思维阅读这本书。

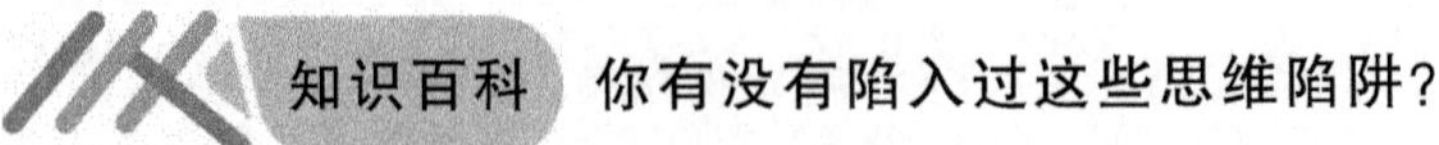

你有没有陷入过这些思维陷阱？

人们在思考过程中经常会陷入很多可预见的错误，以下我们将介绍几种中招频率较高的思维陷阱。

（一）避免损失

设想国家正在准备对付一场罕见的亚洲疾病，预计这次疾病会死亡600人，现有两种对付疾病的方案可供选择：如果采取方案A，将有200人获救；如果采取方案B，将有1/3的概率为600人获救，2/3的概率为没有人获救。你会如何作出选择？大部分人会选择有确定获得的方案A。再看另外两个方案：如果采取方案A，将有400人死亡；如果采取方案B，将有1/3的概率为没有人死亡，2/3的概率为600人死亡。假设只能从这两个方案中进行选择，你很可能选择方案B。实际上这两个方案与之前的两个方案完全相同，只不过信息的描述方式发生了变化。也即是说，人们在做决定时总是努力避免或减少风险或损失：当思考结果为救人时，人们拒绝冒险；而当思考结果为失去生命时，人们偏好风险。

（二）证实偏见

乔布斯在1996年接受采访时说过这样一段话："当你年轻的时候，你看着电视就会想，这里面一定有阴谋，电视台想把我们变傻。可是等你长大一点，你发现不是这么回事儿。电视台的业务就是人们想要什么它们就给什么。这个想法更令人沮丧，阴谋论还算乐观的！至少还有个坏人可以打，我们还可以革命！而现实是电视台只不过给了我们想要的东西。"这就是证实偏见，无论合乎事实与否，人们更偏好支持自己观点的证据。由此，人们在脑中选择性地回忆、搜集有利细节，忽略反对信息，并采取片面诠释。这种偏见尤其显见于感情问题和传统观念。例如，在恋爱关系中，怀疑对方不够喜欢自己，经常搜集或不停发现支持这一猜想的细节。

（三）心理定势

心理定势是指人们试图用过去解决类似问题的方法、策略和规则来解决新问题的一种倾向。心理定势对人类学习和解决问题有着积极意义，因为将不需要重复思考如何解决相同的问题，但却不利于解决不断出现的新假设和新问题。如图5.4所示，心理学家陆钦斯

问题	A	B	C	要量的水	方法
1	29	3		20	A-3B
2	21	127	3	100	B-A-2C
3	14	163	25	99	B-A-2C
4	18	43	10	5	B-A-2C
5	9	42	6	21	B-A-2C
6	20	59	4	31	B-A-2C
7	23	49	3	20	B-A-2C, A-C
8	15	39	3	18	B-A-2C, A+C
9	28	76	3	25	A-C
10	18	48	4	22	B-A-2C, A+C
11	14	36	8	6	B-A-2C, A-C

图5.4　陆钦斯的量杯实验

的量杯实验发现了心理定势对问题解决的阻碍作用：被试者需要利用三个大小不同的杯子量出一定量的水。结果表明，序列2～6的实验使被试者形成了利用B—A—2C这个公式的定势，结果大多数人采用同样的解决方式对待序列7和8的实验，竟然没有发现原本应该显而易见的简单办法(即A—C和A+C)。

(四) 事后聪明

其实每个人都当过事后诸葛亮，当事情发生之后跳出来说“我早就知道啦”，或者后悔自己应该早料到“这事不是明摆着吗”。人们将已经发生的事情视为相对不可避免或显而易见的，却忽略了自己的判断实际上已经受到已知结果的影响。例如，在总统大选或股市震荡发生之后，一部分评论员对结果并不感到意外。这一现象不仅会令社会科学的发现看起来与常识无二，它还可能会使人们的自尊心膨胀从而高估自己的能力。不仅如此，人们更倾向于为那些事后看起来“显而易见”的错误决策去责备他人，却并不因那些同样“显而易见”的正确决策去褒奖他人。

微课视频：经典学习理论

第三节　成为不拖延的学习者

美国麻省理工学院教授丹·艾瑞里以大学生为被试者进行了一项实验并记录在其著作《怪诞行为学》里。他所任教的学期共12周，学生要提交3篇论文，这些论文在期末成绩中占据重要分量。他对三个班级采用了三种不同的提交策略：A班，学生自己决定3篇论文什么时候提交(只要在学期结束之前提交就可以)，但他们必须在一开始就写下每一篇的提交日期，而且每晚交一天就会被扣除1%的成绩；B班，学生也可以自己决定论文什么时候提交，但不必规定每一篇的上交日期而且也不会扣分；C班，教师规定了明确的提交日期，分别是第4周、第8周和第12周，学生们没有任何的选择余地。试想一下，你会选择哪种提交论文的方式呢？你估计哪个班级的论文成绩最好？结果发现，就论文质量与期末成绩而言，受到“专制”待遇的C班最好，可以一定程度自由安排的A班次之，享有完全时间弹性的B班最后。由此联想到我们的大学生活，不再有那么多的强迫性规定，学习更多依赖于自我主动性，这时候的我们出现越来越多的拖延现象。例如，我们买回来一大堆书，结果却变成在书架上积累灰尘；我们下载了一大堆纪录片，用途却仅仅是拿来塞满硬盘；我们收藏了一大堆网络链接，最终却让自己删到手酸……于是，拖延行为很可能被消极情绪加剧，从而使我们进入恶性循环：拖延——坏情绪——更加拖延——更坏的情绪。正是因为拖延倾向往往会带来消极结果，所以“拖延症”这一叫法广泛流传开来，但拖延症并不是一个医学或心理学当中正式定义的疾病。

一、拖延的成因

美国心理学家简·博克和莱诺拉·袁认为拖延原因可以分为四类。

1. 对失败的恐惧

小A以优异的成绩进入大学，发现周围的同学也都很优秀，他希望自己能够好好表现自己。可慢慢地，他在学习和生活中越来越拖延，每天忙忙碌碌却也没做成什么事。为了课程作业或应付考试，他经常不得不熬通宵，最后的结果也能说得过去。再到后来，他的生活以打游戏为主，每逢考试都是临时突击，勉强通过就算万事大吉。

有些人总是希望通过某些事情来表现出自己是多么优秀，他们的自我价值感就源于自己在这些事情上的表现。他们有这样的假设：如果表现得好，我是一个优秀的人；如果表现得差，我是一个平庸的人。由于他们对失败感到恐惧，于是使用拖延来保护自己，例如在失败后小A会安慰自己说：“如果有更多时间做事，我应该能够做得更好。”或者虽然有所拖延但还是表现不错，小A甚至会更加满意自己，“就算天天打游戏我都能做得不错，如果全力以赴投入那就更厉害了”！

2. 对成功的恐惧

小B在大学里的专业是计算机，但是当选修了心理学的课程后，她发现自己找到了感兴趣的领域。她对于每次的课堂作业都很认真地完成，期末论文也花费了大量的时间和精力，甚至准备在未来就读心理学的研究生。她用了两年的时间学习心理学知识，但是在这一过程当中时常感到焦虑，到底要不要放弃自己的专业。直到研究生考试到来之际，她因为准备不足放弃了考试，最终选择了专业对口的工作就业。

为什么会有人害怕追求成功？因为获得成功需要付出很多时间、努力和专注，人们认为自己达不到这样的要求，还不如待在原地比较安全。人们要么担心自己需要付出太多才能成功，这将会大大超出他们所能承受的程度，要么害怕成功会带来一些不利的方面，使自己在无意识中往往处于冲突之中。例如，有些人能力出众但做事不积极，因为能力越大责任越大，所以他们会刻意地拖延；还有些人的自我评价比较低，认为自己根本不能获得成功，于是很容易半途而废或轻易放弃。

3. 想获得控制权

小C正在和好朋友参加周末聚会，此时却收到来自学校社团的短信，因为工作原因让他下午一点回电。小C感到很不爽，一直拖着不回电。虽然下午一点的时候他有时间，但却在下午三点的时候才回电话。

拖延可能是一个人的独立宣言，有些人试图通过拖延来告诉他人："我是一个拥有自主权的人。我是根据自己的选择行动。我没有必要按照别人的规定或者要求来做事。"利用拖延来抵制被人控制的人可能是想保持他们独立的个体感，他们必须确信他们是按照自己的方式生活而不是别人的安排。当他们认为拖延不仅是为争夺控制权而战，也是为自我价值和自我尊重而战时，他们会产生更强烈的抵触情绪并顽固地不愿改变。

4. 对亲近与疏远的恐惧

小D来自一个对教育十分重视的家庭。在她上学的时候，父母会规定她在家学习的时间，也不鼓励她从事任何课外活动，并对她的人际关系也是严格管控。在上大学以后，小D面临所有事情都得自己来的状况，她感到自己没有办法独立生活，却又羞于开口请求他人帮助。于是，她的孤立无援导致了她的拖延行为以及成绩下降。

在"探索友谊的世界"一章讲到了人际距离，对很多人来说维持一定的人际距离，对维护他们的心理安全感和舒适感是十分重要的，而心理舒适区也会反过来决定他们与周围人之间的亲疏关系。具体来说，当一个人觉得无法完全依靠自己做事时，就会在需要独立完成的事情上退缩拖延；当一个人觉得他人在接近自己、挤压自己或有求于自己时，就会以拖延的方式撤退以避免焦虑不安。

你又是因为什么而拖延吗？在了解了拖延的原因之后我们再看看如何与拖延习惯作战。

二、与拖延作战

1. 作战方法一——学会怎样判断时间

时间是拖延者面临的最大挑战之一，他们对时间的感知往往是不现实的，"今晚我想去看一场电影，不会影响到明天交论文"，以至于时间到截止期时已所剩无几。时间管理专家阿兰·卡凯因说："想要失败，就别做计划。"就像之前提到的丹·艾瑞里的实验结果中，有计划设置的大学生可以取得较好的成绩。但即便是制订了计划表，我们也常常不能顺利完成，还会产生挫败感。

心理学家尼尔·费奥创造了"非计划"这个概念，它的主体是一个每周日程表(如表5.1所示)，表中列出所有你必须做的事情：请你将自己在下一周内要做的、可预见的所有活动事无巨细地标出来，要注意不是那些你认为自己应该去做的或者希望可以开始做的活动，并将这些活动将会(或可能会)占用的时间点和时间长度记下来，那些未在表格上标注的时间就是你的“非计划”时间。如果这张表格代表了下一周的生活，那么你是怎样度过这一周的？你可用的时间真的那么少吗？你有多少时间用于完成目标？通过这一表格你将了解自己的预测完成时间与实际完成时间的对比，发现自己拥有哪些零碎的时间可以用于做些杂事，探索符合自己生物节律的各项活动的“最佳时间”，寻找专注学习与享受放松的平衡点，用心练习将会大大提高你的时间判断能力和时间管理能力。当你把实际做过的事情记录下来，并把表格上对应的那些空格填满，这将会成为奖励让你体验到成就感。

表 5.1　每周非计划日程表

时间点	周一	周二	周三	周四	周五	周六	周日
6:00	起床	起床	起床	起床	起床	补觉	补觉
7:00	早餐	早餐	早餐	早餐	早餐	起床	起床
8:00	上课	上课	上课	上课	上课	早餐	早餐
9:00						个人清洁	实验室
10:00							
11:00							
12:00	午餐	午餐	午餐	午餐	午餐	午餐	午餐
13:00	午休	午休	午休	午休			超市购物
14:00	上课	上课	实验室	上课			
15:00							
16:00						看电影	
17:00							
18:00	晚餐	晚餐	晚餐	晚餐	朋友聚会	朋友聚会	晚餐
19:00	自习	自习	社团活动				家人电话
20:00							
21:00							
22:00							
23:00	休息	休息	休息	休息	休息	休息	休息
小时							

2. 作战方法二——学会“接受”和“拒绝”

当不能直接拒绝某事的时候，我们可能通过拖延来间接表示拒绝，我们还可能将拖延的时间用在自己不能公然接受的事情上。我们要更多的信息、更多的选择、更多的金钱……伴随“更多”追求所带来的心理压力，我们却在真正要紧的事情上所得甚少：更少的休息、更少的时间与所爱的人在一起、更少的机会用于创造性的活动……拖延也许是我们无法承受“太多”的一个反映，它表达了我们对所错失的东西的一种渴求。与依靠消极拖延相反，我们需要有意识地接受那些提高自身生活品质的事情，而应该拒绝那些对此无益的事情并直截了当地表达出来。

要改变拖延倾向，首先需要找对人，所以社交圈对你有很大的影响力。研究显示，如果周围的人都停止吸烟，你就很容易戒烟；如果身边有很多身材偏胖者，你也很容易变胖。所以想改变自己的拖延倾向，你可能需要与一个能够影响你、督促你或是支持你的人合作，与他人结伴学习很可能会让你在心理上感到一定程度的压力，从而使自己产生更多的坚持。

在时间管理里有一个二八法则：你20%的事务非常重要，并会产生最大的影响；你80%的事务不太重要，做不做没有多大影响。所以，我们要学会拒绝与自己当前目标而言微不足道的琐事，努力把80%的时间用来完成对自己来说重要的事务。对于现代人来说，特别要对各种电子产品和网络应用说不，你可以尝试一天不用手机是什么样的体验，重新审视下手机和网络到底占用了多少你的生活，也可以慢慢尝试改变一学习就想上网的不良习惯。

3. 作战方法三——利用身体减轻拖延

保持自己良好的身体状态，花时间跟自己的感官体验相接触，这有助于你勇于面对那些被你拖延的事情。运动有利于将我们从拖延的麻痹状态中解救出来。运动也有利于我们缓解消极情绪，详见“化解压力的艺术”一章。哈佛大学心理学家约翰·莱迪提到，在运动的时候不仅会使人感觉更好，也会使大脑以更好的状态运作：学习更快，思维更清晰，记忆更敏锐，认知灵活性提高，大脑的学习能力被激发。有调查研究显示，在运动之后人们学习新单词的能力比之前增强了20%。在美国芝加哥校区启动了一项学生早晨身体锻炼计划之后，八年级学生在一项标准化科学考试中取得了世界第一的好成绩。

运动会刺激一种大脑生长因子的释放，这个生长因子被称为脑源神经营养因子。脑源神经营养因子就像你大脑的肥料，它能帮助神经元成长得更为健康和茁壮，使更多神经元的触角可以彼此发生联结互动。除此之外，脑源神经营养因子还会刺激新神经元(特别是与记忆相关的大脑海马区的神经元)的生长。因此，脑源神经营养因子对我们将每一件事情纳入更为广阔的经验框架起着重要的作用，通过大脑海马区的帮助就会使我们产生一个全局视野，这一全局化的视野对调节不安的情绪是非常关键的。当你处在拖延的挣扎中，内心焦虑、恐惧和愤怒时，大脑海马区有助于你在一个整体背景下看待威胁，这样你就不会卡在对拖延恐惧的怪圈中出不来。

三、拖延处理技巧

在本节最后，我们分享一些拖延处理技巧，希望这些技巧能够帮助到你。

(1) **确立一个可操作的目标**。确立一个可观察、具体而实在的目标，而不是那种模糊而抽象的目标。

不是：“我要停止拖延。”

而是：“我要在期末来临之前完成课程论文。”

(2) **设定一个务实的目标**。不要异想天开，而要从小事做起。不要过于理想化，而要选择一个能接受的程度最低的目标。

不是：“我绝不再拖延！”

而是：“我会每天花一个小时学习英语。”

(3) **将你的目标分解成短小具体的迷你目标**。每一个迷你目标都要比大目标容易达成，小目标可以累积成大目标。

不是：“我打算要写这份报告。”

而是：“今晚我将花半个小时设计表格，明天我将花另外半个小时把数据填进去，接下来一天我将根据那些数据花一个小时将报告写出来。”

(4) **现实地(而不是按照自己的愿望)对待时间**。问自己：这个任务事实上将花去我多少时间？我真正能抽出多少时间投入其中？

不是：“明天我有充足的时间去做这件事。”

而是：“我最好看一下我的日程表，看看我什么时候可以开始做，上次那件事所花的时间超出了我的预期。”

(5) **只管开始做！**不要想一下子做完一整件事，每次只需要迈出一小步。

不是：“我一坐下来就要把事情做完。”

而是：“我可以采取的第一个行动是什么？”

(6) **利用接下来的 15 min**。任何事情你都可以忍受 15 min。你只能通过一次又一次的 15 min 才能完成一件事情。因此，你在 15 min 时间内所做的事情是相当有意义的。

不是：“我只有 15 min 时间，又何必费力去做呢？”

而是：“在接下来的 15 min 时间内，这件事的哪个部分我可以上手去做呢？”

(7) **为困难和挫折做好心理准备**。当你遭遇到第一个(或者第二个、第三个)困难时不要放弃。困难只不过是一个需要你去解决的问题，它并不是你个人价值或能力的反映。

不是：“教授不在办公室，所以没办法写论文了，我想去看场电影。”

而是：“虽然教授不在，但是我可以在他回来之前先列出论文提纲。”

(8) **如果可能的话，将任务分派出去(甚至扔掉不管)**。你真的是能够做这件事的唯一人选吗？这件事情真的有必要去做吗？

不是：“我是唯一可以做好这件事的人。”

而是：“我会给这件事找个合适的人来做，这样我就可以去做更重要的事了。”

(9) **保护你的时间**。一定要学会怎样说不，不去做额外的或没必要的事情。为了从事重要的事务，你可以决定对“急迫”的事情置之不理。

不是：“我必须对任何需要我的人有求必应。”

而是：“在学习的时候，我没必要接听电话。我会收看手机留言，在做完事情后回电。”

(10) **留意你的借口**。不要习惯性地利用借口来拖延，而要将它看作是再做 15 min 的一个信号，或者利用你的借口作为完成一个步骤之后的奖赏。

不是：“我累了(抑郁了/饿了/很忙/很烦等)，我以后再做事吧。”

而是：“我累了，我将只花 15 min 写报告，接下来我将会小睡片刻。”

(11) **奖赏你一路上的进步**。将奖赏聚焦于你的努力而不是结果，需要小心非此即彼的思维方式。

不是：“除非我全部完成，否则我就会感觉哪里不对。”

而是：“我已经走出了几步，而且我做事非常努力。现在我打算去看一部电影。”

(12) **将拖延看成是一个信号**。停下来问自己：“拖延传递给我的是什么信息？”

不是：“我又在拖延，我恨我自己。”

而是：“我又在拖延了，我的感受如何？它又意味着什么？我可以学到什么？”

请记住：你能够作出自己的选择。你可以拖延，你也可以行动。

自我测试：所罗门学习风格自测

第四节　管理你在大学的学习

在学习过程中，成绩优异的学生靠的是更“聪明”、更有效、更科学的学习方法，而不只是延长学习时间或更努力地学习。接下来将介绍几种提高学习效率的途径，希望帮助我们更好地管理学习、安排学习、学会学习。

一、自律学习

不论是音乐、时装、烹饪和电影，还是体育、汽车或政治，凡是我们特别感兴趣的事情，都能让我们在愉快中学到大量的知识。那么，怎样才能使大学生更加自觉自愿地学习呢？自律学习可能是一个良好的开端。自律学习是积极的、自我导向的学习，自律学习可以变被动学习为主动、更有目标的学习。

自律学习的基本步骤如下：

——建立具体、客观的学习目标

——制订一个学习计划

——自我指导和自我提问

——监控进展

——自我奖赏

——经常性评价

——发现问题后，及时采取措施

如果发现自己缺乏自律学习的能力或技巧，我们应该去寻求帮助，或者从课外寻找信息。一个人学会了自律和控制自己的行为，就等于拿到了提高个人能力和充实自己生命的钥匙，将终身受益。

二、管理自己的行为

你是否想让自己集中注意力学习，学习更多的知识？这可以通过行为管理的方法来实现。自我行为管理的基本方法就是要把操作性条件反射的原理与自己的实际情况结合起来，通常有以下几个步骤：

(1) 选择“目标行为”。首先，要确定自己希望改变的行为。

(2) 记录初始值。记录自己达到目标需要花的时间，或者记录下自己每天做出的合意反应及不合意反应的数量。

(3) 建立目标。所要建立的目标就是目标行为的增加或减少，自己需要记住行为塑造的原则，不可操之过急，要为每一天、每一周都建立现实并合理的进步目标。

(4) 选择强化物。如果完成了每天的目标，就要按照计划给予自己奖励，例如，看一会儿电视、去找朋友聚一聚、玩一会儿乐器或做一件自己喜欢的事。同时，也要为自己制订达到一周目标后的奖励办法，例如，看一场电影、下一次馆子或尝试一次短途旅行。

(5) 为进步做量化记录。要精确记录每天花在“目标行为”上的时间，以及自己做出的“目标行为”的数量。

(6) 奖励成功的行为。一定要诚实待己，如果自己达到了每天的目标，就要给自己奖励；如果没有达到一天的目标，则没有奖励。自己要实事求是地根据每周计划完成的情况决定奖励与否。

(7) 在对自己的行为管理了解更多之后，即可调整自己的计划。如果自己在自我行为管理中获得成功，进行自我行为管理的做法就会得到进一步强化。

找到一个适合自己的强化物往往不容易。例如，对一个人来说，受到表扬或看一场球赛都是强化物，而对另一个人却不适用。一种办法就是应用普雷麦克原则来确定适用的强化物，该原则是：任何一个经常发生的(或占优势的)反应都可以用于强化一个不经常发生的反应。假设你是一个经常听音乐并热爱音乐的人，同时又是一个很少倒垃圾并总是懒得倒垃圾的人，那么你可以用听音乐去强化倒垃圾的行为，要求自己在听音乐之前把垃圾倒干净，这样你就会培养自己经常清理垃圾的行为。你经常愿意做的事情都可以作为强化物，比如看电视、和朋友聊天、听音乐等。

下面是一个学生的身体锻炼计划，具体运动方式包括走路、游泳和骑自行车：

——目标行为：保证每周训练达到规定小时数。

——记录初始值：目前平均每天 25 min，即每周 3 h。

——周目标：第一周每天把锻炼时间增加到 40 min，达到周锻炼时间近 5 h 的目标。第二周目标为每天锻炼 50 min，周目标为近 6 h。第三周目标为每天锻炼近 60 min，周目标为 7 h。最终目标为达到并维持每周锻炼时间 14 h。

——对每天达到目标的奖励：晚上弹吉他半小时，如果达不到目标则不能弹吉他。达到周目标的奖励为看一场电影或买一张 DVD。

即使不能每天都真的做到给自己奖赏，你的锻炼计划仍有望获得成功。对于人们来说，只要知道自己即将达到一个理想的目标，就能得到最有效的强化。因此，自我行为管理方法中的一个关键步骤是做记录，即坚持记录每天的反应频率。有一个实验，研究者要求一部分选修心理学课的同学每天记录自己的学习时间，并用表格记录下他们每天和每周的学习活动。事实上做这种自我记录得不到任何奖励，但结果发现那些做记录的同学的考试成绩显著优于那些没有被要求做记录的同学。

三、养成良好的习惯

努力和智力这两个因素对学习成绩的影响几乎一样大。但要记住，学习好的学生不仅努力，而且更有效率。很多不好的学习习惯耗时而无效，如反复抄写课堂笔记，只看笔记不读课本(或只看课本不读笔记)，读书时只看要点而不细读，做练习时只是从书中抄答案，等等。优秀学生则强调质量：读书要读懂、读透，不能缺课。许多学生在考试成绩不佳时只是责备教师讲得不好，而教师怎么讲课并不是我们能够决定的，因此这种抱怨有害无益。那些将成功归因于努力和动机作用的学生才能取得好成绩。为了改善自己的学习习惯，我们可以尝试以下做法：

1. 营造适合学习的环境

学习需要一个安静、光线充足、没有干扰的环境，这是毋庸置疑的。如果有可能，还应该至少有一个专门用于学习的地方，在那里不做任何其他事情，因此要把杂志、手机、平板电脑等可能干扰学习之物放在自己的视线之外。只有这样，才能真正在这个特定的地方进行学习。不要强迫自己去学习，而是要养成到那个小环境里去学习的习惯。有了这种习惯，一旦我们坐在学习室里，就很容易静下心来开始学习。

2. 采用分散复习法

在考试前连续熬两夜进行复习是有用的。但是，如果我们总是到考试前才死记硬背，这将会面临很大风险。研究表明，分散复习比集中复习更有效率。分散复习是指把复习时间分为一些相对较短的时间段，中间穿插休息和其他一些活动；而长时间、不间断的复习则称为集中复习法。如果我们把什么课都集中在一起复习，最后反而可能把自己搞得糊里糊涂。填鸭式的复习方法将使我们的记忆不堪重负。一般来说，在考试之前的最后一天，我们不要再去学新知识，最好的方法是，每天都学一点，并且时常复习。

3. 联想记忆

记忆是学习的第一步，记忆术是指帮助人记住事物的方法。把新的信息与容易记住的某种概念或形象联系起来是常用的记忆术。如果想记住“小脑控制人的协调功能”，我们可以想象有一位名叫小脑的人，他的动作非常协调。要获取最佳效果，我们需要想方设法使自己记忆的形象夸张、古怪、生动，并能与你互动。

4. 自测

在真正的考试之前为自己安排几次练习性的测验，这对于提高我们的考试成绩很有益处。换句话说，学习过程中应该包括自测，要尽量多向自己提问，并确信自己能够回答所有的问题。学习中不做自测，就好像在篮球比赛前的热身活动中不练习投篮一样。

5. 过度学习

考试成绩不理想，有的人是由于复习得不够，也有很多人是由于过高估计了自己的实力。解决这两个问题的方法就是进行过度学习，即在认为自己已经达到掌握知识的程度后，继续学下去。换句话说，即使我们觉得已经为考试做好了准备，自己仍要制订计划，继续学习和复习。

四、学会记笔记

记课堂笔记用什么样的方法好？有时候真搞不清楚哪些是重点。想记好笔记，我们必须积极主动地寻找信息。积极听课者能够集中注意力而不分心。这里介绍一个对许多学生都很管用的记笔记方法，按照5个英文单词的首字母组合，可简称为LISAN法，这有助于我们记住它的步骤：

(1) 主动记(lead)。自我提问，以便提前预估教师下面要讲什么。我们可以从学习指导、阅读作业，甚至是自己的好奇心中找出问题、作出预测。

(2) 重点记(idea)。每一节课都是基于一个重要的核心观点设计的。通常情况下，教师都是先介绍一个观点，然后举一些例证。我们可以经常问一下自己："现在讲的要点是什么，这个观点得到哪些证据的支持？"

(3) 抓信号词(signal words)。听讲时要抓住那些表示教师思路变化的话语。

(4) 积极听(activity listen)。坐在听课清楚并能与教师交流的地方，带着前一次听课时或自己看书时遇到的问题来，一上课便举手提问或课前课后找教师请教。在课堂上，要使自己保持活跃、机敏的思维状态。

(5) 选择记(note taking)。听课时笔记记得好的学生考试成绩一般也不错。听课要完整，但记录要有选择，只记要点。如果总是忙于记录，就可能漏掉一些正在讲的内容。我们记笔记的时候，可以把自己想象成一个正在捕捉重大新闻的记者。

事实上，大多数学生笔记都做得相当好，但如果课后基本不看，记笔记就失去了大部分意义。我们不想自己的笔记像"天书"一样潦草难认，就应该每天整理和复习笔记。不仅如此，还需要我们不断地联想、拓宽思路和对新的观点进行思考。在课堂上要积极听课，要与教师交流，这样我们对学习内容的理解将更加透彻。

总而言之，好好学习永远都不过时！让我们青年人一起努力，做有理想、有追求的人，做有担当、有作为的人，做有品质、有内涵的人，为社会的发展和世界的美好积极贡献自己的力量吧。

章节测验

《死亡诗社》(1989)

第六章　解析情绪方程式

案例导读　神奇的小药丸

请你想象一下，时间来到2100年，科技已经发展到我们无法预估的地步。某一天，有人向你推荐一种神奇的小药丸，据说吃了以后可以消除所有我们无法调控的情绪。那么，吃下这颗小药丸后的“无忧无虑”的生活会是怎么样的呢？以下便是立竿见影的效果：

(1) 因为消除了紧张、焦虑这类情绪，在公众场合演讲不再怯场，真情表白也不在话下！你都将在这些场合里淡定现身，平静沉稳的气质叫人钦佩不已；

(2) 因为消除了愤怒、怨恨这类情绪，你不会再一时口快说出不可挽回的话，而那些积压在心头的愤怒怨恨也会烟消云散；

(3) 因为消除了悲伤、挫败这类情绪，你不再因为失败伤心，也不再感到受挫，变得冷静而沉着；

(4) 因为消除了羡慕、嫉妒这类情绪，当你看到别人成功后，心里不再充斥着羡慕嫉妒恨，谈了恋爱后也不会因为看到别人和你的那位他(她)多说几句话而不悦、猜忌、怀疑；

(5) 因为消除了羞愧、尴尬这类情绪，当你做错事时不再慌张，也不再为自己外在或内在的缺陷或不足而心生自卑、愧疚；

(6) 因为消除了激动这类情绪，你从此将告别心悸、流泪、头疼腹痛、脸色羞红或发白、手心出汗、双手发抖等由激动诱发的体征；

(7) 因为消除了爱和喜悦等情绪，你不会再变得盲目冲动或经历“恋爱中的人智商为零”这样的尴尬，你也不会再因“一时冲动”而犯错。

看到这里，你是不是非常心动？一颗小小的药丸能带来这么多的好处，而且每种好处都如此吸引人，想必你已经迫不及待地想要吞下它了吧？

且慢，别忘了“是药三分毒”。包装盒上印着以下这段话：“长期使用本品可能导致如下副作用：

(1) 对周围的人和事漠不关心，毫无热情，置若罔闻；

(2) 有可能做出危害自己或他人的行为；

(3) 记忆力衰退、判断力减弱；

(4) 发生人际关系障碍，表现出不恰当的社交行为。”

看到这里，你还愿意吞下这颗神奇的小药丸吗？

为什么为我们消除烦恼、带来美妙生活的神奇小药丸会有这些副作用呢？而制药方又凭什么如此肯定地列出这些副作用呢？情绪到底是什么？它对我们的生活有着怎样的影响？这些问题都将在这一章得到解答，让我们一起开始学习吧！

话题讨论

(1) 情绪是什么？

(2) 消极情绪肯定不好吗？

(3) 心情不好怎样排解？

(4) 抑郁症到底是什么？

(5) 怎样才能成为一个“高情商”的人？

“人有悲欢离合，月有阴晴圆缺，此事古难全。”读到这句古词的时候，你会有什么样的心情？在不同的时间、不同的境遇中，我们的内心里会翻滚着不同的情绪，有时开心、喜悦或快乐，有时则郁闷、悲伤或痛苦。这一章将向你介绍与情绪相关的知识，使你了解何为情绪，在一定程度上能够控制情绪，并学会调节和管理自己的情绪，努力做一个高情商的人。

第一节 什么是情绪

在快节奏、高压力的现代生活中，很多人常常会为情绪而烦恼，特别是消极情绪，甚至还会出现情绪失控。当情绪犹如飓风般排山倒海地袭来，我们好像失去控制变得不是自己了。当强烈的情绪过后，我们可能伤害了他人，最终也伤到了自己，例如在 2018 年 10 月 28 日重庆公交车坠江事件中被愤怒左右的乘客与司机。除了剧烈的情绪变化，很多人还会长时间深陷在某种情绪的沼泽中无法自拔，但却借由很多逃避策略不去面对它，甚至一味地压抑、否定、排斥它，例如经常被媒体报道的、发病率高居不下的抑郁症。因此，如果我们不能正确地认识情绪、积极地接纳情绪、有效地管理情绪，我们可能难以与生命或生活和谐相处。接下来，让我们一起走入情绪的世界吧！

一、情绪的来源

情绪产生于生命的一个原始的机制，它的性质可以归纳为两种：愉快的和不愉快的。就算最简单的单细胞生物（如草履虫）没有知觉能力和思维能力，但却有生物学意义上的“趋利避害”的本能行为。这种本能行为的实现是以“趋悦避痛”的情绪机制为基础的，也就是说，趋向愉悦的情绪状态，逃避不快的（或疼痛的）情绪状态，从而使自己得到保护并得以生存。有谁会喜欢痛苦呢？“趋悦避痛”是从最简单的动物体到最高级的人类共有的基础本能与生命原则。

在莎士比亚四大悲剧之一的《奥赛罗》中，被阴谋和谎言蒙蔽的奥赛罗将军在愤怒中掐死了自己的爱人。当他得知真相后，悔恨之余拔剑自刎。在日常生活中，我们也有类似一时冲动而懊悔不已的经历。那么，我们为什么会丧失理性，而被感性控制呢？我们的情绪来源于哪个部位呢？1954 年，美国心理学家詹姆斯·奥尔茨等利用实验证明了老鼠的下丘脑中存在“快乐中枢”（pleasure center）。如图 6.1 所示，研究者在老鼠下丘脑的某一部位埋上微电极，电极的另一端与一个杠杆相连，而杠杆又与电源开关相连，老鼠只要按压杠杆就会接通电源，在埋电极的部位就会受到微弱的电刺激。老鼠经过摸索发现：通过按压杠杆获得电流对脑的刺激能引起快乐和满足。所以老鼠不断地按压杠杆来追求快乐，直到累得筋疲力尽、昏昏欲睡为止。也就是说，在老鼠的下丘脑中存在一个“快乐中枢”。后来研究者用类似的方法发现在人的下丘脑的相应部位也存在着“快乐中枢”。但是，若对“快乐”不加节制，就会形成病理性成瘾（如吸毒成瘾），从而造成不可逆的永久性伤害。

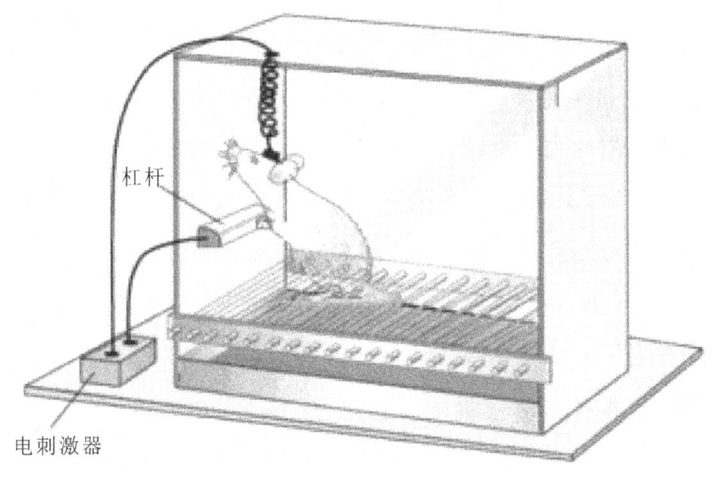

图 6.1　老鼠不断地按压杠杆来刺激“快乐中枢”

在一些关于刑侦或破案的影视作品中会提到测谎仪，它通过了解犯罪嫌疑人的心理状况来判断其是否涉及案件。测谎仪通过监测一个人的呼吸、汗腺及心跳等不能主观控制的生理反应来推测其是否说谎。事实上，当处于情绪状态时，虽然我们能够自我觉察，但不能控制情绪的发生，原因是控制情绪的自主神经系统是不受意志支配的。自主神经系统分为交感神经系统和副交感神经系统，交感神经系统是在情绪兴奋(如心跳加速、血压升高、呼吸加速、瞳孔放大等)时发生作用，副交感神经系统是在情绪抑制(如心跳放慢、血压降低、呼吸变慢、瞳孔收缩等)时发生作用。由于人们在接受测谎时，难免会产生反感而影响情绪，而且情绪反应存在个体差异性，所以，测谎结果只是提供辅助参考，不能作为定案证据使用。

你的身体里会产生许多激素，比如血清素、肾上腺素和去甲肾上腺素等。血清素与抑郁有关。肾上腺素是人在面对恐惧时产生的激素。而人在愤怒的时候，体内的去甲肾上腺素会比较多。类固醇激素(如某些运动员在参加赛事时会滥用此类激素)会对神经系统产生作用，改变它们的兴奋性，从而对情绪产生影响。长期过量摄入类固醇药物会产生危险的副作用，包括狂躁和抑郁。与压力、月经和妊娠有关的情绪变化也可能与类固醇对脑细胞的作用有关。总的来说，情绪不只是主观臆测的产物，而是具有神经生理学的根据。各种研究表明，情绪与脑、自主神经系统、内分泌系统等都有着十分密切的联系。

知识百科　动物有情绪吗?

曾经有一位猫奴这样描写他家的猫：“猫在高兴的时候会很活泼，眼神里充满了好奇，会跑过来和你玩；感觉到幸福的时候就会发出‘呼噜’声；生气的时候会‘哈’人；害怕的时候毛会竖起来；悲伤的时候眼神是很哀怨的。”看来，动物也是有情绪的。

16 世纪的哲学家和数学家笛卡尔曾提出：“动物就是流着血液的机器，它们是没有思想，也没有心愿的。”达尔文是历史上首位提出情绪存在于非人类生物中的科学家。他通过观察动物们的行为来推测它们的情绪状态，例如通过观察狗尾巴的摆动方式来推测它们是恭顺还是敌对的态度。但是，达尔文实际上是没有办法直接了解到狗的体验的。在相当多的情况下，人们都是通过观察动物的行为来推测它们是否有情绪的。

人类的大脑由脑干、旧皮质和新皮质这三部分组成。脑干是我们同其他哺乳动物类和爬虫类共有的；旧皮质是我们同其他哺乳动物共有的；新皮质则是高级动物所具有的，哺乳动物越进化其新皮质就越大。

动物在进化过程中先形成原始的脑干，继而由原始的脑干发展出下丘脑和边缘系统构成的情绪中枢，这时人类的情绪才基本产生了。然后又经历数百万年，才发展出思考中枢——大脑新皮质，这时候人类才具备抽象思考能力。也就是说，人脑是先有情绪中枢，许久之后才发展出思考中枢。由此可推知情绪、感受和理性的关系。

在动物体内，最初和情绪相联系的器官是负责接收分析气味的嗅觉器官。因为在远古时代，对于动物来说，能够敏锐地辨识周围环境中的气味是生死存亡的关键。出于生存的需要，以嗅觉为基础，原始的情绪中枢出现。随着哺乳动物的出现，动物的活动范围逐渐扩大，渐渐地可以对于更多的外界刺激产生情绪反应，情绪中枢也就此逐渐形成。

从爬虫类到恒河猴再到人类，新皮质的数量明显增加，情绪的表现也更加精致多样。那些只有脑干的爬虫类动物是没有情绪的，而从具有旧皮质的哺乳动物开始，情绪就产生了。灵长类动物(如恒河猴)有着更加复杂的情绪，而情绪最为丰富的当属有着万物之灵之称的人类。

二、情绪的要素

情绪是人类心理现象中最丰富多彩的一个组成部分，如果我们缺少了它，我们将会失去由喜、怒、哀、乐等感觉所赋予生活的各种色彩。但是，人们却常常希望自己可以摆脱愤怒、悲伤、焦虑和恐惧等情绪以及这些情绪所带来的痛苦。我们存在一个误解：情绪和认知是分开并对立的两个过程。事实上，认知并不总是理性的，例如我们在感觉、记忆和思维等方面会出现偏差；而情绪也并非总是非理性的，例如我们若没了情绪可能很难作出决定和计划未来。有研究表明，当一个人面对两个均具有吸引力、合理性的职业选择时，情绪上“觉得对”的那一个会帮助他作出最佳选择。

心理学家将情绪界定为一种躯体和精神上的复杂的变化模式，包括生理唤醒、认知解释、主观感觉以及行为反应四个组成部分。让我们用恐惧这种情绪来说明情绪的四个组成部分，因为人们对恐惧的研究最为详细。假如你和同学现在在“鬼屋”里试胆，当一个面目狰狞的漂浮物突然出现时，恐惧反应的生理组成部分会发出警报，你的内脏系统会做出相应的反应，胃部血液会被排空，腹部会有抽筋的感觉，面部血管收缩使脸色变得惨白。你会感受到来自身体的感觉，还可能体验到曾经相似情况下的身体反应。面对这种情景，你还会有意识或无意识地回忆起以前看过的恐怖片，并因此感到害怕。实际上，你对恐怖情景想得越多，你会变得越害怕。随后，这些想法会把你的主观感觉和生理唤醒提升到新的高度。最后，你可能会做出或战或逃的反应，恐惧写在你的脸上，你可能会大声哭喊，可能会紧紧地抱住朋友，还可能会拉着朋友赶紧跑到出口。

从刚刚我们对恐惧情绪的描述可以看到，情绪发生包含几个重要特征：一、情绪伴随着生理变化；二、情绪通过面部表情和身体语言来表达；三、情绪是一种体验，这种体验是我们每个人生活中的重要内容。

三、情绪的分类

情绪的种类繁多且表达方式因人而异，再加上时间、地点等因素的影响，要正确识别一种情绪的存在，并不是一件简单的事。同样的人，同样的行为表现，在不同的场合，其所表达的情绪可能有很大的差别。例如人不但会伤心落泪，还会喜极而泣。哭泣的行为虽无不同，但所代表的内在情绪却是截然不同的。对情绪的分类探讨将有助于我们更好地识别情绪，以及理解情绪所代表的含义。

1. 人类的情绪

人类究竟都有哪些情绪？我国古代名著《礼记》认为，人的情绪有喜、怒、哀、惧、爱、恨、欲七种。《说文》中有 354 个描述情绪的字，有人曾按释义将这些字区分为 18 种情绪：安静、喜悦、愤怒、哀怜、悲痛、忧愁、愤怒、烦闷、恐惧、惊骇、恭敬、悦爱、憎恶、贪欲、忌妒、傲慢、惭愧、耻辱。

心理学家认为，人类只存在几种基本情绪，其他情绪都是从基本情绪中分化出来的。基本情绪在人的幼年时期就已经形成，更带有先天遗传的因素。基本情绪在人类之中普遍存在并具有独特的面部表情。如图 6.2 所示，心理学家艾克曼和弗理森做了一项关于人的六种情绪(快乐、哀伤、厌恶、恐惧、愤怒、惊讶)的面部表情的研究：他们向被试者展示六张面孔的图片，然后让被试者将这些图片与快乐、哀伤、厌恶、恐惧、愤怒、惊讶六种情绪相对应。这个研究在全世界范围实施了很多次。结果表明，不同的文化表达基本表情具有跨文化的一致性。

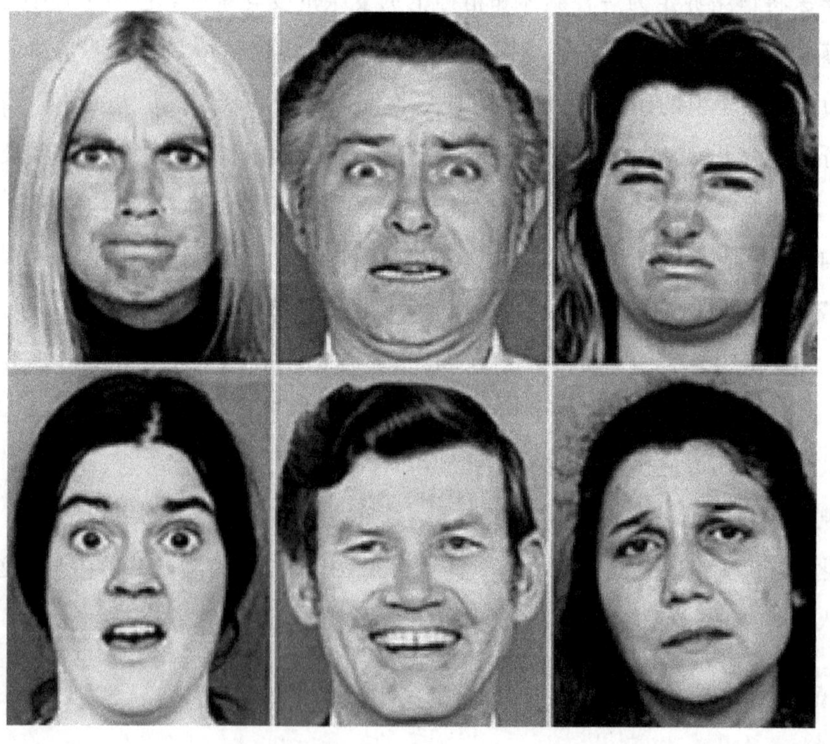

图 6.2　六种人类的基本情绪

知识百科　微表情心理学

2009年，一部风靡全球的美剧《别对我撒谎》让微表情心理学大热起来。剧中的男主角通过对面部表情和肢体动作的观察和解析，捕捉普通表情中转瞬即逝的微表情，发掘隐藏在人的面部、身体和声音里的线索，然后将犯罪调查中的真相昭示天下。

微表情又称微反应，与普通表情的不同之处在于，它是一种非常快速的表情，持续时间仅为1/25秒至1/5秒，因此大多数人往往难以觉察到它的存在。心理学家认为，微表情与一个人的心理防御有关，通常在人们撒谎的时候出现，它表达了人们试图压抑与隐藏的真正情感。因此，科学家们希望通过对微表情的识别与分析来了解一个人的真实情感和内在的情绪。

微表情的推论靠谱吗？转瞬即逝的微表情能揭示一个人的内心世界吗？微表情的很多研究对象主要是西方人，西方人表情夸张，而东方人善于克制，更多地表现出不动声色与波澜不惊。目前，微反应理论在实际生活中的应用也未能达到电视剧里那样神乎其神的程度。迄今为止，科学家们还在从各种角度对人类情绪识别进行研究。《科学》杂志曾经发表的一项研究表明："知面"也未必能"知心"，如果缺乏相应的身体语言，人们其实无法单纯通过"察言观色"来准确地判别他人的心情。而且，微表情消失得很快，比你的反应速度还快，在你反应过来之前它就消失了，你就会怀疑自己是不是看错了。连有没有看到都不敢确定，又怎么可以用自己不确定的东西来预测对方的想法呢？

2. 情绪的维度

传统情绪分类方式的一个问题是我们很难把几种相似的情绪区分开来，不同情绪的主观体验、生理唤醒和行为倾向可能差别不大，例如人对幸福和快乐的主观体验有很大的重叠，愤怒和紧张都会使人心跳加快，人在恐惧和害怕时都会想逃开。不同的情绪也常常呈现高度的相关，例如恐惧与愤怒存在着正相关，活力与愉快存在着正相关。所以，情绪是一个连续体上的点，而非一些离散的单元，所有情绪都会在愉快与不愉快、兴奋与平静、紧张与松弛等维度之间变化。

按照愉快与不愉快的情绪维度，并结合人们的主观体验，可以将情绪分为积极情绪和消极情绪。积极情绪就是正性情绪，是指个体由于体内外刺激、事件满足个体需要而产生

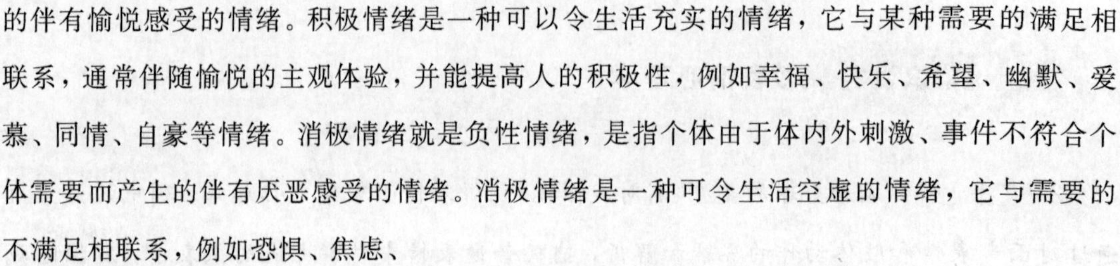

的伴有愉悦感受的情绪。积极情绪是一种可以令生活充实的情绪，它与某种需要的满足相联系，通常伴随愉悦的主观体验，并能提高人的积极性，例如幸福、快乐、希望、幽默、爱慕、同情、自豪等情绪。消极情绪就是负性情绪，是指个体由于体内外刺激、事件不符合个体需要而产生的伴有厌恶感受的情绪。消极情绪是一种可令生活空虚的情绪，它与需要的不满足相联系，例如恐惧、焦虑、

3. 情绪的状态

根据情绪的强度、持续性和紧张度可以把情绪状态划分为心境、激情和应激三种状态。

心境是一种微弱、平静而持久的情感体验，具有弥散性的特点。它会在某一段时间内影响一个人的全部行为和生活，使人的语言和行动都染上一定的情绪色彩。古人所说的“忧者见之而忧，喜者见之而喜”，正是对心境的概括描述。引起心境的原因有很多，可以是生活中的重大事件，例如事业成败、工作顺利与否，以及与周围人相处的关系等；也可以是人的健康状况、疲劳程度等生理原因，甚至是天气、环境等自然因素。抑郁症就是心境障碍的一种表现。

激情是一种猛烈的、爆发式的、短暂的情绪状态，狂喜、愤怒、绝望等都属于这种情绪状态。在激情状态下，人的意识范围缩小，控制自己的能力减弱，不能约束自己，不能正确地评价自己行为的意义和判断自己行为的后果，因此常常导致冲动行为。引起激情的原因与一个人生活中的重大事件有关，尤其会在事与愿违、对立意向冲突时发生。另外，内心想法的过度抑制也会引起激情状态。

应激是在出乎意料的紧张情况下所引起的情绪状态。人们在遇到突如其来的紧急事故，例如地震、火灾等时就会处于应激状态。当人遇到紧急情况时，可能会有两种表现：一种是目瞪口呆、手足无措，陷入一片混乱之中；一种是急中生智、沉着冷静，行动有力，及时摆脱困境。应激状态下，人的整个机体都动员起来了，如果长期处于应激状态下，对机体的健康是不利的。但是，如果让人长期处于“死水一潭”似的平静生活中，同样会使机体加速衰退。所以说，人的进取心和努力状态对机体是有益的，而不求上进、无所事事的生活状态对机体是有害的。在生活、工作、学习节奏上比较紧凑的人，大多常常处于充实而愉快的心境状态。

自我测试：情绪稳定度测验

第二节　消极情绪的意义

了解完了情绪是什么，接下来我们重点谈谈消极情绪。我们先看一个案例："小R进入大学后，本以为会比高中轻松很多，然而学习的压力以及对未来的迷茫，使她经常感到焦虑。她以为让自己每天忙碌起来就能避免焦虑，于是奔波于社团、图书馆以及各种各样的选修课。但焦虑还在不断加剧，她有时甚至感到头疼、胸闷，还经常把男友当作自己烦躁情绪发泄的对象。最后，她找到心理健康老师问：自己的消极情绪是不是一种病啊，该怎么治？"

很多人和小R一样存在偏见，认为积极情绪是"好"的情绪，值得去追逐，而消极情绪是"坏"的情绪，应当被消除。但实际上，积极情绪和消极情绪在个体进化过程中具有不同的适应意义，都是我们人类与生俱来的内在力量。美国积极心理学家弗雷德里克森(2002)提出，积极情绪有助于解决我们的成长和发展问题，而消极情绪有利于我们在生命受到威胁的环境中得以生存。有的时候，消极情绪才是"对"的情绪。例如，当遭受不公平对待时，愤怒就是对的情绪，它让我们奋起反击；当遇到生命危险时，恐惧就是对的情绪，它让我们及时逃离；当面对生离死别时，悲伤就是对的情绪，它让我们学会珍惜。因此，在适应的情境中所体验到的对的情绪就是好的情绪、健康的情绪。上面的例子中，小R的消极情绪是正常的。试想如果小R没有焦虑感，平日里不积极学习，考试前不抓紧复习，对未来从不未雨绸缪，那大学四年就会虚耗青春，将来可能后悔莫及。当然，凡事有度，过犹不及。

那么，如何应对消极情绪呢？

第一步，觉察情绪。

如果现在的你感受到消极情绪，那么你需要注意并感知它的存在。如果你无法确定现在有什么感受，那不妨找一个独处的时间问问自己：我感到平静吗？我感到不舒适吗？我感到不开心吗？我感到紧张吗？我感到害怕吗？诸如此类。真诚地觉察自己，真正地进入情绪，你很可能会收到即刻的认知反馈。例如你内心回答"是""不是"或"也许是"，与此同时，你的身体也会发生变化，你会接收到来自身体的生理反馈，例如你的胸腔、头部的感觉如何。将你的注意力——而不是你的思维，只是单纯的注意力、非概念的觉知——放在你的感受上。

第二步，接纳情绪。

每种情绪的背后都是一条认识自我的道路，它引导我们去抵达真实的自我，让我们有机会成长和成熟。你所感受到的消极情绪都是需要你去关注、去尊重和去接纳的内在需求。例如，小R需要告诉自己："我可以焦虑。"在这样的暗示下，情绪张力就会下降，内心慢慢恢复平静。不要理性化思考，例如"我竟然头疼胸闷，自己太没用了"。压制、批判会引发内疚、自责、低价值感等更多的消极情绪，反而使当前的情绪变得越来越糟糕。也不要习惯性逃离，例如"让自己忙起来就能避免焦虑"。疏离、麻木以及其他与消极情绪保持距离的方法也会让自己的情绪越来越失控。很多时候，我们的痛苦并不是来源于消极情绪本身，而是来源于对消极情绪的抵触。

第三步，表达情绪。

很多人在表达消极情绪时使用发泄的方法，经常会伤己伤人并使问题升级。比如男友回电话晚了，小R因为着急就说"这么晚才回电话，你根本不在意我"，或者"你真的是无可救药了，要我说多少次你才能改掉"……这样的表达主语是"你"，一般都趋向于批评、指责对方，这会导致沟通无法实现，对方越来越想逃避，甚至最后关系破裂。健康的情绪表达其主语是"我"，重点在于表达真实的情绪。比如小R可以说"你这么晚回电话，我真的很担心"，或者"如果早点回电话会让我感到很安心"……这样的表达既呈现了事实，也陈述了感受，便于他人识别和理解自身的情绪。

第四步，调节情绪。

每个人都需要找到适合自己的情绪调节方法来缓和、转化或宣泄消极情绪，让自己体验到更多的愉悦感。我们可以通过生理应对策略和心理应对策略相结合的方法，使生理和心理两方面同时达到松弛效果。生理应对策略主要指放松技术，例如深呼吸、有氧锻炼、音乐放松等。心理应对策略包括日记写作、认知重建和创造性问题解决等，这些属于认知改变的应对策略，另外还包括沟通技巧、时间管理和决断训练等，这些属于行为改变的应对策略。例如，小R可以通过坚持每天跑步、多听舒缓的音乐、与朋友交流谈心等，将焦虑转化为动力，积极面对大学生活。

由此可见，情绪并没有好坏之分，都是我们的人生体验。不要隔离、拒绝或敌视"消极情绪"，我们需要尽可能地去拥抱它，让它成为真实自我的一部分。我们可以尝试问问自己：你最近感受到的情绪是什么？请尽可能精准地描绘它。

第三节　如何处理情绪困扰

有这样两个故事：

爪哇岛上生活着一个未开化的民族村落。有一天，村里发生了犯罪事件。村民们非常相信巫术，为了查清隐匿的罪犯，就特意请来了一名巫师。巫师暗自忖度："如果查不出这次事件的罪犯，以后谁还会相信我呢？”于是，他想出了一个主意：他让所有的嫌疑人喝下自制且无害的药水，并谎称这是一种可以鉴别好坏的“神奇法液”。那些清白的人，坚信“法液”不会伤害自己，大胆地全部喝完，过段时间后也安然无恙。但真正的罪犯却陷入了无尽的绝望，由于长期恐惧不安，他的身体状况急转直下，看起来就像“法液”在起作用。就这样，这个人没多久就病死了。

有两个胃部长肿瘤的患者到医院就诊，忙乱中医生将诊断书拿错了。胃癌患者拿到了被确诊为良性肿瘤的诊断书，而良性肿瘤患者拿到了被确诊为胃癌的诊断书。前者非常高兴，顿时对生活充满希望，食欲渐渐好转，睡眠质量改善，半年之后居然完全康复。而后者看完诊断后，陷入深深的绝望，每日忧心忡忡，精神变得萎靡，以致茶饭不思，在半年之后郁郁而终。

从这两则故事可以看到，消极的情绪会对我们的身体和精神健康造成损害。中国文化里有不少关于情绪影响健康的总结和描述。我国古代就有“内伤七情”之说，认为一个人的“喜、怒、忧、思、悲、恐、惊”七种情绪过度时就会产生生理疾病。例如，《黄帝内经》指明“喜伤心”“怒伤肝”“忧伤肺”“思伤脾”“恐伤肾”，并提出“百病生于气也。怒则气上，喜则气缓，悲则气消，恐则气下……惊则气乱，劳则气耗，思则气结”。

现代医学也证明，有些疾病的发生并不是器质性的病变，而是与精神状况不佳、情绪状态异常有关。经常、持久的消极情绪所引起的长期过度神经紧张，会导致心身疾病。例如高血压：如果人的不良情绪反应不断发生，就会首先产生间歇性高血压，之后就转为顽固性高血压，或引起神经系统功能紊乱、内分泌功能失调、免疫功能下降，等等，并可能转变为精神障碍或引起其他器官系统疾病。再如癌症：大量研究表明，充满压抑、心理矛盾、不安全感和不愉快情绪体验的人，免疫力减弱，容易患癌症。最新科学研究发现，经常忍气吞声、“有泪往肚里咽”的人得癌症的概率是一般人的三倍。忍气吞声型的人，往往过度克制自己，压抑自己的悲伤、愤怒、苦闷等情绪，不给自己宣泄的机会。恶性情绪的累积会导致内分泌紊乱，降低人体免疫功能，从而给癌症以可乘之机。另外，睡眠障碍、心律失常、神经性皮炎、消化性溃疡、偏头痛和紧张性头痛等都与消极情绪有关。

每个人的情绪都会时好时坏。识别并调节自己的情绪，也就拿到了开启快乐之门的钥匙；反之就会成为情绪的奴隶，沉浸在焦虑、抑郁、愤怒、悲伤、沮丧等负面情绪中无法自拔，也就被卷入了痛苦的黑洞。英国诗人约翰·弥尔顿说：“一个人如果能够控制住自己的情绪，那他就胜过国王。”善于调节自己情绪的人就是自己的国王，可以拥有属于自己的快乐王国。我们接下来看看几种常见的不良情绪，并向你提供有用的应对方法，希望给你带来帮助！

一、愤怒

美国心理学家托马斯·摩尔在其著作《灵魂的黑夜》中说："当人们清楚明白地表达出愤怒的情感时，它就能为一个人和一种关系作出很大贡献。"愤怒有好坏之分，好的愤怒可以帮助我们捍卫权利与自由，维护尊严与价值，去反抗不合理的现实和对待。古希腊哲学家毕达哥拉斯说："愤怒以愚蠢开始，以后悔告终。"事实上，人们在生活中体验到的更多的是坏的愤怒。

愤怒的研究越来越受到心理学家的重视，其中一个原因是社会暴力事件的显著增加，尤其是青少年暴力事件。第二个原因在于，坏的愤怒与大量负面的生理后果、情绪后果和行为后果相联系。愤怒也常常被认为是学校问题、职业困难、家庭暴力以及婚姻冲突等的原因。很多研究表明，愤怒情绪与心理健康、人格和人际交往等心理和行为都有密切的联系。

1. 愤怒的表现

愤怒是人的一种重要情绪，一般是个体在遭遇攻击、羞辱的刺激下，感受到愿望受压抑、行动受挫折、尊严受伤害时所表现出来的一种情绪体验，个体在体验到这种情绪时往往伴随着典型的身体特征和生理反应，并产生敌意心态，甚至有报复和攻击性行为。

1）身体表达和生理反应

人在愤怒的时候有着特殊的身体表达。儿童或精神病患者在愤怒的时候会表现出：血冲到脸部和头顶，眉头紧皱，瞳孔收缩，冒火的双眼似乎要从眼窝里凸出来，鼻孔一张一张，嘴唇翘起，牙齿露出，发出咆哮声。大多数成人在生气时会表现出：眉头紧皱，双目圆瞪，鼻孔扩张，牙关紧咬，肩膀和整个上身都向前倾。

从能量的角度分析，恐惧与愤怒可以看作是紧急事件情境的两个阶段，恐惧是"聚集阶段"，而愤怒是"释放阶段"。恐惧的表达意味着紧急事件的开始，严格地说只是一种印象；愤怒的表达则是能量释放的开始，其方式是用威胁性或侵犯性行为扫除紧急事件所代表的障碍物。

愤怒引起的生理征兆可以概括为：心脏怦怦直跳，喉头或胸部发紧，消化滞胀或饥饿，过敏性肠道综合征的某些症状，脑后部刺痛，胸部、心脏部位的疼痛感，头痛，体内的烦躁感等。尽管这些生理症状让人不适，但如果愤怒得到正确的认识而不是被抑制，它们就会变弱。现在的一些研究表明，愤怒明显与高血压、冠心病以及癌症等生理疾病相联系。另外，愤怒也常常是抑郁、焦虑等的临床征兆。

2）敌意心态

我们这里所说的不是致使向他人开枪射击、行刺或其他暴行的愤怒。我们所讲的是日常生活中许多完全正常的人，在思想和行为上表现出来的生气、恼怒和激怒。敌意就是对他人的价值观不屑一顾，常容易产生愤怒，并倾向把愤怒发泄到他人身上。有敌意的人倾向于看到他人动机与意图的阴暗面，他们会被他们敌意对待的人或事迅速惹恼，而没有敌意的人更多地会以平静的心态、理智的方式去应对相同的人或事。人们表达愤怒的方式可以是向外的(对外界发怒)，也可以是向内的(对自己发怒)。也就是说，面对困难，我们可能会自责，也可能责备他人。

3) 攻击和报复行为

报复更有可能让你变得更加易怒，比原来更小的一些事由就会让你暴跳如雷。许多心理学研究证实，当你对某人感到愤怒的时候，攻击或伤害对方并不会让你糟糕的情绪平复，而只会激化你的负面情绪。所以，报复不会结束仇恨，只会火上浇油。理智而安全的做法是克制自己的情绪，至少等到愤怒渐渐平息，你可以更加理性地思考冲突的本质，思考如何解决问题。在一般情况下，与你的愤怒对象进行沟通，建设性地说明问题，并告知你的感受就足以解除紧张状态。

2. 愤怒的根源

1) 遗传和环境的相互作用

愤怒是本能的，具有原始性。这一点可以从情绪的生存价值中得到解释。尽管愤怒情绪的身体表达和生理反应是与生俱来的，但应对愤怒的方式同样也是可以习得的。有研究指出，敌意倾向可能是遗传和环境共同作用的结果。对日常生活事件倾向于在生理上、情绪上和行为上有过激反应的父母，他们的孩子更可能继承父母的不信任和敌意。尽管先天遗传毫无疑问在敌意形成中起着作用，但社会学习所起的作用更为重要。例如，当孩子被陌生人抱起来的时候，他又哭又闹，脸上表现出讨厌、紧张或愤怒，成人可能会不再那么亲切并放下孩子，这又证实了孩子对这个世界是不友好的、难以预测的而又充满敌意的看法，进而导致他以后的社会疏远行为、敌意甚至公然愤怒，并这样恶性循环下去。

2) 对其他情绪的一种掩饰

什么情景下我们会发怒？当觉察到所珍视的东西受到某种形式的威胁、破坏，或阻碍时，我们就会发怒。通常我们认为他人以某种方式侵犯了我们，或对我们做了某些不应当做的事，使我们感觉到自我观念、所有物、计划和目标、生活方式被侵犯时，我们会愤怒。当发现自己被别人利用时，我们很愤怒。如果他人没有给我们足够的关注，也会引发我们的愤怒。别人没有按照自己的要求做时，也会产生愤怒，如父母对不听话的孩子发怒。当我们看到他人受伤害时，我们也会产生同情性愤怒。忌妒和吃醋也会引发我们的愤怒。

上述这些情景，事实上都引发了我们其他的一些情绪体验：沮丧、恐惧、自我怀疑、感到被排斥和孤独、防御、罪恶感、受伤害。因此，愤怒常常是一个继发的情绪，是对先前更强烈情绪的一种掩饰。那种更强烈的情绪由于某种原因，我们把它隐藏起来了。愤怒通常是由知觉到的危险、沮丧或不公正行为引起的反应。大概最难进入意识的是已经暴露的、被证明是错误的、被质问和怀疑的愤怒。它们是对自我价值的威胁。威胁越大，潜在的愤怒越强。

3. 愤怒的管理

我们有权利有自己的任何感受，愤怒当然也不例外。我们管理愤怒情绪的目的不是平息愤怒，或怀疑它的合理性，而是要弄清楚愤怒的症结所在，以便采取无害但有成效的方式。

对于愤怒情绪，我们有两种不当的表达方式。一是压抑愤怒，觉得生气却不表达出来，把愤怒埋藏在心底，任它发霉腐烂。但是，把愤怒强行压抑下去是行不通的，因为压抑的愤怒不会消失，它会以头痛、抑郁、无缘无故的嫉妒等形式表现出来。二是宣泄愤怒，指以毫不控制的方式爆发或者因微不足道的原因发泄愤怒。这种愤怒也许暂时让你获得你需要的结果，但从长远看，你得到的是与他人恶劣的关系。肆意地宣泄愤怒更会导致更频繁、更强烈的愤怒，进而形成恶性循环，攻击与报复行为就是如此。

一定的克制和宣泄是积极的。但过度的愤怒，尤其是对他人造成伤害的暴力行为是不正常的，也永远不会被接受。那么，应该如何控制对自己和他人都有害的过度愤怒情绪和行为呢？当大多数人在考虑控制愤怒时，他们的第一个问题通常是“我应当表露出来，还是放在心里”。这确实非常重要，这个问题需要把它放在控制愤怒这一更大的背景下来考虑。

1）预防消极愤怒

消极愤怒是有害的，并且它是个人生活经历中几乎可以避免的部分。以下是几点预防消极愤怒的建议：

（1）以一种耐心、宽容和积极幽默的心态开始每一天。使用如下这些自我对话：

——这是不是真的值得生气？

——对难应付的人我仍能保持冷静。

——我尊重他人的观点和行为的多样性。

——不管发生什么我都会很好。

（2）保持健康的“缓冲器”：锻炼、营养、睡眠、健康的娱乐。

（3）学会主动倾听。

(4) 诚实且能及时地表达自己的感情。

(5) 必要时避开引起烦恼的事情。

2) 辨认消极愤怒

(1) 做一个长且深的呼吸。

(2) 质疑消极自我对话，问一下这些问题：

——我为什么生气？

——问题是什么，是谁的问题？

——我怎样才能既表达愤怒，同时又不会给自己带来无助感和无能感？

——我生气时如何才能不攻击他人、不自我防御，而是清楚地表达自己？

——如果我将自己的意思表达得更清楚、更肯定，我会遇到什么样的麻烦？

——如果发怒于事无补，我将采取怎样的策略？

3) 有效地处理消极愤怒

(1) 减少以下破坏性的反应：

——内部愤怒，即压抑；

——外部愤怒，即爆发；

——说恶毒的话；

——向无关的旁观者发泄。

(2) 使用建设性的选择：

——与使你愤怒的人一起讨论；

——与别人讨论；

——通过自我对话化解；

——通过锻炼发泄；

——将恼怒的力气转向积极的活动；

——采用积极行动来补偿；

——把消极的愤怒转变为积极的愤怒；

——用无害的方式表达愤怒。

知识百科

发怒前，试着与自己对话

我们可以画一张表格，列出所有我们决心不再为之发怒的日常情景，并为每个情景分别构思一句缓和性语句，用以平息自己已升到嘴边的怒火，例如，像表 6.1 一样。

表 6.1 对话表格

序号	容易导致我发怒的日常情景	容易导致我发怒的想法	可以用来替换该想法的缓和性语句
示例	夜深了，我很困想睡觉，但室友还在打游戏，而且还时不时发出很大的响动	他/她完全不考虑别人的感受，真是一个自私的家伙	也许他/她沉浸在游戏中而不自知，我也确实没有明确向他表达过我的想法，我可以试着和他/她谈一谈
1			
2			
3			
……			

拓展阅读："愤怒过度"与"愤怒缺失"

二、焦虑

焦虑是人类生活的一部分，你肯定曾在生活的某个时刻或多或少地体验过烦躁不安、心神不宁、紧张害怕、无法入眠等感受。心理学家罗洛·梅说过："人们几乎在人生的每一个十字路口都会遇到焦虑问题。"中学生担心自己能否考上重点高中，高中生担心自己能否高考顺利，大学生担心未来的工作与生活能否如意幸福，工作的人担心自己会不会被排挤或裁员……人活一世，有谁能不经历一丝困扰？

事实上，当我们感受到"局限"的时候，焦虑就会产生。按照存在主义哲学，只要你渴望触及人类、社会乃至世界的真相，那么你会一直焦虑下去。因为不管成长到哪一层次，你一定会发现新的局限性，这时焦虑就会产生。所以，一个人越深入这个世界，就越明白自己的无知。这时，人们可以通过焦虑发现人生的局限性，然后或者越过它，或者化解它，或者超越它。从这一点而言，焦虑是推动我们认识世界、认识自我的动力。适当的焦虑，对保持警觉性，激发积极性都有好处，可以促使你鼓起勇气去面对即将发生的未知。但是如果焦虑过头，以至于达到焦虑症，这种情绪就会起到相反的作用——它会伤害你的身体健康，妨碍你去应对、处理眼前的危机，甚至还会严重影响你的日常生活。

1. 焦虑的表现

1）焦虑的情绪体验

焦虑是一种烦躁急切、提心吊胆、紧张不安的心境，是一种没有明确对象和具体内容的恐惧。被焦虑情绪困扰的人整天惶恐不安、提心吊胆，总感觉似乎大难就要临头或者危险迫在眉睫，这些人明知道实际上并不存在什么危险或威胁，但不知道为什么自己就是如此不安。这种体验常常被称为漂浮焦虑或无名焦虑。情绪是不愉快的，往往带有抑郁色彩，并且变得易怒、不耐烦、脾气暴躁、灰心丧气等。对于焦虑，心理学有这样的总结："焦虑是对恐惧的恐惧，对担忧的担忧。"

2）焦虑的身体表现

我们可以把焦虑反应看作是带有不愉快情绪色调的正常的适应性行为，把它们描述为包含着对危险、威胁和需要特别努力但对此又无能为力的苦恼的强烈预期。在身体上，焦虑表现为自主神经活动增加，血压心率增强，皮肤出汗、面色苍白、嘴发干；呼吸加深、加快，肌肉失去弹性；尿频尿急等自主神经功能紊乱。如果这种状态持续相当长的时间，那么坐立不安的行动就开始出现，而且会使消化和睡眠受到影响。

2. 焦虑的原因

心理学家对焦虑的潜在因果关系做了很多探索。不同的心理学流派对焦虑的来源有着不同的解释。

1）焦虑来源于潜意识冲突

心理动力学派认为焦虑产生于潜意识过程和个体的内心冲突。按照弗洛伊德的自我理论，焦虑是一种来自自我的情绪，起源于本我与超我之间的冲突（如性本能冲动与性道德约束）。焦虑说明个体潜意识中存在危险信号，为了回应此危险，自我才自动运用一系列的防御机制（回避异性），以防止那些不为人所接受的欲望和冲动进行到意识层面来，而作为信号的焦虑不能激发自我防御或防御失败时，个体就会出现持续的焦虑状态或其他神经症的症状（对性行为的恐惧或无节制的手淫），所以焦虑既是冲突的产物，又是自我为消除冲突所作的努力。

2）焦虑是障碍性习得的结果

行为主义认为一些人之所以患上焦虑症，是因为他们把某个并不会引起焦虑的东西与恐惧联系起来，并通过将它与其他环境或者物体联系起来从而强化了这种恐惧，进而形成了尽量躲避这种令其感到恐惧的物体的习惯。例如，如果一个小孩被另一个小孩摁到水里，那么她可能会对水产生恐惧。当她靠近水（如坐船或过桥）时，她就会感到焦虑不安，而当她避开这些情景时，她的焦虑感则会减轻。

行为主义理论家认为，焦虑是通过操作性条件作用才得以维持的。例如，当患强迫症的人重复地进行某种行为时，这种重复会减少他原先的恐惧感，原因在于预料之中的结果并没有发生。当某些摆脱不了的思想或者图像出现时，人们的焦虑程度将会增加，然而如果人们开展某种行动或者进行某种思考时，焦虑的程度将会减轻。于是，强迫行为得以形成并加强。

3）高估情境的危险性导致焦虑

在焦虑的认知理论中，对某种情境的错误解释，尤其是高估情境的危险性被认为是导致人们患上焦虑症的主要因素。心理学家艾伦·贝克指出，那些患有社交恐惧症的人更在意自己在别人面前的表现，对别人的反应或者批评过分敏感。贝克同时也指出，那些经常经历恐怖事件的人会过高地估计他们所经历的情感体验所具有的意义，例如他们把心跳加速看作是心脏病或者其他身体健康问题出现的征兆。他还认为，这些人正确理解和解释情感体验的能力是非常有限的，当焦虑症状出现时，他们作了一系列错误的解释，并且对这种威胁作出了过高的估计，这不仅导致他们身上的症状更加明显，而且也提高了恐惧症发作的可能性。

同样，患有其他焦虑症的人对威胁或者消极后果也进行了过高的估计。例如，那些患有广泛性焦虑症的人认为他们没有办法处理那些具有危险性的事件，而那些患有强迫症的人则认为如果他们不以特定的方式重复性地做某个动作，那么他们将受到伤害。

3. 焦虑的控制

一些人在特定的情境下才会感到焦虑，而另一些人在任何时候都会感到一定程度的焦虑。要想有效地控制你的焦虑，你需要了解自己对引发焦虑情境的反应是什么，明确你与之相关的关注点有哪些，以及你曾经做过的应对焦虑的努力有哪些。你也需要学习一些处理和消除焦虑症状的技巧，愿意以不同方式行事，并坚持下去和承担改变。

1）找出与焦虑有关的问题

为了找出可能与焦虑有关的问题，你必须更为关注自己内心的想法。因为你的想法会影响你的情绪和行为。请仔细想一想，你是否具有下面的一些信念或行为模式：

(1) 感到自己强烈地需要得到别人的认可。得不到别人的认可会导致挫败感，长此以往甚至还会产生怨恨，而挫败和怨恨可能会对促进慢性焦虑和持续紧张产生强烈影响。

(2) 有强烈的控制欲。你是否为自己如何出现在众人面前而担心？你是否因为你没能控制住局面而觉得自己是弱者和失败者？

(3) 倾向于完美主义者且自我批判。你是否觉得你所做的从来就不够多或不够好？你是否经常批判自己所做出的努力，并且感到来自追求成就的持续的压力？

这些信念和行为模式是非理性的。如果你被这些信念或行为所困扰，那就预示着你将经历焦虑和低自尊。你需要改进你与自己和他人的无效的和功能不良的关系模式。

2）改变不良的关系模式

如果你希望从满足关系需要中获得最好的感受，那么你首先要将自己调整到最好。

(1) 客观地看待他人的认同，并且不靠它来评判自己是否有价值。同样，要学会用客观的方式应对他人的批评。任何人都有资格表达他们的意见。如果他们提供了对你有益的信息，你就加以采纳。反之，你完全可以不予理会。

(2) 发展现实的期望和限制。改变“你的价值是建立在你所取的成就之上”这一信念。一旦你有了现实的目标，你将有足够的时间去从事其他必要的个人活动，例如做一些让你感到愉快的事情或者与你喜欢的人共度时光。

(3) 认识到并非一切都是完美无瑕和可以预知的，学会接受和忍耐你无法改变的现实。相信大多数问题最终都能得到解决，如果这个问题你没有任何控制权，那就“由它去吧”。

3) 应对焦虑的行动

(1) 学习放松技能：大部分人可以通过渐进式肌肉放松训练获得放松感。放松技能包括：静思、深呼吸、视觉想象、身体扫描法，以及简式渐进肌肉放松法。你可以学习一种最适合你的放松技能。

(2) 运动：有氧运动，特别是散步，可以缓解肌肉紧张，提高肌体活力并促进睡眠。将这种焦虑缓解策略持续几周后你就可以体会到散步带来的好处。

(3) 记日记：日记是宣泄你情绪和想法的良好工具。让“添堵的东西”憋在心里会使你精力憔悴，写下你的想法和感受也即是澄清了问题，同时它能监控你为缓解焦虑而作出改变的意志力，确保承诺得以实现。

(4) 发展自我培育行为：除了照顾他人的需求，也请做些让自己感到高兴的事情吧。

当然，你还可以尝试很多可以帮助你缓解焦虑的方法，如训练积极的自我对话，利用你的社会支持系统(如父母、好友、爱人)，努力进行时间管理等。如果你已经制订了管理焦虑的计划并且坚持实施，你的感觉一定会更好。

知识百科　远离“消极完美主义”

先看这样一个故事：一个圆环被切掉一块，圆环想使自己重新完整起来，于是就到处去寻找丢失的那一块。可是由于它不完整，因此滚得很慢。它欣赏路边的花草，它与昆虫聊天，它享受温暖阳光。终于有一天，他发现了非常适合的小块。它高兴极了，将小块装到自己的身上，终于变成完美的圆环了。它飞快地滚动起来，以致无暇享受以前的快乐。当它发现飞快地滚动使得它的世界不再美好时，它努力使自己停了下来，把那一小块重新放到了路边，再次缓慢地向前滚去。仔细想想，缺憾不也是一种完美吗?

完美主义是虚幻的另一个代名词。世界上本来就没有完美的事物，就连科学赖以发展的公理，也总是依赖某某假设或某某前提。在心理学上，具有“消极完美主义”的人存在比较严重的“不完美焦虑”。他们做事犹豫不决、过度谨慎、害怕出错，过分在意细节和讲求计划性。为了避免失败，他们将目标和标准定得远远高出自己的实际能力。可以看出，消极完美主义的突出特点不是“追求完美”，而是“害怕不完美”。大量的研究证实，消极完美主义与强迫症有关。我们该如何克服“消极完美主义”？

（一）接受瑕疵

没有瑕疵的事物是不存在的，盲目追求一个虚幻的境界只能是徒劳无功。即便是失败，也可以丰富你的人生。不要为了一件事未做到尽善尽美的程度而自怨自艾。

（二）认识自我

要在自己的长处上培养自尊、自豪和兴趣，不要固执地拿自己的短处与人竞争。对自己不必太苛刻，要有点“我行我素”的气魄。任何一个人都很难让周围的人完全对自己满意，只要对得起自己的努力和真心，大可不必在意他人对自己的评价。

（三）合理目标

当你不再追求完美，而只是希望表现良好时，往往会取得出乎意料的佳绩。找到并努力做好一件自己完全有能力做好的事，你会变得心情更加轻松，做事更有信心，感到更多动力和创造力。

（四）学会排解

过分焦虑和紧张会影响一个人解决问题的能力。学会调节自己的情绪，保持健康规律的生活习惯，学会倾诉和寻求帮助，以饱满的精神状态去面对与解决问题吧！

自我测试：焦虑自评量表测试(SAS)

三、抑郁

抑郁在现代社会十分普遍，以至于被称为“心理感冒”。有些人认为，我们现在正处于一个“抑郁的时代”。多数人在人生的某个时间点上都会经历一定程度的情绪低落或者忧郁，这时整个生活似乎都是灰色的，似乎什么都不值得去做。这种情况通常表现为悲伤，它是对令人痛苦的境遇（例如经济损失、关系的破裂或者失去亲人和工作）所作出的正常反应。然而，这种忧郁的情绪如果持续数周或数月，就可能变成抑郁症。

1. 抑郁的表现

一个人在抑郁状态下通常会出现的情绪包括悲伤、内疚和失望。处于抑郁状态下的人也会经常有过度的兴奋、激动和焦虑的情绪。遭受抑郁之苦的人会感觉到缺乏参加各种活动的动力，或者失去自己对先前所喜欢的东西的兴趣。当抑郁变得更加严重时，这些人可能会不想吃饭、不去工作或者不在意自己的表现。严重的抑郁症有时会使人不想再活下去，他们将陷入沉思，甚至会自杀。

抑郁症对人的思想的影响包括犹豫不决、注意力不集中和思考速度减慢。处于忧郁之中的人经常会有消极的想法，包括自我批评(即认为自己是失败者)，认为其他人并不理解他们或者正在惩罚他们(例如朋友们应该在打电话的时候没有给他们打电话)，而且对未来不抱任何期望，结果导致意志瘫痪。

抑郁症也会导致一个人精神活动发生变化。抑郁通常可以从一个人的运动行为和身体姿态直接“读出来”。迟滞的抑郁是最常见的模式，这种模式的患者似乎因为疲乏而没有了活力，身体蜷曲、运动缓慢且小心翼翼，手势少得不能再少，说话缓慢且犹豫不决，回答问题前有很长时间的停顿。在严重的情况下，患者可能还会陷入沉默恍惚的状态。

抑郁症会使生理机能发生一系列的变化，例如食欲增加或减少、疲劳或者过度疲劳，以及性欲下降。失眠症也是抑郁的一个极为常见的特征。醒得过早，然后又难以入睡，或者会在夜间不断地醒来。估计有 90％处于抑郁状态的人会受到睡眠混乱的困扰。

请注意：如果某个人的忧郁情绪所持续的时间超过了两个星期，并且感到非常沮丧，那么可能要考虑重度抑郁障碍的可能性。

2. 抑郁的缘由

你为什么心情如此恶劣？是什么让你感到如此绝望和无助？是什么让你无法从任何事情中感受到快乐？又是什么让你觉得如此疲惫和无力？抑郁情绪到底来自哪里？

1) 抑郁是对丧失的一种反应

心理分析理论认为，抑郁是一种对丧失的反应，个体目前生活中的失落经验(他们认为在学校里没有取得好成绩、在工作中没有得到晋升或者提高工资等)，引发了隐藏在潜意识中童年早期生活经验的痛苦，如自幼丧父或丧母、自幼在家庭中得不到父母的疼爱、在同伴中被欺侮、父母在家庭中偏爱其他孩子等，都会给个体留下痛苦的童年经历。这些童年经历在成长过程中被压抑下来，当个体面临困难与挫折而失败时，其失落感会较为严重，这种丧失与愤怒会转向个体的内部，个体会认为自己是无用的、差劲的、无能的、无价值的，这种自责正是抑郁的特性表现。

2) 抑郁是“习得性无助”的结果

行为主义认为抑郁是习得的，是由现实生活中正强化的减少或者缺乏导致的。缺乏充分的正性强化，一个人会感到悲哀和退缩。本书第二章中的“习得性无助”实验生动地说明了抑郁是如何被习得的。那些不断遭受电击的狗不能从电击中逃脱，他们就变得很消极，并最终放弃逃脱电击的努力。塞利格曼把这种反应与抑郁症的形成过程进行了类比。也就是说，如果抑郁症患者相信或者发现他们几乎无法控制自己的命运，那么他们将变得很消极。换句话说，一个人如果长期无法获得成功的经验，以及从成功经验中体验快乐，就无法建立自信心与自尊心，也就没有动力来学习如何面对困难与挫折。

3）消极认知导致抑郁

认知理论认为，抑郁症是人们对自身、世界以及未来作出错误解释所导致的结果。抑郁症患者经常以消极的心态来看待这些错误认知。例如，虽然他们的事业非常成功，并且拥有自己深爱的家庭，但是他们仍然认为自己是无用的、世界是无情的、前途是暗淡的。因为他们一贯且有系统地以负面看法判断事情，同时产生认知扭曲和消极的自我图式。如仅仅因为自己在测验中犯下一次错误就认为自己很愚蠢，忽视曾成功通过一次测验的事实，只在意他以前没有通过的测验。他可能会把这种情况进一步泛化，从而设想自己做任何事情都会失败。艾伦·贝克主张，抑郁的人有不同类型的消极认知，称为认知的三合一：

对自己消极的看法："我是一个失败者。"

消极的当前体验："我正在受到惩罚。"

对未来消极的看法："我永远也不会有光明的前景。"

这种负面思维的模式使所有的体验变得阴沉黯淡。一个总是预期负面后果的人不太可能有动机去追求任何目标，这就造成抑郁中的主导特征——意志的瘫痪。

4）生物学派的解释

几种类型的研究为心境障碍的生物学解释提供了线索。例如，针对躁狂和抑郁症状存在不同的药物，证实了脑中两种化学物质(5-羟色胺和去甲肾上腺素)水平的降低是与抑郁相关联的，神经递质水平的提高是与躁狂相关联的。

此外，越来越多的证据表明心境障碍的发生与基因因素有关。研究人员对家庭成员中抑郁症出现的频率进行了研究。这些研究表明，如果某人的双亲或者兄妹中有一人患有抑郁症，那么这个人患有抑郁症的概率要比其他人高出1.5～3倍。针对双胞胎的研究也表明，如果同卵双胞胎中有一个患抑郁症，那么另一个也患有抑郁症的概率高达75%。这些研究为基因在抑郁症形成过程中所发挥的作用提供了一些证据。

然而，多数研究人员同意下面的观点：虽然基因因素在抑郁症的形成过程中发挥了一定作用，但是还必须考虑其他的重要因素，包括在成长过程中受到过父母的过度批评和排斥、失去朋友或工作、处于充满压力或者容易造成创伤的环境中。

自我测试：贝克抑郁自评问卷(BDI)

3. 抑郁的调节

在生活中，如何预防抑郁，得了抑郁症后如何缓解与消除抑郁，这是大家都很关心的问题。事实上，那些我们在前面讨论的控制焦虑情绪时所用的方法、改变不良关系模式的方法和应对焦虑的行动都可以用来预防和缓解抑郁情绪。当然，如果你被抑郁严重困扰，那么接受专业人员的心理治疗，在其帮助和指导下勇敢面对抑郁，是你应该最先做的选择。

1）对抑郁症患者的建议

下面介绍美国国家精神卫生协会(2000)给抑郁症患者推荐的调适抑郁的几点策略：

(1) 认识无望、无用、无助和绝望是抑郁的症状。要知道，这些消极的感受并不反映真实的情况，只是你的感受。

(2) 寻求专业治疗。大多数抑郁症患者通过心理治疗、药物治疗或是两者结合都会有实质性的改观。

(3) 为抑郁设立现实的目标，把大的任务划分为小的，设立优先项，做你当时能做的事。

(4) 试着和他人相处，和某人谈心，不要自我封闭。

(5) 参加那些使自己感到更加开心的活动。

(6) 做些轻松的事，如看电影、参加球类运动，或参加对别人有帮助的社会活动。

(7) 用积极的思考来代替属于抑郁部分的消极思考，当你的治疗产生效果时，消极思考也会消失。

(8) 让你的家人和朋友来帮助你。

2）对抑郁症患者朋友和家人的建议

对于抑郁症患者来说，家人和朋友的支持非常重要，因此如果你是抑郁症患者的家人或朋友，以下几点建议对你会有帮助：

(1) 帮助患者获得规范的诊断和治疗，督促患者按时服药，并鼓励患者持续接受治疗直到症状消失。

(2) 提供精神支持，包括理解、耐心、爱心和鼓励。

(3) 邀请抑郁症患者参加一些活动，即使被拒绝，也要不断坚持。

(4) 鼓励抑郁症患者参加他们曾经喜欢的活动，但不要一下子让患者参加太多的活动，要求太多可能会增加失败感。

(5) 不要指望他们能迅速好转，要让患者相信，经过一段时间和在他人的帮助下，他们会好转。

在自助抗抑郁策略中，运动被认为是一种有效的免费抗抑郁的方法。爱好慢跑、快走、骑自行车的人可能会发现，每次自己在运动后会体验到一种愉快感和幸福感。科学研究表明，人在运动中，大脑内会分泌出一种物质叫“内咖肽”，这种物质会帮助人体保持年轻快乐的状态，同时使个体变得更加敏感，可以从食物、爱人、朋友的友谊那里体会到更多的快乐。被抑郁情绪困扰的人缺乏获得快乐的能力，同时脑海中总是出现自动的负性思维，如我没有价值、我不值得爱、我是病人等。而在运动中，个体愉快感的产生、正性思维的出现，都与抑郁个体的感受相反。

杜克大学的研究者们做过这样的一个实验，将慢跑与服用左洛夏(一种已普及的，有效的抗抑郁药)的两组抑郁病人进行比较，四个月后，他们发现接受两种治疗法的病人都有同样的抗抑郁效果。抗抑郁药物与定期练习慢跑相比，并没有特别的优势。即使同时结合药物和慢跑，也没有增加病人的抗抑郁效果。然而，一年之后，两种治疗的效果出现了重大的差别。服用左洛夏的抑郁病人，超过 1/3 的人旧病复发，可是在指导下慢跑的人，92%仍然情况良好。即使实验结束后，慢跑者仍然愿意保持运动。

为了能有效地抵抗抑郁，运动要做到以下几点。首先是要定期运动，每周最少 3 次，每次不能少于 20 min。只有定期的运动，才能获得运动的愉悦感。有的人喜欢要么不动，要么狂动，这样的运动法对抵抗抑郁帮助不大。其次是要选择一种自己感兴趣的运动。运动的方式没有限制，慢跑、快走、跳舞、瑜伽、打球、游泳……只要自己感兴趣，并坚持即可。最后是最好多人一起运动。大部分的研究显示，群体一起运动往往能起到督促的作用，比一个人运动更能持久。

微课视频：你了解抑郁症吗？

第四节　做一个“高情商”的人

压制情绪是健康的吗？你曾经在公共场合对朋友发过火吗？因同学的不当言辞而感到难堪吗？在公共场合，人们通常能很好地压制自己的情绪表露。但是，尽管压制情绪使我们在外面看起来更冷静镇定，但这种表现却付出了很大的代价。通常压制情绪的人不能很好地应对生活，而且更容易抑郁。相反，将自己的情绪表达出来的个体在情绪和身体上都会更好。因此，通常来说，对情绪进行管理比对其进行压制要好。

情绪管理指人们主动地调整自己的情绪，使自己能够在适当的时间和适当的场合，对适当的对象恰如其分地表达情绪，达到内心世界与外部环境的平衡，从而保持身心健康。这也是个体管理和改变自己或他人情绪的过程。在这个过程中，通过一定的策略和机制，使情绪在生理活动、主观体验、表情行为等方面发生变化。情绪管理不仅是维护身心健康以达到对社会良好适应的手段，也是一个人获得幸福感的重要方式。

一、有趣的情绪管理理论

1. 理性情绪理论

理性情绪理论是心理学家亚伯·埃利斯提出的心理理论。这一理论认为：人的认知分为两种，理性认知与非理性认知。理性认知是指人们对客观真实世界的正确认识，非理性认知是指人们对客观世界持有的不正确的想法与信念。认知是人在事物与情绪行为反应中间的重要变量，人的理性或非理性认知影响着情绪和行为。情绪并不完全是我们对环境状况的反应，同时还深受我们对环境的看法、解释、态度及信念的影响。

理性情绪理论强调用“认知”来管理情绪，用理论来改变我们对事实的解释并且了解我们受挫的原因，以此来增加情绪管理能力。理性情绪理论认为，情绪宣泄可能会使我们一时的感觉好一点，但从长期来看，情绪宣泄并不能使我们下次面临同样的情形时情绪有所改善，反而还可能产生负性情绪。所以，要从根本上管理好自己的情绪，我们就需要反思我们的想法，与不合理的信念进行辩论，进而调整自己的不合理的信念使之变成合理的。辩论的步骤为：接受已产生的情绪，接受拥有这些情绪的自己，确定需要改变的认知并进行辩论，改变自己的认知并转换为合理的想法。我们的想法经过理性情绪理论分析和处理后，负性情绪的强度会大大降低。

举例来说，张同学的室友用粗鲁的态度对待他，他觉得室友不尊重自己，这让他很不高兴，他生气了，发了很大的脾气。张同学用理性情绪理论来分析：我不喜欢自己发脾气，如果可以的话我宁愿自己不生气，但我又是一个免不了有情绪的人(接受已产生的情绪)；虽然我生气了，发脾气了，但并不表示我是一个糟糕的人，只能说明我是一个平凡的人，只要我不十分介意自己发脾气，这对我不会有太大的影响(接受拥有这些情绪的自己)；室友的态度确实不好，但他对其他室友也是这样，我希望室友改变态度但他也不一定会改变，用什么样的态度是室友自己的选择，他不一定会考虑我的感受，或者他也不一定会意识到他的态度伤害了我，如果我坚持室友一定要尊重我，也不一定能使室友改变，这样的坚持对我也不一定有帮助(确定需要改变的认知并进行辩论)；室友不一定就是不尊重我，室友不会因为我生气就尊重我，我继续生气对自己一点好处都没有(改变自己的认知并转换为合理的想法)。理性情绪理论正是通过这样的步骤，逐步改变自己对情绪的认识，以达到对消极情绪的控制。

2. 归因理论

归因指人们对他人或自己的行为的原因进行解释和推测的认知活动。本质上，它是一种社会判断过程，指的是根据所获取的各种信息对他人或自己的外在行为表现进行分析，从而推论其原因的过程。生活当中，同学之间对同一事情的看法往往不一致，这是因为对同一问题作了不同的归因。归因现象涉及工作、学习、生活的方方面面，对个人的人生发展和情绪管理有着重要的影响。

归因会对情绪产生很大的影响。日常生活中的同一件事会引起两类行为反应：一类是结果引起的情绪反应；另一类是对结果的归因引起的情绪反应，对结果的归因不同，引起的情绪反应会不同。举例来说，两个女孩与各自的男友约会，可是两个男孩都失约了。一个女孩对此进行了内在归因，认为男友失约是因为不爱自己了，于是情绪很差。另一个女孩则进行了外部归因，认为男友失约是因为塞车或者工作忙，于是她虽然有些遗憾但情绪并没有受太大的影响。两个女孩不同角度的归因，内心感受和所产生的情绪完全不一样。

现实中，我们按照归因获得的信息来调整我们的情绪和行为。人们总有一种要弄明白自己为什么失败或成功的倾向，这种归因未必都是对的。但个人的归因却总是通过自信心、自尊心以及自身情绪态度的变化影响着我们今后的行为。归因对每个人来说都很重要，归因方式不当，我们就很难管理好自己的情绪，无法建立良好的关系。所以，当我们受到情绪困扰时，我们应该反省自己的归因方式，通过改变归因方式来改善情绪、管理情绪。

3. 视网膜效应

视网膜效应是指我们眼里所看到的事物与心里所想的东西往往密切相关。比方说，在学习中，如果某个同学是个爱嫉妒的人，那么他的眼里就只能看到竞争和冲突；如果是个自卑的人，那么他的眼里就只能看到别人的优点和自己的缺点。如果我们觉得某个同学跟我们不合作，那么在他做的很多事情里都能找到不合作的影子，因为这个时候我们的关注点就是不合作，事情一发生，我们就会无意识地去找他不合作的证据。

世界上从来都没有完美的人，也没有完美的事，关键是把自己的注意力放在哪里。我们的眼睛就像照相机的镜头一样，如果你把镜头对着鲜花，你就看到了无数的鲜花。就像我们经常听到的那句话一样：世界不是缺少美，而是缺少发现美的眼睛。情绪就是如此，看问题的积极方面，可以产生积极情绪；看问题的消极方面，催生的是消极情绪。所以我们要学会控制自己的注意力，调控自己的情绪。你的心情是在天堂还是在地狱，有的时候完全取决于你自己：学会看积极方面，可以产生好的情绪和积极的心态。

4. 钟摆效应

钟摆效应是指当一个人在某种情绪上降低了反应的强度时，其他的情绪强度也会同样的降低。消极情绪的强度降低了，积极情绪的强度也会相应地降低，就像“钟摆”一样，左右两边的摆动幅度总是一样的。比方说，有些同学因为压力大，受不了情绪的折磨，学会了“感觉麻木”，这是对自身的一种保护，短时间这样做是没问题的，但如果长期如此，对自身是会有损害的——不好的事情不会伤害到你，好的事情也不能使你高兴、满意和幸福了。这种情况就像是钟摆一样，左边低右边也低了，长期这样钟摆就不会走动了，永远停留在中间，人在这个时候就会出现情绪混乱的状态。

我们每个人都想生活得幸福、快乐，希望避开负面的情绪，然而有些人因为矫枉过正，结果连那些想得到的情绪也失去了。一心逃避负面情绪并不是最好的方法，积极的做法是从负面情绪中挖掘出正面的意义，让负面情绪为我们所用。而且，如果我们每个人的“钟摆”摆幅足够大，这样我们在日常生活中就会体会到足够的快乐、喜悦、满足、自豪、幸福等积极情绪，心中就会充满了人生的意义和乐趣。因为有了左边的摆动带给我们的正面情绪，右边的摆动带来的很高的负面情绪我们也能够承受。

二、掌握情绪管理步骤

人的情绪没有好坏之分，只要是我们真实的感受，我们就要学习它并接纳它。医学心理学不鼓励人们无限制地任凭情绪反应发展，也不认为压抑是适当的方法，但赞同对情绪进行适度的控制，既要使情绪有适度的表现，也要通过一些方法加以缓和。行之有效的情绪管理包括三个步骤：评估情绪、分析情绪和处理情绪。

1. 评估情绪

首先，我们要确定自己真实的感受。很多时候我们并不确切地知道自己的真实感受，不习惯寻找情绪的根源。我们可以通过回答一些问题来确定我们的情绪：到底需要什么？如果不想继续下去应该怎么做？能够从目前的情绪状况中学到些什么？这种方法可以很快地降低情绪的强度，从而使我们能客观理智地看待问题和处理事情。

其次，总结自己曾经有过的各种情绪，可以更清楚地了解自己独特的内在反应模式及情绪反应原因。你可以这样做：找一个独处的时间和安全的空间，大声地把自己的感觉不加责备、不做逃避地说给自己听；也可以选定一个情绪主题后，自由联想与童年有关的事情，把所想到的事情不做任何筛选地大声讲出来，甚至对忘记部分进行虚构，来澄清自己内心的感受；或者你也可以问问父母或儿时的朋友，问他们记忆中你的喜、怒、哀、乐等情绪的表达。

最后，记录整理我们的情绪以增加对情绪的认识和觉察。我们可以撰写个人心情日记，或记录自己每天的情绪状态，了解自己的情绪、想法。这些方法可以让我们定时觉察自己的情绪。如果能记录情绪产生的原因，则不仅能增强情绪的觉察能力，也能洞悉情绪与事件、想法之间的联系。

2. 分析情绪

生理发生疾病时会影响情绪。例如，中枢神经感染、缺氧、外伤、中毒、血管性疾病、肿瘤、营养代谢障碍等都容易引发情绪障碍。另外，人体内部的生物节奏也会影响人的情绪。有研究认为，人的体力、情绪和智力都呈现出一种周期性的盛衰节律，周期分别是 23 天、28 天和 33 天。当三者均处于高峰期时，人就处于身心最佳状态，精力充沛、生机勃勃、愉快豁达。当三者均处于低谷期时，人的各种机能效率会降低。体力与智力的不佳也会加强已有的情绪反应，当三者处于临界状态时，则是一个不稳定的过渡期，情绪也容易波动。

遗传对情绪的影响主要表现在人的神经类型上。不同神经类型的人在情绪体验上存在很大的差异。巴普洛夫根据神经类型的三个基本特征(兴奋和抑制过程的强度、灵活性和平衡性)，把人的气质类型分为四个基本类型：不可遏制型、活泼型、安静型、弱型。这四个类型的人分别表现出不同的情绪特点。不可遏制型的人兴奋和抑制过程都很强，而且兴奋相对抑制过程要更强些，这种人的外向性格较为明显，好斗、脾气暴躁、精神负担重。活泼型的人神经活动的兴奋和抑制过程较为平稳，虽然易兴奋，但有很大的灵活性，在面临各种刺激的时候具有很强的自我调节能力。安静型的人神经活动很难从一种状态转移到另一种状态，表现为平静、冷静，具有较强的忍耐力，能够宽容别人，有时也表现得有些压抑，但有很强的自我调节能力。弱型的人情绪压抑，情感脆弱，经不起挫折和打击，容易出现情绪异常。

认知因素通过归因来影响我们的情绪。大学生作为特殊的社会群体，自然存在许多特殊的问题，诸如对新的学习环境、学习任务的适应问题，理想与现实之间的冲突问题，人际关系与恋爱问题，升学或就业压力等。认知的偏差容易导致各种心理冲突和负面情绪。

环境对大学生的情绪波动也具有明显的作用，例如各大高校扩招，就业市场竞争加剧，对人才的要求高，就业难的问题，增加了大学生的心理压力和焦虑程度。学校填鸭式的授课模式限制了大学生创造性思维的发展和人格的完善，也不利于其认知水平的提高和人格的成熟。除此之外，家庭经济状况和亲子关系等都会影响大学生的情绪与行为。

3. 处理情绪

我们必须学会缓和、转化自己过激或不稳定的情绪，让自己生活得更愉快。我们可以通过生理和心理的放松方法，使生理和心理两方面同时达到松弛效果，使人达到一个平静舒适的境界，这也有利于我们了解我们的真实情绪。我们也可以在有消极情绪的时候暂时先放下手中的事情，转而从事喜欢的活动，如体育运动、音乐、绘画、学习等，这可以转变情绪体验的性质，达到调控情绪的目的。

三、运用情绪管理策略

现代情绪管理的研究揭示，情绪管理取决于两个方面：一是对主观体验的依赖性。许多研究者认为，情绪管理方法或技能的选择，依赖于个人所体验到的情绪。例如，对于愤怒和羞愧，解决问题是最好的情绪调节方法；对于悲伤，寻求支持是最好的情绪调节方法；对于创伤，远离创伤源是最好的情绪调节方法。二是情绪管理对认知的评价依赖性。按照沙赫特-辛格理论，情绪源于个体对生理变化与刺激性质两方面的认知，有效管理情绪的一个必要前提是正确认识或评价相应的外界刺激。人们的很多情绪困扰是由缺乏情绪管理方法所引起的，我们有必要掌握一些行之有效的情绪管理方法，根据自己的情绪状态选择适合的、有效的策略。

1. 能量宣泄法

负性情绪会在体内积蓄能量，这些能量如果不能得到及时恰当的疏泄，长期积压在心头就会产生破坏力量。因此，学会及时地把负性能量宣泄出来是非常重要的。当你感到愤怒时，可以到空旷无人的地方大喊几声；或者像俄国作家屠格涅夫一样，“在开口前把舌头在嘴里转上十圈，怒气也就减了一半”；或者进行运动锻炼，例如跑步和扔铅球。当你感到悲伤时，放声痛哭要比强忍泪水要好。在亲人或挚友面前痛哭流涕，是一种真实情感的流露，可以得到对方的理解和支持，自己内心的痛苦也会减轻许多。其他能量宣泄的方法还有向人倾诉、写日记、绘画唱歌、换个发型等。

2. 思维转化法

人的情绪是受个人的想法、态度和价值观影响的，造成我们紧张、烦恼和不快的往往不是事件本身，而是我们对此事件的看法。也就是说，你怎么看待这个问题决定了它给你带来什么样的情绪影响。我们要学会改变自己的思维，调整自己的归因方式，改变事情的定义，改变看问题的角度，改变头脑中固有的画面。

3. 理性升华法

理性升华法即将情绪激起的能量投射到战胜挫折，或者有益于社会和个人的活动中去，使其变得具有建设性和创造性。大学生应学习把受挫而产生的不良情绪引向崇高的境界，将其强大的心理能量加以疏导，转移到学习、工作和生活中去，例如著名大文豪歌德在失恋后，把失恋的情绪能量升华到文学写作中，写出了名著《少年维特之烦恼》，居里夫人在丈夫横遭车祸之后化悲痛为力量，用努力工作来克制自己的悲痛而完成了镭的提取。

4. 环境调节法

环境对人的情绪调节能起到一定的作用。一个干净整洁、光线充足的房间，一个风景优美、空气清新的地方，是会让人感到舒服、愉快的。大学生在有消极情绪的状态下不妨到外面走走，呼吸一下新鲜的空气，欣赏美丽的校园景色，或者做一次短途旅行，让紧张压抑的心情松弛一下。大自然的美景可能会让你感到自身的渺小，烦恼也变得微不足道了。也可以试着变换一下床单或服装的颜色，买一两盆绿色的植物，养几条可爱的小鱼，这些小小的改变或许也可改变你的心情。

5. 身心放松法

当我们的身体处于一种完全放松的状态，即肌肉松弛、呼吸均匀而缓慢时，我们的心理或精神也能相应地达到自然的放松。同样的，当我们的心理很放松时，身体也会产生松弛的现象。当我们的心理平静下来，我们就可以进一步客观地体验、分析我们的情绪和想法了。身心放松的方法有很多：生理放松方法有呼吸调整、笑的体验、肌肉放松等；心理放松方法有想象放松、音乐放松等。

微课视频：情绪 ABC 理论

四、提升情绪智力

古希腊哲学家亚里士多德有一个保持人际关系顺畅的秘诀："你如果要发怒，必须选择正确的对象，把握正确的程度，确定正确的时间，为了正确的目的，并通过正确的方式。"心理学家彼得·塞维尔和约翰·梅耶把这种自我控制的能力称为情绪智力(emotional intelligence)。情绪智力也被俗称为"情商"，在一些通俗读物中，也常常用"情商"来代替情绪智力的概念。情绪智力是一种综合能力，包含有移情、自我控制和自我意识。这些能力能让我们更灵活、适应性更强，且情感上更为成熟。美国心理学家丹尼尔·戈尔曼出版了《情绪智力》一书，情绪智力因此得到了普遍的关注。戈尔曼认为情绪智力包括五个方面的内容：

(1) 觉察自己情绪状况的能力；

(2) 控制自己情绪的能力；

(3) 情绪低潮时能自我激励的能力；

(4) 理解别人情绪的能力；

(5) 与别人建立并维持深厚感情的能力。

戈尔曼认为，在人们取得的成绩中，只有 20%可以归结为智商，80%受其他因素的影响，而情绪智力在其中可以起到重要作用。

有哪些特别的技能组成了情绪智力？具体来说，情绪包含以下五种能力。

1. 认识自己情绪的能力

情绪智力高的人能够知道自己的感受，例如他们能很快地意识到自己在生气、忌妒或感到内疚、抑郁等。很多有着糟糕情绪的人无法理解为什么他们会这么不舒服，而那些有着高自我意识的人能够对自己的感受很敏感。

2. 调控自己情绪的能力

调控自己情绪指的是调整自己的情绪，可以通过多种途径有效摆脱焦虑、沮丧、愤怒、烦恼等情绪困扰，不使自己陷入情绪低潮中。例如，当你生气时你知道如何冷静下来，并知道如何让他人冷静下来。情绪智力高的人能够根据环境控制自己的情绪。

3. 认知他人情绪的能力

认知他人情绪的能力即有共情的能力。具有认知他人情绪能力的人能够对他人的情绪有真切的体验，善解人意、感同身受；能够敏锐地感受到他人的需要和期望；能够体会到他人的情感，并且能够保持理性，客观地理解、分析他人的情感。他们善于“读懂”面部表情、声音语调和其他情绪特征。

4. 使用情绪的能力

情绪智力还包括运用情绪促进个人成长和与他人的关系，例如你知道帮助别人能给你带来快乐。同样，当好运来临，情绪智力高的人懂得与他人分享。总体来说，这么做能增强人际关系并增进情绪健康。

5. 自我激励的能力

自我激励能力指能将精力专注于某项目标上，为达成目标而调动、指挥情绪的能力。任何方面的成功都必须有情绪的自我控制——延迟满足、控制冲动、统揽全局。拥有这种能力的人能够集中注意力、自我把握、发挥创造力、积极热情地投入工作中。

自我测试：你的情绪智力有多高？

章节测验

佳片欣赏　《头脑特工队》(2015)

第七章 化解压力的艺术

案例导读 “牺牲”今天为了明天?

叶子从小就被教导：今天不努力，明天徒伤悲。自上小学那天起，父母、老师就经常告诫她，上学的目的就是取得好成绩，这样才能考上好大学，才能找到一份好工作。从此，学校的作业，课外的补习，成了叶子生活中的主题。好的考试分数、班级排名是得到父母奖励的依据。叶子很听话，也很努力，学习成绩一直不错，在班级里的排名总是第一或第二。叶子是父母和老师心目中的好孩子、好学生，是其他父母教育他们孩子的榜样。大家都理所当然地认为叶子一定能考上重点大学，一定会很有前途。但这使得叶子背负了很大的压力。她害怕自己哪天考不好，班级名次下降，辜负父母和老师的期望。她不允许自己有一点松懈，平时所有的空余时间都用来复习功课。她很少参加其他娱乐活动。她也不允许自己做错一点功课，因此每次考试都很紧张，对分数和排名尤其看重。

升入高中时，她已经深信，牺牲现在是为了换取未来的幸福，没有苦中苦，就没有甜上甜。随着高考临近，她承受的压力越来越大，但她安慰自己说“考上大学后一切都会变好的”。收到大学录取通知书的时候，她着实激动兴奋了好几天，以为自己的一切努力都得到了认可，终于可以轻松地生活了。但是事与愿违，大学生活没过几天，那种熟悉的压力和焦虑感又卷土重来。她担心不能在和大学同学的竞争中取胜，将来就找不到理想的工作。大学四年，叶子认识到除了学习成绩好以外，其他的能力提高也很重要。她开始奔波于社团、义工及各种各样的选修课。

毕业后，叶子被一家著名公司录用，她又一次兴奋地告诉自己可以享受生活了，可是她很快发现，这份高薪工作充满了压力，她必须努力地工作，职位才更加稳固，才会更快晋升……

叶子的紧张在不断地加剧，这在她自身及其与家人和同事的关系上表现得越来越明显。她的手常常不停地颤抖，胃部绞痛，双肩紧缩并且后背疼痛，这样的痛苦每天都在折磨她。她觉得自己容易发火和焦虑，并且每次很长时间都不能从这种焦虑的情绪中摆脱出来。当遇到工作不顺的时候，她把同事和家人当作她坏脾气和烦躁情绪发泄的对象。

叶子知道，工作的压力是不可避免的。过去，压力对她而言甚至是一种动力，对她的学习和工作是有益的。然而，现在的她失去了对持续压力的掌控，她的身体已经表现出崩溃的迹象，她的工作效率在不断下降，她与同事的关系变得紧张，家人对她越来越无奈。叶子明白，必须作出一些改变才行。

经过一系列的压力管理咨询，叶子决定采取积极的措施。她开始跑步和深度放松，这不仅帮助她缓解了紧张感和压力，还给她带来了力量和创造力，并让她能在面对困难时保持身心冷静。她也努力去与同事、与家人沟通。最后，她认识到，每个人都有自己适应能力的极限。如果身体、社会和心理压力在某一时刻超过了你的压力承受上限，最终会导致人崩溃。"尝试更加努力"并不总是有利于压力的释放，相反给一点时间休息和恢复可能更加有效。最重要的是，当面对充满压力的情境时，愿你能够保持一颗平常心。

话题讨论

(1) 我们的压力来自哪里?

(2) 影响压力反应的因素有哪些?

(3) 压力对身体和心理产生了哪些影响?

(4) 有哪些方法可以帮助我们缓解压力呢?

在现实中，叶子的经历是大多数人的生活写照。写在人们表情上的更多的是"疲惫"，含到人们脚步声中的更多的是"匆忙"。我们要怎样去面对这个充满压力的社会呢?通过本章学习，你可以了解自己的压力都来自哪里，了解这些来自环境、心理和社会的压力是怎样在身体上和心理上影响你的，并学会一些有效的心理应对策略来减轻或消除不良压力对你的伤害。

第一节　你的压力来自何方

加拿大生理学家汉斯·塞利说过，只有死人才没有压力。压力是我们在日常生活中都要面对的问题。你的身体和头脑一直在经受着不同程度的压力，需要不断进行调整才能适应社会。积极的压力可以帮助我们对紧急情况作出迅速反应，也可以帮助我们在重要情境中表现出色，更可以帮助我们突破极限实现自我成长。但事实上，压力在通常情况下是具

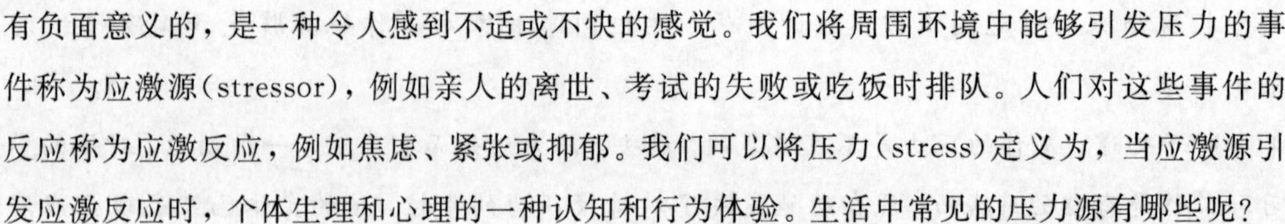

有负面意义的，是一种令人感到不适或不快的感觉。我们将周围环境中能够引发压力的事件称为应激源(stressor)，例如亲人的离世、考试的失败或吃饭时排队。人们对这些事件的反应称为应激反应，例如焦虑、紧张或抑郁。我们可以将压力(stress)定义为，当应激源引发应激反应时，个体生理和心理的一种认知和行为体验。生活中常见的压力源有哪些呢?

一、生物生态层面的压力

不同的生物生态因素可能会引发不同程度的压力反应，这些因素一般不为我们所觉知，例如阳光、重力、磁场等都会影响我们的生物节律。一个典型例子是居住在北极圈附近的人们容易患上季节性情感障碍或寒冬癫狂症。那里的人们因长年缺少阳光，因此很可能变得抑郁低落。除此之外，电子垃圾、环境污染、太阳辐射、噪声污染等也属于生物生态因素，一些人工合成的食物添加剂也可能会引起人体内多种压力荷尔蒙的释放。一部分健康专家认为，压力水平的不断提高可能是缘于我们越来越少接触纯天然的物质，生理系统受到了影响。不过只要我们注意或保持良好的生活方式，例如健康饮食、适当锻炼、定期放松等就能恢复体内平衡，生物生态因素就会对个人健康发挥积极作用。

二、社会层面的压力

我们在日常生活中会遇到各种各样的社会刺激，比如我们与科技的关系或我们对科技的依赖、我们因为人与人之间的社会比较带来的心理挫败感、我们每天需要面对的可能会出现的层出不穷的生活琐事……这些社会刺激都可能成为困扰我们的压力源。

1. 科技压力

信息时代里，电信和计算机产业的迅速发展，使人们的生活方式发生了巨大改变。随着科技和社会发展的速度超过责任和道德发展的速度，一些诸如心理压力、上瘾现象和精神疾病等问题逐渐增多。下面是一些科技压力的例子，它们正在并将继续影响我们的生活。

1) 信息超载

我们身边总是充斥着大量即时信息、电子邮件或网络广告等，信息的泛滥程度可见一斑。特别是对即时信息，我们每天都要花费大量时间查看、回复以及删除。

2) 人际界限

现如今的人际界限已经变得越来越模糊。依靠手机或电脑，我们可以在任何时间找到想找的人。当与家人团聚、与朋友分享或放空自已时，我们很可能会感到惴惴不安，生怕被电话、信息或邮件打扰。

3）与网络“约会”

我们把大量的时间花费在网络上，参加社会活动的时间越来越少。我们宁愿流连于虚拟网络，也不愿好好在现实中生活。斯坦福大学的一项研究指出，因为上网是一个人独自进行的活动，不像看电视一样可以全家人在一起，所以经常上网的人和电脑待在一起的时间要多于和家人待在一起的时间。

4）科技鸿沟变大

马太效应是指穷者越穷，富者越富。科技更新换代变快，人们的知识体系也需要及时更新，否则无疑将会处在社会竞争中的劣势地位。对于那些没有条件或没有能力接触先进科技的人们来说的确如此。

2. 社会比较压力

我们生活的环境中不可避免地会有以收入、职位、教育程度、财富、权力、声望、物质拥有和机遇、年龄、外表吸引力，以及其他标准来划分阶层并进行比较的人。有证据表明，职业声望越高，个人收入越高，不良压力越低。社会地位能够对不良压力产生影响有多方面的原因：第一，高阶层的专业、技术和管理职位可能会聘用更自信、健康习惯更好、能更有效应对压力的人；第二，高收入的人几乎不会碰到重大的生活问题，对他们而言，尽管工作和生活确实是个挑战，但与低收入的个体相比，他们面临的问题很少会给他们的生活带来混乱；第三，高社会阶层的人在应对问题时占有更多的经济和社会资源，而经济的困顿和羞辱感会增加遭受不良压力的概率。所以，在社会比较的过程中，人们所体验或经历到的不确定性和不稳定性将会给个体和家庭带来更多的压力。

3. 生活琐事

类似于忘记带手机、排队被插队、与他人争吵或没钱买自己喜欢的东西等日常琐事也会让我们感到不爽、受挫甚至是愤怒。与那些重大生活事件，例如亲人去世、父母离婚、爱情破裂等相比，积少成多的日常琐事与我们可能出现的生理疾病在关系上更密切。当这些琐事逐渐堆积时，我们就会失去喘息的时间，引发慢性的低级压力状态，最终可能忍无可忍直到崩溃。另外，职业压力也属于慢性压力的一种。

三、心理层面的压力

心理压力源是指来自人们头脑中的紧张性信息，例如心理冲突与挫折、不切实际的愿望、不祥的预感及与工作责任有关的压力或紧张等。心理压力源与其他类型的压力源的显著不同之处在于它直接来自人们的头脑中。其中一种典型的心理压力源来自个体内心的冲突，即当个体不得不在两种相互矛盾或无法兼顾的需要之间选择时出现的心理冲突，例如是去上学还是去工作、是结婚还是不结婚、是继续努力还是决定放弃等。心理冲突常常有以下几种表现。

1. 双趋冲突

双趋冲突指个体必须在两个有利选择中挑选一个的情景。也就是说，当现实中面临“鱼和熊掌不可兼得”的情境时，就会产生双趋冲突。看起来双趋冲突产生的压力最小，只要你能作出选择，无论哪种选择都会导致积极结果。但不幸的是，有些人不想失去任何利益，结果却什么利益都没有得到。

2. 双避冲突

双避冲突指个体必须在两个不利选择中挑选其一。当人们面临“要么下油锅，要么跳火坑”的情境时，就会产生双避冲突。例如，你觉得打针吃药很痛苦，但不打针吃药就得忍受病痛折磨；你不想承受考试的压力，但也不想得零分……你两个都不想要，却必须从中选一个。很多情况下，我们会尽可能拖到最后一分钟才对双避冲突作出决定。有时，人们会完全抛开产生冲突的情景，作出“脱离现场的反应”，这是得到解脱的另一种形式。例如，一名大学生经济困难，打工就没有时间好好学习，不打工就交不起学费，最后他选择了参军。

3. 趋避冲突

趋避冲突指个体面临的选择对其既有利又有害。在趋避情境中，个体同时受到一个选择的吸引或排斥，其吸引力使人企图接近选择，但排斥力又使人受到困扰和折磨。趋避冲突也是一种难以解决的冲突，并且很少有人能从趋避冲突中解脱出来，其影响在某种程度上比双避冲突更为严重。矛盾心理是一种积极情感和消极情感的混合体验，这也是趋避冲突的核心特征。例如，想与某人谈恋爱但父母强烈反对、喜欢美味佳肴但又怕体重增加、开车方便但养车开销太大，等等。我们在生活中的很多决定，都要在权衡利弊之后作出。

4. 多重冲突

多重冲突指个体面临两个选择，每个选择都包含有利因素和不利因素。生活中的压力情景往往比较复杂，人们会面临着上述几种冲突交织在一起的情况。例如，现在有两份工作可以供你选择，其中一个内容单调、工资很高、上班时间很“死”，另一个有趣、时间灵活、薪酬水平比较低。这种情景下，哪种选择都不全是积极的，也不全是消极的。这种冲突会让我们产生心理矛盾、举棋不定，会在不同的选择间摇摆。一般情况下，多重冲突不会使我们感到太大的压力，只有面临择校、择业和择偶这种事关人生的重大选择时，我们才可能感到较大的心理压力。

四、大学生群体的压力

可以自由选择的生活方式，使大学生活与大学前的生活相比显得格外不同，在大学里你需要实现从依赖到独立的转变。在这一过程中，压力也在步步紧逼，以下便是大学生群体经常碰到的一些压力源：

(1) 人际关系。大学里的友谊具有特殊的意义，随着我们的成长、成熟和发展，找到一个与自己志同道合的人不是一件容易的事情。我们还可能恋爱，而维系一段感情要付出很多努力，而且并不是每段感情都会有美好的结局。我们每天接触最多的是室友，但矛盾冲突很可能让彼此势不两立。

(2) 专业学习。你的专业是什么？你为何会选择这个专业？你是否喜欢这个专业？很多人在大学期间都会思考这个问题："我未来要做什么？"在大学里有一部分人找到了自己的目标，而还有一部分人浑浑噩噩不知所去。

(3) 学业问题。在大学里也会有各种各样的课程作业，例如小组作业、实验报告等，这些作业都有最后期限和评判标准。如果学业成绩不理想，可能会影响自己的心理状态或学业目标。

(4) 生活方式。有人经常刷手机、玩游戏到午夜，睡懒觉逃课，吃劣质食品，无计划地做事……每个人都有属于自己的自由，但也必须为这份自由付出些什么。没有了约束和控制，意味着我们必须平衡自由和责任，否则压力终会严重干扰自己的生活。

(5) 金钱压力。虽然很多大学生已经成年，但仍然需要父母供养。父母每月供给的生活费可能是固定的，对一部分人来说够用并能有结余，但也可能对一部分人来说根本不能支持花销。

(6) 就业压力。高校毕业生的数量每年都在增长，想要在人群当中脱颖而出，找到一份喜欢并不错的工作对很多人来说并不是那么容易的，以至于现在有些高校已经成为职业培训机构，大学生也只是为了找工作和获得高薪水而学习。

《过去的现在》

创伤后应激障碍

2008 年 5 月 12 日 14 时 28 分 04 秒，八级强震猝然袭击汶川，大地颤抖、山河移位，满目疮痍、生离死别……这是 1949 年以来破坏性最强、波及范围最广的一次地震。地震发生以后，很多心理援助小组进驻当地，对灾民可能出现的心理创伤进行援助或治疗。

在重大灾难事件后，即刻发生的严重的心理障碍多为急性应激障碍。长期遭受心理创伤又没有接受及时干预和治疗，将可能导致人们的心理行为失衡，出现重度抑郁、焦虑症，有自杀的想法或行为等。创伤后应激障碍(PTSD)是一种急性应激障碍，指个体经历、目睹或遭遇到一个或多个涉及自身或他人的导致死亡、严重伤害或躯体完整性受到威胁的事件后，延迟出现和持续存在的害怕、无助或恐惧反应。一个典型的创伤后应激障碍的症状是重新体验，出现反复的闯入性回忆，尽管患者企图尽力压制它们，但创伤相关的想法和梦境一再出现，并伴随强烈的生理或心理痛苦。另一个独特的创伤后应激障碍的症状是麻木，患者无法感受到高兴、惊讶甚至是悲伤。患者对与他人和环境的接触失去兴趣，认为自己不能够过正常的生活。还有一个常见的症状是交感神经系统过度活跃，会出现易激惹或愤怒、注意力难以集中或睡眠困难等状况。

PTSD一般在精神创伤事件发生后数天至6个月内发病，病程至少持续1个月，可以长达数月或数年，个别甚至达数十年之久。其中病期在3个月之内的称为急性PTSD，病期在3个月以上的称为慢性PTSD，而若症状在创伤事件后至少6个月才发生则称为延迟性PTSD。在创伤事件发生后能通过一些心理评定工具来初步评定个体的心理健康状况，将有助于筛选出PTSD高危人群，从而有针对性地对高危人群提供有效的干预策略。总而言之，面对这样的创伤事件，每一个人都可能无力承受，最科学的方式就是寻求心理援助。

第二节　你的压力反应有哪些

哈佛大学心理学家沃尔特·坎农首次提出用或战或逃反应(fight or flight response)来描述面对威胁时身体生理唤醒的动力性。坎农在一系列的动物实验中发现，身体面对压力的立即反应有两种模式：要么攻击以保护自己，要么逃走以躲避危险。他观察到的这一面对压力的身体反应，现在被统称为压力反应。战斗反应通常是由愤怒或侵犯引发的，通常在保护自己的势力范围或者攻击比自己弱小的侵犯者时出现。逃跑反应是由恐惧引发的，在很多情况下，不仅仅指逃之夭夭，还包括藏起来或退缩反应(在创伤后应激障碍的个案中常常可以看到，在巨大的威胁下人们愣在那里，呆若木鸡)。事实上，人们的身体会在同一时间为这两种反应做好准备。从进化的角度来讲，这一机体反应机制十分有利于生存。那么，面对压力我们的机体会作何反应呢？

知识百科　一般适应性综合征

汉斯·塞利报告了实验动物面对一些伤害事件，如暴露于持续光照、特大噪声、反复被淹等时，机体会出现一系列复杂的生理反应，来适应这些外部环境变化。压力源带来的反应被塞利称为一般适应综合征(GAS)，它包括三个阶段：警戒阶段、抵抗阶段和衰竭阶段。

警戒阶段是指一旦接触到压力源时，我们就会调动能量来面对压力源，并在身体上表现出肌肉紧张、心跳加快、血压上升、呼吸急促、一身冷汗等一系列特定变化(如图7.1所示)，这表明我们的身体已经为立刻行动(自卫或者夺路而逃)做好了准备。如果压力源继续下去，身体则会进入抵抗期。

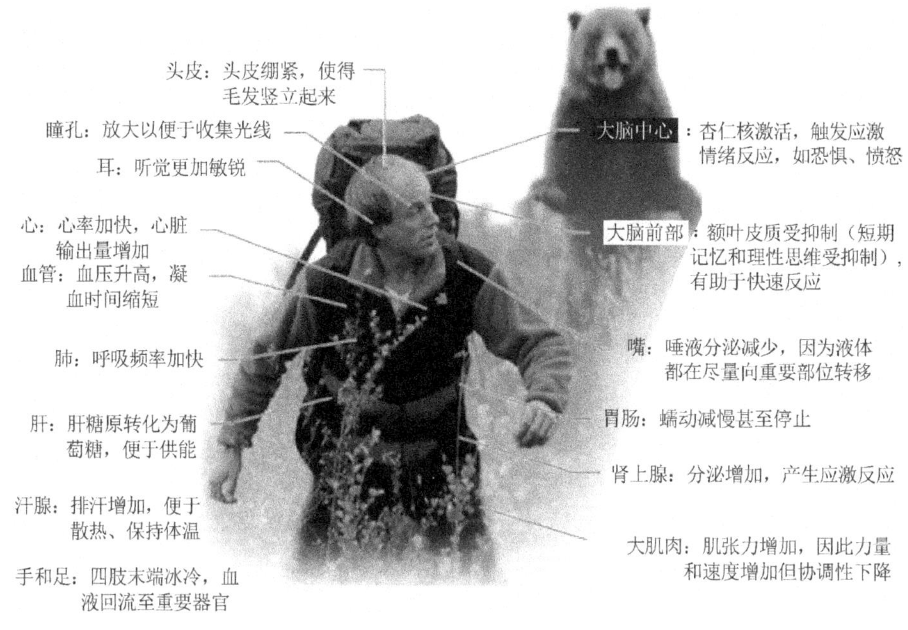

图7.1　警戒阶段的身体反应

在抵抗阶段，身体的器官和腺体会产生各种激素、盐分、糖分来给予抵抗压力源所需要的能量，并试图恢复身体的平衡状态。但由于知觉到的威胁依然存在，没办法达到完全的平衡。相反，由于身体持续激活，新陈代谢逐渐加快，一些器官慢慢无法负荷，继而进入衰竭阶段。

最后一个阶段是衰竭阶段。当一个或多个器官承受不了过快的新陈代谢的压力，无法正常工作时就会衰竭，继而引起器官坏死甚至机体死亡。例如，肌肉紧张会引起头痛，消化中断会导致消化失调，血压上升会变成高血压。

一、压力的生理反应

为了更好地理解压力对我们生理所带来的影响，请先回顾一下“解析情绪方程式”这一章的内容，这一章的许多知识是我们理解压力的基础。

压力常常是诱导疾病并使其恶化的重要因素。常见的和压力相关的身体疾病通常有肌肉系统疾病、心血管疾病、免疫系统疾病、消化系统疾病。例如，眼部、前额、颈部和下颌的肌肉长期紧张，会导致紧张状态的头痛，使人感到痛苦不堪；长时间的背部肌肉紧张，会导致背部疼痛和背部肌肉痉挛；消化系统的平滑肌长期处于紧张状态，加上胃酸过多、唾液减少，可导致各种各样的消化系统疾病，如腹泻、便秘、食道和结肠痉挛等；胃内膜的黏液分泌物慢慢减少，可使胃酸对黏膜的影响更加明显，这会导致胃溃疡的形成。压力对于免疫系统也有影响。有研究表明，压力所产生的反应会影响带有炎症的疾病(如风湿性关节炎)。压力和消极情绪也可以引发哮喘。心率和血压的升高是身体的需求增加作出的反应，如果它们长期地处于一个较高状态，就会成为心血管疾病发病的危险因素。慢性压力和内分泌失调会导致性功能紊乱，对于女性还会造成经前期综合征。对于有糖尿病倾向的人来说，由压力引起的肥胖和血糖的增加，可能会增加患糖尿病的危险。

综上所述，一个人的压力状况会直接关系到这个人的生理健康程度。人的生理应激反应通常是自动的、可预期的、无法用意识加以控制的内置反应。然而许多心理反应却是后天习得的，它们依赖于对世界的知觉和解释。

二、压力的心理反应

在心理方面，无论是急性的、创伤性的伤害，还是慢性的、低水平的困扰都可能成为各种各样心理疾病的致病因素。急性的、创伤性的伤害可以导致急性压力综合征，这时的主要症状是典型性焦虑情绪快速发展，麻木或者情感冷漠、头晕、没有真实感、没有知觉，对创伤性事件的健忘等其他症状也会在经历过极端的创伤后的一个月里发作，如果不能及时处理就会成为创伤后应激障碍。由于压力对生物完整性和自我安全性有影响，恐慌、多疑、内疚和焦虑可能会结伴而来，导致轻度和重度的焦虑症。广泛性焦虑症的患者会感到易怒、紧张，并且出现注意力分散和注意范围缩小症状，不能适应环境的状态和焦虑还会导致惊恐发作。各种产生压力的生活事件或者不能适应特殊环境的害怕会导致恐怖症，这时当特定的事物和情景出现时，患者会有虚弱、疲劳、恶心、战栗、心悸和恐慌等病态性的恐惧反应。压力对人的情绪状态的干扰，还会导致人们患上抑郁症、躁郁症等较为严重的精神障碍。还有一些人因为不能很好地应对现代生活的压力，甚至会消极地把自杀看作解决问题的唯一出路。有人统计过，青少年中20%的自杀事件都与压力有关。

自我测试：测一测你现在的压力状况

第三节　什么影响着压力反应

不同人群在面对压力源时所做出的反应各不相同。在众多影响压力反应的因素中，发挥重要作用的是个体经历和健康水平。除此之外，个性特征、思维方式以及生活态度等也是相关因素。

一、人格特征

美国心脏病专家梅尔·费德曼和雷·罗森曼提出了A型行为类型(type A behavior pattern)的概念。A型行为类型的人比较容易冲动，具有时间紧迫感，希望快速完成事情，而且还会按照时间表来生活。他们倾向于高趋力行为，属于成就取向型，具有较强的竞争性。据估计，近一半的人属于A型行为类型的人。

A型行为类型与心脏病之间存在联系的说法已经存在很久，还有证据表明它还与头痛、哮喘、胃溃疡和甲状腺等疾病相关。但是，并非该型人格的所有特征都是有害的。许多具有A型行为类型的人积极主动，获得成功且身体健康。根据相关研究表明，敌意是这一类型的致命特质。所谓敌意，就是持续不断的愤怒和不断累积的怒气。充满敌意的个体对其他人通常会冷嘲热讽，频繁地表达愤怒，并表现出攻击性行为。还有研究指出，敌意本身与心脏病有关，这很可能导致过早死亡。

与A型行为类型相比，B型行为类型少了一份激进，多了一份轻松。具有B型行为类型的人更为随和，而且更能欣然面对挫折。在所有条件相同的情况下，B型行为类型的人更不容易患上心脏病。

自我测试：A型行为的自我评估

二、认知因素

有哲人曾说过：“人类不是被问题本身所困扰，而是被他们对问题的看法所困扰。”当你确定一件事对自己而言是一种真实存在的威胁或超出自己的能力范围时，那么它就会成为一种潜在的压力源。我们可能采用习惯化的思维方式来面对自己的不幸——非理性的想法、不切实际的期望或消极的信念。

常见的非理性的想法或不切实际的期望有："生活应该是公平的""当我需要时，朋友就应该在我的身边""我关心的人都应该喜欢我，并认可我的所有想法"，以及"一切事情都应该按照我的想法进行"。当日常经验证实上述想法根本行不通时，持有这些想法的人就会挫败、生气、失落或是消极。如果能把这些想法转化为更为现实的态度，就会更从容地面对生活，出现压力反应的频率和强度也会下降。但是，这不代表走向另一个极端，也就是不切实际的过低期望。因为期望越低，获得成功的概率越低，并会出现抑郁和放弃的想法，以及自身的自尊水平下降。

三、韧性和坚韧性

韧性不仅是心理健康的因素之一，也是压力处理的重要因素之一。具有抗压能力的人会将重点放在眼前的问题上，并以积极的态度通过合理的想法解释此事。例如，一次考试成绩不理想很可能激发韧性较强的人更加努力地学习，他们会将这次的成绩作为一种动力。韧性较差的人在面对这次较差的成绩时，则会感到自己很失败甚至自暴自弃。

坚韧性(hardiness)是一种应对压力的有效方法。并不是每个暴露于大量压力之下的人都表现出病态，采用积极的方式应对压力可能会缓冲压力给机体带来的影响。研究者将这种方式称为坚韧性，并认为具有高度坚韧性的个体对疾病的抵抗力更强。

研究者发现，过着艰苦生活的个体大多具有以下特点：将生活的苦难视为一种挑战而不是一种威胁，乐于参与有意义的活动并对自己的生活具有控制感。具有控制感对于避免患病和应对压力尤为重要。将压力视为挑战的人、乐于致力于自己生活的人，以及认为能够控制住自己生活的人的生活会更好。

第四节　学会释放你的压力

自我测试：评估一下你的应对方式

一、心理应对策略

心理学家提出了两种应对策略的分类方法，一种是将应对分为问题导向的应对方式和情绪导向的应对方式，另一种是将应对方式分成三类，即积极认知的应对方式、积极行为的认知方式和逃避式的应对方式。

1. 问题导向与情绪导向的应对方式

问题导向的应对方式是直接面对问题，并努力解决它们的一种应对策略。例如，你在某门功课上存在问题，你就可能去请教任课老师，还可能看更多的参考书、做更多的练习来巩固和掌握课堂所学的知识。这么做就意味着你直面问题，并且做出了努力。

情绪导向的应对方式是以情绪方式来应对压力，尤其是使用防御机制的反应方式。情绪导向法包括逃避问题、否认事实、对发生的事情寻求合理解释、用笑来摆脱或者求助于信仰来支持信念。如果你使用情绪导向应对法，你可能就会逃避，不去参加你认为比较难的课程。你也许会说，那门课程并不重要，否认你在这门课上的问题，和朋友们对此嘲笑或开玩笑，或者祈祷自己能做得好点儿，这些并不是应对问题的必要的好方法。但有些时候，情绪导向的应对方式是适用的。例如，当死亡或垂死的现实变得非常可能时，否认就是一种用来处理汹涌情绪的保护性机制。否认机制可以通过推迟你必须应对压力的时间来抵挡破坏性的冲击。而在另一些情况下，情绪导向的应对方式就不适用了。例如，当你的交往对象变了心的时候，否认他已经不再爱你的现实就会让你的生活停滞不前。有许多人将这两种方法一起使用，成功地应对了高压力的环境。但是经过长期研究发现，问题导向的应对方式通常比情绪导向的应对方式更为有效。

最近，一种被称为“重新赋予意义应对法”也引发了研究人员的兴趣。当压力极大时，将紧张性刺激整合为你对世界和自身信仰的一部分，是解决问题的关键。肯定的评价就是这种方式的一个实例，即以一种能确定个人价值、信仰和理想的方式重新解释一个事情。这种确认转而让你的注意力集中到你所在乎的、能产生积极情绪和便于解决的事情上来。如有人一门课程的考试失败恰巧给了他一个警示，使他重新审视自己的学习态度和学习方法，他把这次失败看成一个契机，不仅能正视这次失败，还能为今后指出正确的方向。

2. 积极的应对策略

1）积极认知策略

采用积极认知策略的个体会对现状积极进行思考并努力使调节更有效。例如，如果你面临与男朋友或女朋友分手的问题，你处理问题的方法是分析为什么从长远来看你离开她或他对你更好。也许你会分析为何你们之间会关系紧张，并且运用这些分析来帮助你在未来改善恋爱经验。

2）积极行为策略

积极行为策略指个体采取一些行动来改善他们处境的策略。我们继续以上面的恋爱难题为例，当事人可能会去咨询中心，在那里他们可能会受到提高约会技巧的培训。我们当中有许多人会同时面临不止一种压力，当多个紧张性刺激同时发生时，就会产生复合性的影响。最有价值的一种积极行为策略就是尽量去除至少一种压力。例如，一个大学生可能承受着沉重的课业负担、经济困难以及和身边人的关系紧张的三重压力，这时除去其中一项压力，如放弃一门课程，使课业负担达到正常水平，就很可能使自己面临的状况改善很多。

3）逃避策略

逃避策略是指回避所面临的压力处境的一种反应。如果在恋爱问题上采用逃避策略，你就会既不考虑解决恋爱问题的更好的办法也不采取任何行动。逃避策略不利于调适。

知识百科　应对压力的策略小贴士

积极认知策略：

（1）祈祷获得指引或力量。

（2）做最坏的准备。

（3）努力去看事物积极的一面。

（4）考虑多种解决问题的方法。

（5）利用过去的经验。

（6）总有一天要处理这些事情。

（7）尝试从困境中退出来，并更加客观地看待它。

（8）在头脑中反复思考所面对的压力，从而努力理解它。

（9）对自己讲一些能让自己感觉好的事情。

（10）告诉自己事情下一次就会变好。

（11）接受现实，什么都不做。

积极行为策略：

（1）努力找出有关情况的更多信息。

（2）与爱人或者其他亲人讨论这个问题。

（3）与朋友讨论这个问题。

（4）与专业人士探讨(例如咨询师)。

（5）使自己忙碌于其他事情来分散注意力。

（6）制订行动计划并实施。

(7) 不草率或跟着感觉行事。

(8) 暂时不理会那些困难的事。

(9) 了解什么是必须做的事情，而且更加努力地把事情做得更好。

(10) 不管怎样，先让感情宣泄出来。

(11) 从相同经历的人或者群体那里寻求帮助。

(12) 谈判或妥协以从中获得有利的东西。

(13) 多多练习。

逃避策略：

(1) 当生气或沮丧的时候，就发泄到别人身上。

(2) 感受只留给自己。

(3) 不肯接受现实。

(4) 多喝酒来减轻压力。

(5) 多吃食物来减轻压力。

(6) 多抽烟来减轻压力。

(7) 多吃镇静药来减轻压力。

3. 乐观的思维方式

积极地思考并避免消极的想法，几乎是任何条件下设法处理压力的好策略。为什么呢？因为积极的情绪能够提高我们处理信息的能力并增强我们的自尊心。乐观的人在生活中所遭受的挫折和悲剧并不比悲观的人少，但是乐观的人能更好地应对生活中的困难。总体而言，乐观的人与悲观的人相比更不易得病，能够从疾病中更快地恢复过来，而且更加健康长寿。塞利格曼所进行的一系列研究显示，乐观的思维方式具有三大特点：

(1) 乐观的思维方式会将不愉快的经历归因为具体的原因，而不是盲目地扩大归因范围。例如，“我除了头痛以外，其他一切都好”。

(2) 乐观的思维方式倾向于将问题归因为外部原因，而不是内部原因。例如，“我很可能是因为长时间阅读而感到头疼的，我会记得以后每半个小时就休息活动一下”。

(3) 乐观的思维方式会假设导致痛苦和疾病的原因只是暂时的。例如，“我很长时间都没有经常性头疼了，所以过不久我肯定会感觉好些的”。

塞利格曼相信乐观的思维方式是可以学习的。他认为，做到这一点的一个办法就是在感到沮丧和无助的时候对自己进行积极的劝导，积极的自我对话应该聚焦在个人挫折的意义和原因之上。例如，如果一个正在控制饮食的人多吃了一块甜点，那么他就不应该这么想：“反正我已经破了戒，那干脆就把整个蛋糕都吃了吧！”他应该这么想：“好吧，我已经享受了美味，但我一定能够在大多数时候做到控制自己的饮食。”塞利格曼认为，本质上乐观是通过培养建设性的思维方式、自我评估及行为规划而习得的。

二、生理应对策略

现代数字世界中的人，在电脑旁日复一日地度过不需要大量体力付出的生活，这对于身心健康都是不利的。接下来让我们来看一看有哪些生理方法可以作为健康缓冲器来应对不良压力。

1. 有氧锻炼

经常锻炼身体对你的健康肯定是有好处的。锻炼不仅能够让你的肌肉变得更加结实，能够消除体内多余的脂肪，而且还能够帮助你放松，更好地与他人进行交往。此外，锻炼还能减少压力，或许还能延长你的寿命。一项长期研究调查了 17 000 名中年人，研究结果显示，那些经常锻炼身体且锻炼强度相当于每周行走 5 小时的人，与那些浪费很多时间看电视的人相比，死亡率整整低了 1/3。即使在吸烟的人群中，锻炼身体者的死亡率也下降了 30%。

经常锻炼不仅对生理健康有好处，而且对心理健康也有好处。一则有关抑郁症患者的研究发现，进行锻炼的一组被试者与另一组只服用抗抑郁药物的被试者比较，两者抑郁症减轻的程度虽然差不多，但前一组能让症状减轻持续更长的时间，也更不容易再次被诊断为抑郁症。另一项研究发现，有规律的有氧健身运动能够让轻度抑郁女大学生的情绪状况得到明显改善。其他的研究也说明，为期 20 周的健身课程能够让久坐的女性有效降低焦虑水平。

2. 坚持锻炼的窍门

虽然锻炼有这么多的好处，但是能够坚持锻炼的人的比例却不高。人们总是很难维持锻炼身体的热情，但可以学会将锻炼变为生活的一部分。关于如何开始并坚持一项锻炼计划的窍门，以下几点建议可供你参考：

(1) 找到你所喜欢的锻炼项目。兴趣是坚持锻炼的最大支柱，寻找一种适合你的锻炼形式，保证每周至少进行三次、每次至少 20 分钟的锻炼。

(2) 制订一周的计划。例如，在星期天晚上睡觉前，把你对下周的打算写下来。

(3) 学会心平气和、循序渐进和耐心。增进健康并不意味着痛苦。例如，从散步开始，而不是跑步。像这样逐渐地增加锻炼量，会将气馁、疲劳和伤病的可能性最小化。

(4) 如果有条件的话，同朋友或小组成员一起锻炼，这样可以增加快乐。当然，你喜欢独处也很好。

(5) 当你不想做时，坚持做下去。很多时候，你感觉疲惫更多的是心理上的而不是生理上的。这时你可以开始跳舞、游泳或骑自行车，锻炼后你会重新感到精神焕发。

（6）现在就行动。任何方式的锻炼都比不锻炼好。但就压力控制而言，最有效的活动类型是有氧锻炼，意思是“活动时充分地吸入氧气”。一些我们平时最常见的活动，如跑步、快走、游泳、跳绳、骑自行车、有氧健身操甚至爬楼梯都是有氧锻炼的形式。听起来这些方法都很平常，尝试一次似乎也不难，但只有坚持才能真正获益。

自我测试：你的锻炼剖析

三、饮食与营养

除了有氧锻炼，健康的饮食习惯与良好的营养搭配也是一种健康缓冲器。应对生活诸多压力最基本的常识，应该是吸收足够的能量来满足应对压力的需要。

1. 营养与压力

现代生活中，无规律的饮食习惯是营养方面存在的主要问题。一些人终日疲惫不堪，这种感觉有时是由不吃饭、吃快餐或在日常生活压力下的食欲缺乏所导致的。个体所需热量的数量是根据其体形和活动而变化的。当热能摄入过度，自然会导致体重增加。肥胖不仅会增加患心血管病的概率，还会摧毁自尊心，尤其是在注重外表的环境中。过量的胆固醇会增加患心脏病的危险性，并且会导致极度的恐惧、焦虑、无力感和悲伤。吃糖上瘾的人会因血糖高低的交替变化而致使情绪上下波动。维生素和矿物质的摄入量不足会导致精力不足、易怒、失眠和焦虑。酗酒导致的过量酒精摄入会带来很多危险：对肝脏和大脑造成危害、危险驾驶、酒精成瘾、营养不良、情绪依赖和判断力受损等。上述这些都是营养与压力相关的例证。

知识百科　食物的心理效应

一些人吃东西并不是为了填饱肚子，而是为了减轻焦虑、沮丧以及厌倦等消极情绪，以此慰藉情感、填补空虚。所以，食物也是用来安抚我们情绪和心灵的一种方式，人类从婴儿期嘬乳头或奶嘴开始就已经习得了这种方式，就像很多成人为了控制情绪会不断地吃东西占住自己的嘴一样。那些过度肥胖的人也许背后隐藏着一些严重的情绪问题。同样，像厌食和贪食这样的饮食障碍也并不是表面上的营养失调问题，而很可能是情绪问题的征兆。大多数人在感到沮丧或是孤独的时候会吃东西，特别是在身边没有其他朋友陪伴的时候，食物就充当了“朋友”的角色以抚慰人们的情绪。虽然食物可以让人愉悦，但当偶然的欲望变成一种习惯，这种行为就会变成自我破坏，还很有可能导致饮食障碍。

贪食、厌食和暴食就是最典型的饮食障碍。我们的社会存在着对外表形象和体重过分关注的现象，在许多年轻人中，尤其是在女性中，这种关注已经变成了一种不良压力，它经常会导致神经性厌食和神经性贪食的饮食紊乱。神经性厌食症患者限制食物的摄入量，经常让自己饿着。厌食症患者有体相障碍，他们特别关注自己的体重，即使自己不胖也总觉得自己臃肿，不断想要把自己饿到苗条。厌食症患者除了体重急剧下降，还会有其他的症状，如失眠、强迫症、没有欲望、完美主义、内向以及经常性的情绪压抑等。厌食症在青春期的女孩中较普遍，且遭受厌食症折磨的患者多来自情绪不稳定和有肥胖史的家庭。神经性贪食症经常表现为贪食的形式，伴随着自发的呕吐行为，并用泻药或利尿剂来防止体重增加。剧烈的锻炼和扭曲的身体形象常伴随着贪食症。

对饮食紊乱的治疗需要多学科共同关注，包括医生、咨询师、营养专家和支持团队。患者有改变的意愿是取得成功的关键。在他人帮助下，学会管理紧张、焦虑、厌烦或抑郁可能对饮食紊乱会有所帮助。

2. 平衡的膳食

要保证营养，平衡的膳食是唯一的途径。尽管电视或网络广告充斥着各种减肥产品，但也有众多节目指导你如何合理饮食。幸运的是，有太多美味的东西可供你选择，如果摄入合理将对你的健康有利。平衡的膳食包括多种食物，如谷物、蔬菜、水果、牛奶、畜、禽、鱼、干豆、鸡蛋、坚果等。但如果对某些食品吃得过多或过少，或者摄入营养物的量不适当，这将会造成机体营养不良。下面的几点建议有助于降低人体对压力的唤醒水平，并促进人体机能到达最佳状态：

(1) 饮食要平衡。在你每日的饮食中要有合理的蛋白质、脂肪和碳水化合物的比例。

(2) 避免和减少咖啡因及糖的消耗。过度摄入咖啡因，在短期内会引起头痛、兴奋易怒、紧张、失眠和肠胃不适等症状。

(3) 饮食中要含有足量的维生素和矿物质以抵抗压力。平衡的饮食应该含有丰富且新鲜的食物，并配有一定量的维生素补充品。

(4) 选择含盐量比较少的食物。

(5) 早餐要吃好而且进餐时间要安排得均匀。碳水化合物是给人提供能量的主要物质，而碳水化合物经常是早餐的组成成分：面包等谷类食物以及水果。不吃早餐，得不到碳水化合物提供的能量补给，会产生注意力范围狭窄、易疲劳以及消沉等症状。一个新的理论认为，为了人体更好地代谢，人们每天应该吃六顿小餐而不是三顿大餐。不管数量是多少，进食时间应该均匀地间隔开，不规则的饮食会妨碍人体自身的节律。

如果你能根据自己的体形和活动的消耗来选择食物，那么你也不难做到在享受美味的同时保持健康。

微课视频：情绪调节方法

四、放松技术

如果你正处于慢性压力之中，那么你应该学习一些放松技术。放松技术需要经常练习才能达到熟练。无论你选择何种放松技术，也可能是多种技术的组合，都必须要坚持每天进行 20 min 的练习，这不仅会让你的生理状态恢复平静，也会帮助你的心理状态镇定平和。

1. 横膈膜呼吸法

在正常休息时，人类呼吸的平均频率大概是每分钟 14～16 次。在唤起状态下，呼吸急促而简短，并伴有明显的胸腔收缩。在剧烈运动时，呼吸加快到每分钟 60 次，以满足人体需氧量的激增。在放松状态下，机体新陈代谢显著下降，这时才可能产生缓慢而深长的呼吸循环。当进入一种完全的放松状态时，据说呼吸可降到每分钟 1～2 次。由此可见，呼吸训练可以帮助我们达到放松状态。横膈膜呼吸法是最简单的放松训练，是一种有意识控制的深度呼吸法。普通深呼吸强调胸腔的扩张，而横膈膜呼吸包括腹部的运动。通常还将横膈膜呼吸法与其他技术，例如心理意象法和渐进式肌肉放松法等相融合，起到放松作用。

横膈膜呼吸法如图 7.2 所示。横膈膜呼吸法将注意力集中在基本的生理功能上，并关闭了控制呼吸的正常功能。进入更深层次意识状态的途径之一，是让精神随着气流进入身体，到达下肺叶然后再返回。每次呼吸包括四个独特的阶段：① 吸气，通过鼻子或嘴巴将空气从肺部吸入，感受腹部的隆起；② 呼气之前暂停；③ 呼气，通过鼻子或嘴巴将空气从肺部释放，感受腹部的收缩；④ 在下一个呼吸循环开始之前暂停。请记住，在每个阶段都不要憋气，要学着控制呼吸循环的各个步骤。

练习横膈膜呼吸法有以下注意要点：

(1) 采取一种舒适的姿势。这种技术的魅力在于它的简便可行、随时随地可以进行。练习横膈膜呼吸法最好采取舒适的姿势，或坐或躺，闭上双眼。第一次练习时，最好把手放在胃部，感觉每次呼吸时腹部的起伏。一旦掌握熟练，排队、等人或其他间隙都可以实施。咨询师或治疗师建议，在练习横膈膜呼吸法的同时，可以将之与心理意象法结合，想象疼痛和不适被“呼”出体外。

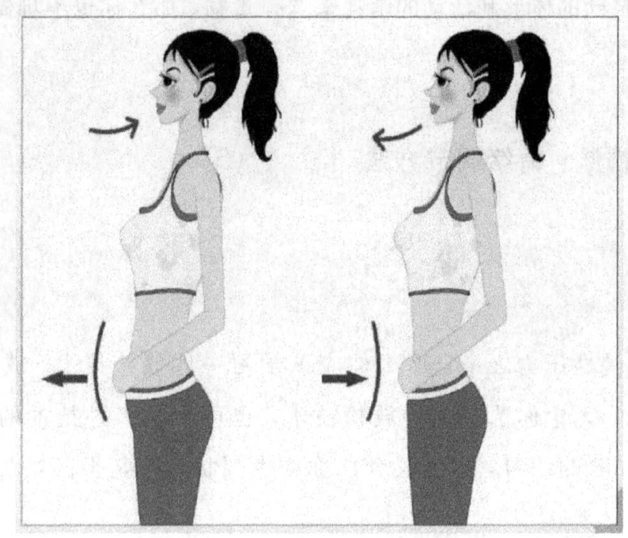

图 7.2　横膈膜呼吸法

(2) 集中注意力。练习横膈膜呼吸法时，需要集中注意力。外界噪声和内部思维很容易打断注意力，所以你最好找一个安静舒适的环境训练。刚开始学习这些放松技巧时要全神贯注，但你会发现自己经常会走神。当你一旦察觉到杂念，努力学会摒弃它们，重新把注意力放在呼吸上，让它们随呼气排出体外。

(3) 在练习横膈膜呼吸法的同时，想象你吸入肺部的是新鲜干净并充满能量的空气，这些空气能清洁和治愈我们的身体和心理。当你呼气的时候，想象离开身体的空气是污浊的——污气象征着你体内的压力、疲劳和毒素。随着压力和紧张的排出，身体变得越来越放松，呼出气体的颜色从灰色逐渐变白，象征着身体变得洁净轻松。

2. 心理意象法

试着闭上眼睛去想象，脸上感到温暖的阳光，耳边响起海浪的声音，脚底踩着金黄的沙子，此时的你体会到完全的放松。想象力具有十分强大的力量，想象力可以征服内心的压力。如果以积极方法使用心理想象，它会使身体和心理恢复和谐与平静。

心理意象可以分为三种类型：

(1) 安静的自然场景。想象自己置身于一个平和而放松的场景之中，如海滩、山峦或森林。在日出或日落时，遥望宽广的海平线；仰望深蓝色的天空，璀璨星辰触手可及；在蜿蜒曲折的山峦中沉思。此时，所有的问题都变得渺小了，更何况是压力呢。当然这并不会使问题真正地消失，而是使其缩减到能够容忍的范围，最终可以让它们得到管理和解决。

(2) 行为变化。很多心理学家坚信，改变消极习惯的关键是改变行为。心理意象所做的是增强积极行为，例如可以使用心理意象技术克服恐惧。例如，假设你害怕在公共场合演讲，而很快你就要面对 300 人发表演讲。你可以想象，你站在讲台上，底下空无一人，然后试着练习演讲(进行想象时注意结合横膈膜呼吸法)。经过几次练习之后，开始想象你面对亲密的朋友进行演讲，这些观众也非常欢迎你的演讲。重复几次想象并感到舒服后，继续想象你可以成功地面对100人演讲并受到极大的欢迎。通过这样的训练，可以使压力反应减少。

(3) 内部的身体意象。心理意象的第三个类型是通过意象关注身体的某个部位(损伤的或病变的)，从而使得身体生理功能直接变化。如果与压力有关的思想能够导致生理疾病的话，那么是否能用心理修补身体呢？在有关研究者向癌症病人教授包括心理意象在内的放松技术时，这种类型的心理意象技术才开始进入医学领域。这种技术要求病人想象免疫系统的白细胞正与癌变细胞战斗。通过这种心理意象，很多病人感觉自己的疾病逐渐消失。当然，心理意象并不是单独起作用的，它作为医学治疗的一种辅助技术，与其他传统医学结合起来使用时效果最好。关键问题是病人必须认识到他们自己应该对自己的健康负责任。

运用心理意象技术有三个步骤：

(1) 寻找一个舒服的地方。和横膈膜呼吸法一样，心理意象在任何地方都可以进行。若这个地方能让你舒服地坐着或躺着，同时使你很快地闭上眼睛，那么就能够使你更加放松。

(2) 集中注意力并保持自信的态度。和其他放松技术一样，在心理意象法中集中注意力很重要。应该找一个安静的地方，尽量减少外界的干扰，并且要坚信想象是有用的。希望、信念或信心等是意象产生的基础和成分。

(3) 想象主题。首先要确定想象的目的，是想清理一下你的思想，还是为了身体康复？心理意象的目的一旦确定，接下来就要选择一个合适的意象以解决问题。你要根据自己的情况创造一个属于自己的特定意象，例如你可以想象任何一个让你舒适的场景(如图7.3所示)。

图7.3　心理意象的想象场景——山川

一旦掌握了心理意象法，就可以在压力情境中进行。例如，演讲前、考试前和排队中等，都可以进行心理意象活动。心理意象既可以驱散"恐惧"的乌云，又可以是融化"愤怒"的火药桶。

3. 渐进式肌肉放松法

身体肌肉会对感知到的威胁做出紧张或收缩的反应。肌肉紧张被认为是压力导致的一种最常见的症状，它的累积效应会导致肌肉僵硬、疼痛和不适。渐进式肌肉放松法就是一种专门用来帮助个体减少肌肉紧张的技术。

渐进式肌肉放松训练的步骤：

(1) 找一个舒服的姿势，最好是让自己舒适地躺着。闭上双眼，集中注意力。收缩肌肉的时候吸气，释放紧张的时候呼气。与横膈膜呼吸法相互配合，可以获得更深层的放松感。

(2) 放松面部肌肉：绷紧前额、眼部和脸部，保持一段时间并感受这些肌肉的紧张，然后放松肌肉并呼出气体，接下来感受肌肉紧张离开身体，体会肌肉松弛和内心平和；收缩同样的肌肉，这次用50%的强度保持与感受，放松和呼气后再次感受放松，对比之后会使肌肉更进一步放松；最后轻轻收缩同样的肌肉，即这次只用5%的强度，保持然后放松，舒适地深呼吸，体验你的放松。

(3) 用与放松面部肌肉相同的方法和步骤放松下颚、颈部、肩部、胸部、手臂(包括手)、腹部、背部、臀部和腿部(包括脚)。

除了上面提到的方法，还有很多可以采用的放松方法，例如，听舒缓的音乐、在美景中散步，或是与宠物一起玩耍。无论是何种方法，只要是积极的并且适合自己的就是好的，都会让你的每一天都尽量远离压力和保持平和。

章节测验

《风雨哈佛路》(2003)

第八章　成为一个幸福的人

案例导读　你幸福吗？

2012年中秋、国庆双节前期，中央电视台推出了《走基层·百姓心声》特别调查节目，记者们分赴全国各地采访包括乡村农民、城市白领、科研专家、企业工人在内的几千名各行各业的工作者，采访的问题是："你幸福吗？""幸福"一词迅速成为热门搜索词汇，引起全社会的热烈讨论。"你幸福吗？"这个简单的问句背后蕴含着一个普通中国人对于所处时代的政治、经济、自然环境等方方面面的感受和体会，引发当代中国人对幸福的深入思考。

让我们来看看采访中部分普通人对幸福的看法：

一对哈尔滨新婚夫妻："两人相爱就是幸福。"

一位昆明的街头擦鞋工："幸福就是开心，好好过日子。"

一位在新疆打工的拾花工："多挣钱，多给小孩攒点(钱)。"

一位在郑州就读的大学生："每天把该做的事做完之后，舒舒服服地玩就是幸福。"

一位天津的个体商户："陪着家人天天吃饭不就是幸福吗？陪着孩子写作业不就是幸福吗？"

一位成都的高中生："对现阶段的我来说，幸福是每天都能过得很快乐，不要担忧这个年龄段不该担忧的事情。"

一位银川的老年人："我是癌症病人，做完手术后恢复得挺好，这不就是高兴吗？做手术的时候儿女在跟前，他们都挺孝顺的，这不是高兴吗？有退休工资，生活无忧无虑的，这也挺高兴的。"

一位临终关怀医院工作人员："幸福其实是一种安心。顺境逆境也好，都能够淡然地化解掉，这是属于生活的一个历练，能达到一种境界。希望大家都能够在世界上寻找出每个人心情最好的一个平衡点，向我们的老人学习。"

一位甘肃敦煌月牙泉景区游客："幸福其实可以很简单，有时候跟朋友一起跳跳舞啊，出来旅旅游啊，或者是吃妈妈(做的)一顿饭啊，就很幸福。但有的时候幸福又很难，这些东西都拥有的时候你也可能感觉不到幸福。"

……

其实，中国人对幸福的关注，并不仅仅是这次电视调查引起的。往前追溯一点，有已经连续多年、每年都会出炉的"幸福城市排行榜"；再往前追溯，有一首大家耳熟能详的少儿歌曲《幸福在哪里》；追溯到源头，会发现我国春秋中叶以前的《尚书·洪范》一书最早对"什么是幸福"做出了比较系统的论述。接下来，就让我们一同探讨"幸福"这个话题。

话题讨论

(1) 幸福到底是什么？

(2) 人们对幸福有哪些误解？

(3) 我们怎样使自己变得更加幸福？

英国空想社会主义者欧文说："人类一切努力的目的在于获得幸福。"美国哲学家梭罗则说："任何人都是自己幸福的工匠。"在本书的最后一章，我们将通过介绍泰勒·本-沙哈尔博士提出的幸福的"汉堡模式"，来解析为什么幸福是快乐和意义的结合，探讨人们对幸福来源的错误理解，并为你提供一些如何做好自己的幸福功课的建议。

第一节　幸福是什么

什么是幸福？有成功的事业？有美满的爱情？有很多的财富？有健康的身体？有自由的时间？有长久的友谊？有高尚的思想？事业、爱情、财富、健康、时间、友谊、理想……这都是人们所谓的幸福。不同的人对幸福的理解和诠释不同。每个人都在按照自己的方式追求幸福。生活拮据时觉得丰衣足食是幸福，病魔缠身时觉得无病无灾是幸福，然而，当你身强体壮地过着衣食无忧的生活的时候，你仍然觉得幸福不够……

哈佛大学近年最受欢迎的"人生导师"泰勒·本-沙哈尔博士提出了一个有关现在与未来的幸福模式，如图8.1所示。他说："人类最大的动力，来自对生命意义的追求。如果想要一个充实而幸福的生活，就必须去追求快乐和意义两种价值。”

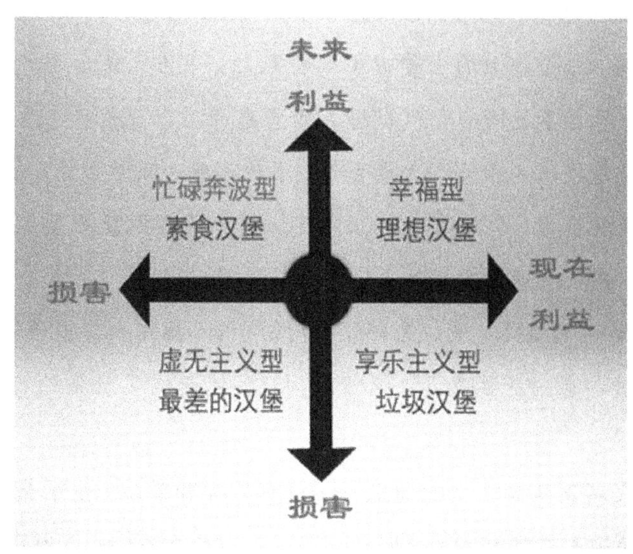

图 8.1 泰勒·本-沙哈尔提出的幸福模式

当年他为了准备年度最重要的壁球赛天天苦练，同时还严格地遵守饮食限制。在开赛前一个月，他只吃最瘦的白色肉类、全麦的碳水化合物以及新鲜蔬菜和水果。他告诉自己，比赛一结束，他就要好好大吃两天“垃圾食品”。比赛一结束，第一件事就是赶去他最爱的汉堡店一口气买了四个汉堡。当他坐下来，急不可待地撕开第一个汉堡的纸包，将汉堡放在嘴边的一刹那，他突然停住了。四个星期来他多么期盼这一刻的到来，现在当这些汉堡就在他面前时，他居然不想吃了。他开始努力思考这其中的原因，后来他发现了所谓的“幸福模式”，他也称它为“汉堡模式”(如图 8.1)。

他认识到在上个月，因为他的健康饮食，不但身体健康而且体能充沛，他相信他会享受那些汉堡的美味，但吃过之后他可能会后悔并影响健康。他看着眼前的四个汉堡，忽然发现它们每个都有自己的独特风格，代表了四种不同的人生态度和行为模式。

一、享乐主义型

第一个汉堡是他最先拿起来的汉堡，它虽然口味诱人，但却是标准的“垃圾食品”。吃它等于去享受眼前的快乐，但同时也埋下了未来的痛苦。及时享乐而出卖未来幸福的人生，可以称为“享乐主义型”。享乐主义者的格言就是“及时行乐，逃避痛苦”，他们注重的是眼前的快乐，不为任何可能发生的负面后果而担忧。享乐主义者认为，一个充实的生活，就是不断地满足自己各种各样的欲望。眼前的事只要能让他开心，就值得去做，一直到有更好的乐子再说。他们在爱情和友情方面精力旺盛，但新鲜劲儿过后，他们就会开始物色下一段感情。由于享乐主义者只看重眼前短暂的快乐，有时会让他们失去理智，比如吸毒。享乐主义者根本的错误在于将努力与痛苦、快感和幸福等同化了。

有这样一个故事：一个冷血的歹徒被警察打死后，一位天使出现了，并对他说可以答应他的任何要求。一开始歹徒对自己可以进入天堂感到难以置信，但慢慢地也接受了这个事实，并且开始贪婪地提出要求——大量金钱、山珍海味、美丽女性，每次都能如愿以偿，他感觉太棒了。但是慢慢地，他的喜悦越来越少，这种不劳而获的生活让他感到无聊。于是，他向天使请求一些有挑战性的工作，但天使回答道："这里什么都有，就是没有事情可做。"在没有任何挑战的情况下，他越来越不开心。终于，他向天使提出了离开天堂的请求，他说就算是地狱也好，他一定要离开。忽然之间，天使变成了魔鬼的样子并笑着向他说："你早就在地狱了。"

这就是享乐主义者误认为天堂的地狱——没有目标和挑战，生活毫无意义。如果我们只想着享乐，永远地逃避挑战和问题，那和一般动物有什么不同呢？当然，每个人心中多少都会有一些"享乐主义"的成分，但把努力和痛苦等同，只贪图享乐而不再追求生命的意义，那便进入了魔鬼设下的陷阱。

在一个与上述故事类似的研究中，心理学家付费给一些大学生，他们的任务就是什么也不要做。他们的基本生活需要得以满足，但不允许他们进行任何工作。在 4～8 h 后这些大学生开始感到沮丧，即使他们在这个实验中已经赚到了比真正工作还要多的钱。他们想要激励和挑战，拒绝这种"轻松的收入"。

心理学家米哈里·契克森米哈赖毕生致力于研究高峰体验和巅峰表现，他曾说过："人类最好的时刻，通常是在追求某一目标的过程中，把自身实力发挥得淋漓尽致之时。"享乐主义者的生活完全没有挑战，就不可能获得幸福。美国前卫生部秘书长加德纳曾说过："无论在山底或山巅，我们生来是为了奋力攀登，而不是放纵享乐。"

那么，请想一下，现在的你是否只为享乐而活？

二、忙碌奔波型

第二个汉堡口味很差，里面全是蔬菜和有机食物，食用这类汉堡的确可以确保日后的健康，但会吃得很痛苦。这类人与"享乐主义型"相反，他们牺牲眼前的幸福，为的是追求未来的目标。他称这类人为"忙碌奔波型"。忙碌奔波型的人不懂得如何去享受他们的工作，坚守着根深蒂固的错误观念："一旦目标实现，就会开心起来。"达到目标或成功之后，他们常常把放松的心情解释成幸福。这种幸福可称为"幸福的假象"，它们来自压力和焦虑的消除。这种幸福无法维持长久，因为它本身就是和负面情绪共生的。这就好比一个人头痛好了之后，他会为头不痛了而高兴，但由于这种喜悦来自痛苦的前因，当痛楚消散时，他很快就会把健康当成一种理所当然的事，病愈的喜悦早已消失得无影无踪。"忙碌奔波型"的人错误地认为成功即是幸福，坚信目标实现后的放松和解脱即是幸福，因此他们不停地从一个目标奔向另一个目标。

还记得前面叶子的故事吗？自叶子上学那天起，她忙碌奔波的一生就开始了。在中小学，为了考上大学，她每天忙于做功课；在大学，为了给未来的履历表增添色彩，她不停地应付考级考证；在职场，为了将来的晋升，她继续加班加点……她似乎从来没有享受过今天的日子，她生活在对明天的期盼中。叶子就属于"忙碌奔波型"的人。

为何有这么多这一类型的人呢？最主要的原因是社会环境和文化背景：如果成绩优秀，家长和老师会给奖励；如果工作努力，公司会给奖金……我们习惯性地去关注目标，却常常忽略了眼前的事情，最后导致终生的盲目追求。我们从不会因为过程而受到奖励，能否达到目标成了衡量一切的标准。社会只褒奖成功的人，而不是正在努力的人，也就是：只看终点，无视过程。

那么，请想一下，现在的你是否正为生活而忙碌奔波？

三、虚无主义型

第三个汉堡最糟糕，既不好吃也不健康，如果吃了它，不但现在无法享受美味，日后还会影响健康。与此类似，有一种人对生命已经丧失了希望和欲望，他们既不享受眼前的事物，也对未来没有任何期望，可称其为"虚无主义型"。虚无主义者是已经放弃追求幸福的人，不再相信生活是有意义的。如果"忙碌奔波型"代表为了未来而活，"享乐主义型"代表为了现在而活，则"虚无主义型"代表了沉迷于过去，放弃现在和未来，被过去的阴影所缠绕。这种心态在美国心理学家塞利格曼的研究中，被称为"习得性无助"。

还记得"习得性无助"这一知识百科吗？塞利格曼将实验狗分为三组。在三个地板充电的房间里，第一组狗被轻微地电击，而他们旁边有一个开关，只要碰一下，就可以停止电击。第二组狗也遭受电击，但他们没有任何方法阻止电击。第三组狗则完全没有受到电击。过了一会儿，所有的狗都被关进一个大箱子，箱子边上有着很矮的栏杆，接着开始进行轻微电击。第一组狗（曾经被电击，但学会了操纵开关停止电流的狗）和第三组狗（没有被电击过的狗）很快便跳出了栏杆，而第二组狗（无法停止遭受电击的狗）则无动于衷，它们只是在原地哀号。第二组狗就是"习得性无助"的受害者。

在一个类似的实验里，塞利格曼让两组人听噪声。第一组人有停止噪声的方法，而第二组人则无法阻止。迟些时候他再次向两组人施放噪声，这一次大家都有阻止噪声的方法，但先前实验中的第二组人却无动于衷——原因就是“习得性无助”。塞利格曼证明了人也同样非常容易陷入“习得性无助”。当失败或无助时，我们经常会选择放弃，甚至感到绝望。

“享乐主义型”“忙碌奔波型”和“虚无主义型”都犯了同一种错误，那就是都错误地坚持自己对于幸福的偏见。“享乐主义型”的问题在于“快感至上”——认为只要不断地享受短暂的快乐，就算没有未来的目标，也可以得到幸福。“忙碌奔波型”信奉的是“到达谬论”——认为只有在达成一个有价值的目标后，才可以得到幸福。至于“虚无主义型”本身就是一种谬论，对现实状况的完全误读——认为无论自己做什么，都无法得到幸福，他们最可怜，因为他们连前两种谬论中有限的快乐都感受不到。

那么，请想一下，现在的你是否觉得生活无意义？

四、幸福型

会不会还有一个汉堡，与第一个一样好吃、和第二个一样健康，是一个平衡眼下和长久益处的汉堡？最后的汉堡就叫作“幸福型汉堡”。生活幸福的人，享受当下所从事的事情，而且通过目前的行为，他们可以获得更加满意的未来。例如，一位学生在接到一家公司的聘请后，发现自己并不喜欢这份工作却又难以拒绝。虽然别的公司还有他喜欢的工作机会，但没有一家的薪水可与这家公司相比。他开始苦恼：为什么我总是生活得不开心？其实，不要问自己“何时才能快乐”，而要问自己“如何才能快乐”。

眼前的和未来的幸福是可以平衡的。比如，一个热爱学习的学生，可以在学习的过程中享受创造的快乐，而这种快乐也可以帮助他取得好成绩，并且获得未来的幸福。亲密关系中也一样，两人共同享受着爱情的美好，并帮助彼此成长与发展。还有当我们做自己热爱的工作时，无论是从事哪种行业，我们一样可以在工作中得到幸福。

但有一点要切记，如果企图永远幸福，可能只会导致失败与失望。并不是每一件事都可以同时为我们带来现在与未来的幸福。有些时候，我们确实需要牺牲一点快乐，去换取目标的实现。有些琐事是无法避免的，就像学习、攒钱、努力工作都不容易，但确实可以带来某种程度的长期成果。重点是，就算当我们必须得牺牲一些眼前的快乐时，也不要忘记在生活的方方面面仍然不断地去发掘那些能为我们带来即时的和未来的幸福感的行动。忙碌奔波型的错误观念在于，成功可以为他们带来快乐，但他们感觉不到过程的重要性。享乐主义型的错误则是，他们认为只有过程是重要的。虚无主义型是同时放弃了过程和结果，他们对生命已经麻木了。

忙碌奔波型是未来的奴隶，享乐主义型是现在的奴隶，而虚无主义型则是过去的奴隶。真正的幸福，需要我们为了一个有意义的目标去快乐地努力与奋斗。幸福不是拼命爬到山巅，也不是在山底瞎转，幸福是向山巅攀登过程中的种种经历和感受。

那么，请想一下，现在的你是否能够同时享受到现在与未来的好处？

知识百科　幸福日记

如果可以的话，你可以尝试每天抽出一点时间，按照自己体验到的真情实感，写下你现在或曾经所感受到的某一类型的经历。

如果属于忙碌奔波型，就写下你不停奔波，活得像忙碌奔波型的经历：为什么曾经是那样？你是否在其中得到了很多？你损失的又是什么？

如果属于享乐主义型，解释一下你只顾享乐的时刻与经历：你是否在其中得到了很多？你损失的又是什么？

如果属于虚无主义型，可以写下有关那个特别痛苦的时刻与经历，那个你感到绝望、无助的时刻，并解释你对它最深刻的感觉和想法，还有你之前或是现在仍有的感受。

如果属于幸福型，说明一下你经历的某个特别快乐的时刻或是某个经历。用你的想象力，让自己再次回到那个时候，重新感受一下当时的感觉，然后把那个感觉写下来。只要真实开放地去写，并记得定期回去翻看回顾，可能是三个月、一年甚至两年，你一定会从中受益匪浅的。

拓展阅读：幸福的理论

第二节　幸福的误区

在我们的周围，不难发现，经常会有人把“累”“心塞”“无聊”“郁闷”“空虚”等词汇挂在嘴边。英国广播公司电视台(BBCTV)曾经推出过一部纪录片——《幸福公式》，开篇提出了三个问题：“我们更有钱了，更健康了，智商提高了三倍，为什么没有变得更幸福？什么偷走了我们这一代人的幸福？我们的幸福又去了哪里呢？”接下来，我们来看看人们对幸福理解的三大误区。

一、幸福来自金钱吗?

台湾著名漫画家朱德庸把幸福分成两种，一种是看得见的幸福，一种是看不见的幸福，前者是物质的感观，后者是精神的感受。他认为一个人选择了何种幸福，就决定了哪一种人生。金钱可以买来幸福吗?几乎没有人会同意。但是如果是另一个问题:“再多一些钱会让你幸福吗?”这时大部分人都会微笑和点头的。由此可见，金钱和幸福之间存在着某种必然联系。

心理学家认为，当人们感到不确定、不安全和贫困时，物质主义，也就是崇尚金钱和财富的观念会比较流行。当缺乏安全感时，人们在得到一些新的占有物时常常能获得暂时的情绪提升。但是，这种满足是十分短暂的。物质主义在现代已经很流行，很多人都希望自己变得越来越富有，想买什么就买什么，但不认为“形成一个有意义的生活理念”是非常重要的。换句话说，就是物欲膨胀，信仰消失。

在贫穷的国家里，低收入往往意味着基本生活需要会受到威胁，因此相对富有确实可以带来幸福感。但在富有国家，大部分人的基本生活需要已经得到满足，金钱的重要性就会降低。调查显示，即便是非常有钱的人，例如《福布斯》杂志上最富有的一百位美国人，尽管他们拥有足够多的金钱可以买到很多自己既不需要也不在意的东西，但有80%接受调查的超级富豪认为:金钱既能增加幸福也能减少幸福，这都取决于金钱的使用方法。

不管有多少钱，总有人会嫉妒那些比自己有更多钱的人。曾经的一项调查是询问人们是否愿意选择一份比国家平均水平高的薪水，他们本可以选择在某个国家获得一份较高的工资，但是这份工资是低于该国平均水平的，然而出人意料的是，绝大多数人都选择在一个平均水平较低的国家拿一份并不是那么高的薪水，只是这份薪水高于平均水平而已。这种选择也不是没有道理，但是别人比自己富有不应该成为不幸福的理由。别人过得很充实那是一件好事情，不要仅仅因为自己没有超过自己身边的人就感到痛苦不堪。

时至今日，大多数中国人的物质生活已经不错了，但一些人的精神生活还没有跟上。比如父母教育孩子说:好好学习，将来赚大钱;同学在聚会上问:你现在工资多少钱;外出去旅游，顾不上欣赏风景，忙着自拍用来上传炫耀;急着买房子、买车子、买贵的东西，担心失去证明自己的机会……是不是可以停下匆忙的脚步，扪心自问一下:我真的感到幸福吗?或许，我们可以选择用一种简朴宁静的生活替代一种奢华空虚的生活。生活的目的并非拼命积累钱财，我们必须学会珍惜自己所拥有的，并且感恩已经获得的生活。幸福不在于拥有什么，而在于内心的满足感。

二、幸福总在别人家?

人们大部分的生活是以社会比较为中心的，正如那个有关两个徒步旅行者遭遇狗熊的笑话所说的那样。一个徒步旅行者从他的背包中拿出一双运动鞋，另一个徒步旅行者问："为什么要穿上运动鞋？你不可能比一只熊跑得还快！"那个人却说："我不需要比那只熊跑得还快，我只需要比你跑得快就够了。"我们感觉到幸福或不幸福依赖于我们和谁相比较。当人们进行向上比较时，可能会产生一种相对剥夺感：期望与实际所得之间的差距会产生挫折感。特别是在社交网络日益发达的今天，人们常常会接触到他人发送的各种信息，当人们意识到其他人拥有自己没有的东西或经历时，自身的欲望诉求就会不断上升而使自己变得越来越不满意和不幸福。

相对地，向下比较似乎是人们天生就有的倾向。心理学研究者曾经做过实验发现：与那些在实验中完成以"我希望我是……"开头的句子的被试者相比，那些完成"我很高兴我不是……"句子的被试者在之后的测验中，表现出更少的抑郁迹象以及更多的生活满意。在面临困境或挫折时、在遭遇不快乐或不幸福时，人们总是试图在黑暗中寻找一线光明，通过与那些比自己不幸福的人进行比较来获得心理平衡。在了解到他人的遭遇更糟糕时我们会更加看重自己的幸福，并意识到自己也许并不需要那些"东西"。有一则名言如是说："我因为没有鞋穿而感到沮丧，直到我发现还有人没有脚。"

在生活中，当看到身边的人赚钱了、拿奖了、升迁了、换房了、买车了……有的人可能会暗暗地羡慕嫉妒恨，窃窃地想：为什么幸福总是围绕在别人身边？人们总是艳羡别处的风光而错过眼前的美景。每个人都有属于自己的美好与幸福，每个人也同时会有痛苦与无奈。当你在羡慕别人的时候，你怎么知道对方是不是也在羡慕你呢？著名诗人卞之琳有一首著名的诗歌《断章》就很好地说明了这个道理："你站在桥上看风景，看风景的人在楼上看你。明月装饰了你的窗子，你装饰了别人的梦。"

所以，幸福是个比较级，知足才能常乐。但是，幸福又不是比较级，快乐源于内心。人生的意义在于发现自我，然后通过与外界即世界建立一种联系而认识自我，再从这种联系中跳脱出来，实现自我价值，完善自我。幸福是一种抽象的唯心的东西，是在自我的世界里感受而形成的。我们不能仅仅依赖比较去维系一种感官上的优越感，那会把幸福变成一种自欺欺人的把戏。抛弃心中浮躁，敞开心扉感受，用充满爱的眼睛，随时随地去发现幸福吧！

知识百科　我生命中重要的五样幸福

首先请你全身放松，排除杂念，保持一个平和的心态。然后开始吧。

第一步：请你仔细思考下你生命中重要的五样幸福并在纸上记录下来。这五样幸福可以是你拥有的实在物体，例如食物、水、金钱；可以是你感觉在一起幸福的人或动物，例如父母、朋友、爱人或狗；也可以是精神上的幸福，例如爱情、亲情、理想；还可以是你所做过的幸福的事，拥有的幸福的瞬间，例如旅游、听音乐、和朋友一起玩游戏等。反正就是你觉得到现在为止你感到最幸福的东西、事件。

第二步：你写好了吗？也许现在你已经发现你生活中的美好点滴，那幸福的人、事、物。但是人生总有很多意外，假如有一天，发生了出乎意料的灾难，五样宝贵的幸福之中的一个不得不离你而去，你会选择划掉哪一个？删除就代表它将不会再出现在你的生命里，你永远地失去了它。你现在有什么感受？你的心情如何？这一失去会对你的生活带来什么影响？请你写下自己的感受。

第三步：假如灾难还在继续，你又要失去一个宝贵的幸福，你需要再一次划掉一个条目。你要再次问一下你的内心，并把自己的感受进行记录。然后，请你继续进行删除并去内省。就这样，真的很难为你，但你不得不继续作出选择，直到只剩最后一个幸福。

艰难的选择到此结束了。现在请你看一下剩下的最后一个幸福。这应该就是你内心中感到最幸福、最重要的东西。请你再回想一下，在这一过程中的你所作出的选择，还有你体验到的心情与感受，例如挣扎、无奈与痛苦。幸运的是，这些幸福还在你的身边，希望你从今以后重视、珍惜与善待。

三、幸福来自完美吗？

假想一下，如果生活中只有晴空万里而没有乌云笼罩，如果生活中只有幸福而没有悲哀，如果生活中只有快乐而没有痛苦，如果这样的生活存在的话，将不是人的生活。幸福是由悲伤和喜悦缠绕在一起的密线，快乐也需要悲伤来显现，在生活的法则中，不幸和幸运总是交织在一起。

作家三毛说：“人类往往少年老成，青年迷茫，中年喜欢将别人的成就与自己比较，因而觉得受挫。好不容易活到老年，仍是一个没有成长的笨孩子。我们一直粗糙地活着，而人的一生，便也这样过去了。”智慧丰富的人们都明白这个道理：追求从来没有的东西，根本就不存在的东西，只会令自己徒增烦恼罢了。所以，一个人要想让自己幸福、快乐一点，就不应处处苛求自己，不如把自己的瑕疵当作自己进步的突破口。

生命与生活，一个是有限的，另一个是无限的。至于每一个有生命的个体，从他出生的那一刻，直到他死亡的那个瞬间，生活都不曾离开过他的左右。造物主是吝惜的，他不会给一个人太多。有句话如是说：“每个人都是被上帝咬掉一口的苹果。”如果每个人都能够懂得这一点，心态就会变得平和，就会明白生命其实就是一种心境。所以，我们要用不过分追求完美的平和的心去尽力做好每一件事，你定会感觉到生活是如此的轻松与惬意，并很容易发现，生活中许多美好的事物就在我们身边。生活给了你明亮的眼睛，让你去寻找光明与希望、快乐与幸福。

完美在很多时候都是人们所追求的最高理想和最高境界，可等你真的向那个目标进发时，你会发现现实并不如你所期望的那样美好。完美本身其实就是一种不完美，因为过多地苛求自己不但会影响自己的发展，还会使自己过于劳累，心灵过于疲惫。那些追求完美生活的人常会感到不安，根源在于他们用一种不正确且不合乎逻辑的态度看待人生。他们最为普遍的错误想法就是，不完美的事物是没有任何价值可言的。例如，若在考试中考了99分，剩余的那1分会变成他们心中长时间的痛。追求完美的人还存在一个心理误区："自己永远不可能再把这件事情做好了。"他们可能会自怨自艾，无休止地责备自己，内心不断感受到受挫和内疚，快乐从此难寻。

有的人总是不断地苛责自己，例如对自己的言谈举止要求时刻保持高雅而优美，遇到发言时就拼命克制自己的紧张，工作时要求自己做到最完美，旅游前总要计划好每天的活动和每条线路……完美主义是一种枷锁。不要奢望"鱼和熊掌兼得"的完美，有时候完美并不等同于美丽，恰恰是缺憾的验证。有句谚语说："世上没有不生杂草的花园。"完美主义让我们不能接受事实，也不能满足于现状，以至于减少了很多成功的机会，因此我们要解除这种枷锁给我们的武装，把一个真实的自我释放出来，这样才是真正改变了自己，这样才能真正做一个幸福的人。

哲理故事 世上不存在完美

从前，一位技艺精湛的老玉匠希望有人能接自己的班。不久，他招了三个徒弟。经过五年细致耐心地传授，老玉匠想考察一下三个徒弟。他把三个人叫来并交代道："在这个世界上，有一块无价之宝，它没有任何缺陷且存在于崇山峻岭深处。你们已经学艺多年，也是检验你们学习成果的时候了。你们都去找那块美玉吧，找不到就不要回来见我。"

第二天清晨，三人便向深山出发，踏上了寻找绝世美玉之路。大徒弟是一个执着而又注重生活实际的人。他在途中，偶尔会发现有些许瑕疵的玉石，也会发现成色质地粗糙但形状特别的玉石。每每于此，他都会很细心地将各种玉石归类并一一放到包裹里面。四年后，尽管并没有找到那块美玉，但也拾得了满满一行囊的玉石，自己也有一种满足感。而且他很想念自己的恩师，决定即使被师傅训诫也要回去。在他看来，这些玉石也很美，虽然没有达到极致的完美。

路上，他遇到了两手空空的师弟们。两个师弟认为：“你这些东西根本不是师傅所说的那块美玉，师傅是不会满意的。我们不回去，我们要继续寻找那块绝世的美玉。”大徒弟便一个人带着他的那些玉石回去见师傅了。当他把自己的成果交给师傅时，师傅脸上露出了欣慰的笑容。

他把两位师弟说的话转达给师傅，师傅听后叹气道：“他们不会回来了，他们俩都是不合格的探险家。如果他们幸运的话，能够中途醒悟，明白至善至美是不存在的这个道理，那是他们的福气。如果他们不能醒悟，便只能付出一生的代价了。”

又过了三年，二徒弟也回来了，他只找到了几颗玉石，但却费了很多的心力。师傅见过后，面带笑容，为他的醒悟感到庆幸，同时也为小徒弟深感惋惜。

又过了很多年，师傅的生命已经奄奄一息了。大徒弟和二徒弟对师傅说要派人去寻找师弟。师傅说：“不用去找了，经过这么长的时间和那么多的失败都不能够使他醒悟，这样执迷不悟的人，即使回来了又能够做什么事情呢？”世界上并没有完美的玉，也没有完美的人，为追求这种东西而耗费生命，只会落入“白了头，空悲切”的境地。

拓展阅读：幸福是实现目标吗

第三节　努力获得幸福

一种幸福的生活，需要内在的价值观支撑，也需要为幸福而努力奋斗的过程和坚持。寻找一条适合自己的路去追求幸福是最明智的。如何才能使自己变得更幸福？下面的一些建议也许能帮助你做好自己的幸福功课。

一、健康的生活方式

先请你回顾一下第一章中健康生活方式的评估。我们知道，一种健康的生活方式是在以下各个方面彼此强化的积极的习惯：环境方面、智力方面、情感方面、精神方面、生理方面和时间方面。健康的生活方式会渗透到我们的工作、学习和家庭中并会影响他人。我们不断面对的问题是，如何在每一个领域中最大限度地挖掘我们的健康潜力。当你在某一方面取得进步时，其他方面也会自动地受益，因为健康的各个维度是相互联系且相互促进的。而且，每个人都有能力对自己的生活方式作出独立的选择。

1. 探索自我

马斯洛说过："人如果不能时刻倾听自己的心声，就无法明智选择人生的道路。"虽然内心和思想都很难度量，但我们还是可以对自己的幸福作出评估，并思考如何才能变得更幸福。我们可以从记录每天的事项开始，并且写下它们带给我们的快乐和意义。

每天用一点时间，记录下当天的生活，可以帮助我们找到自己的幸福模式。比如，我们可能会发现，我们的大部分时间都用在那些在未来可能获益，但我们并不享受的事情上，或是做了太多既没有意义，也不快乐的事。据此，我们就可以为自己的生活作出更好的规划。

虽然有一些可以帮助人们获得美好生活的基本原则(比如说找寻快乐与意义)，但绝对没有任何统一的方法。人类是多元化的、复杂而各不相同的；每个人都是独特的，都活在自己的世界里。通过记录自己的生活，我们可以看见自己独特的需要。

用一两个星期的时间，把自己的日常作息记录下来。在每天结束前，写下你是怎么使用时间的，从花五分钟回复电子邮件到看两小时的电视都可以。这个练习不需要特别精确的回忆，它所提供给你的仅是一个整体的回顾。

在每个星期结束时，画出一个像表 8.1 一样的表格，上面要包括你所做的事情、它们带来的意义和快乐的多少，以及你所花的时间。你可以通过为所做事情评分来体现它们带给你的快乐与意义的多少，比如说－5 分是最低分，而 5 分为最高分。在所用时间旁边，注明你希望以后用更多还是较少的时间在这件事情上。如果希望用更多的时间就写个"＋"，很多时间的话就写"＋＋"，减少就写"－"，保持写"＝"。

表 8.1　幸福表格

活动	意义	快乐	时间(每周)	希望
与家人相处	5	4	2.2 h	＋＋
看电视	2	4	8.5 h	－
做运动	4	4	2 h	＝
…	…	…	…	…

这个练习就像我们生活的镜子，可以帮助我们对自己保持诚实，在日常生活中体现自己的最高价值。更高的自我一致性可以带来更多的幸福感。其实我们知道很多对我们重要的事情，但却在"知"和"行"上经常会有很大的出入。在做这个练习的时候，最好能和一个熟悉自己、关心自己的人一起完成，让对方来帮助你更坦诚地面对自己的内心。

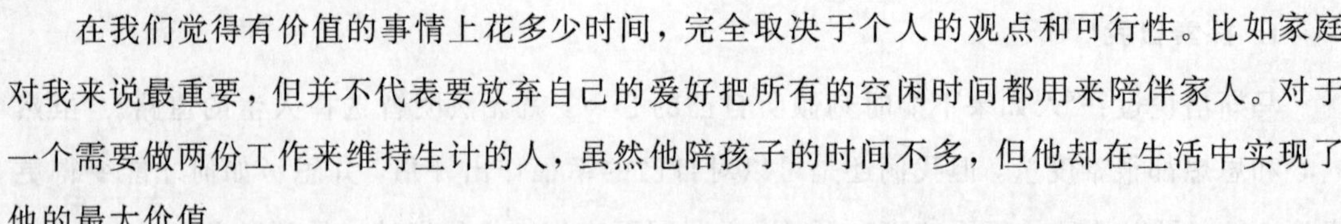

在我们觉得有价值的事情上花多少时间，完全取决于个人的观点和可行性。比如家庭对我来说最重要，但并不代表要放弃自己的爱好把所有的空闲时间都用来陪伴家人。对于一个需要做两份工作来维持生计的人，虽然他陪孩子的时间不多，但他却在生活中实现了他的最大价值。

2. 设定和谐目标

当我们感到并追随生命的喜悦时，我们不仅可以享受人生，也会更加成功；反之，如果内心没有一个清楚的方向，我们很容易陷入漫无目的的游荡，也很容易从真我的道路上被拉开。当我们知道自己的方向时——意识到那是自己非常想达成的目标时——我们就不容易迷路，我们也会对自己诚恳。我们可以轻松地对外界那些强加到我们身上的东西说“不”，而对自己内心的声音说“是”。时间是一个“零和游戏”，是非常有限的资源。生命如此短暂，连做我们想做的事情都来不及，怎么能只用来做不得不做的事情呢？

所以，一定要为自己设定一个自我和谐的目标。自我和谐的目标是指与个体的兴趣、爱好及核心价值、信仰相一致的目标(like to do)。相反，自我不和谐的目标是指个体并不真正喜欢、不愿意去追求的目标(have to do)。追求自我和谐目标的人，通常不但更成功，而且比别人更幸福。自问一下，哪些是自己在生活的各个方面真正想做的事——诸如与其他人的关系或工作，等等。

自我和谐目标的设定包括：

(1) 长期目标。长期目标也就是地基型的目标，从 1 年到 30 年的都可以。这应该是一些有挑战性的目标，让你发挥潜能的那种。目标是为了让我们能享受旅途上的快乐，激发我们自身的潜力，实现与否倒在其次。

(2) 短期目标。短期目标分类或分期消化长期目标，即对于自己的长期计划，你在未来的一段时期要怎么做。

(3) 行动计划。在未来的日子里，你需要做些什么来帮助目标的实现呢？给自己拟定一套行程表，无论是每日的还是每周的(这些就是你即将要养成的习惯)或是一次性的。

当我们不为自己设定明确的目标时，很容易就会被外界所影响——转而追求那些很难达到自我和谐状态的目标。我们常常会面临两种选择，被动地被外来因素所影响，或是主动地去创造属于我们自己的生活。作出属于你自己的选择吧。

3. 简化生活

著名几何学家陈省身有一个有趣的“数学人生原则”，说数学的一个重要作用就是九九归一，化繁为简。我们的生活同样需要回归简单。生活在这个繁杂的世界，面对各种诱惑、陷阱、选择、关系等，我们的日常生活无意义地复杂化了。不适度的忙碌，加上日常的压力，引发了我们在生活中的很多不快乐。心理学家蒂姆·凯瑟认为，时间上的富裕比物质上的富裕，要能给人更多的幸福感。时间上的富裕，代表的是人们有更多的自由时间，去追求对个人有意义的事情，有更多的时间去反思，以及去享受快乐。相反地，时间上的贫困，给人的感觉是惯性压力、忙碌奔波、工作过量以及生活落后。我们需要做的是看看周围(或通常是自身的)，就可以发现，在今日社会里普遍存在着时间短缺问题。

要解决时间短缺问题，除了简化生活，是没有任何其他方法的。这代表着去“保卫”我们的时间，学会怎么去说“不”，以及选择自己真正想做的事，而在同时，我们也要学会放弃其他一些琐碎的事。幸运的是，做得少不代表做得不好。

另外，那些带给你意义和快乐的事情要给予它们你最大的注意力和努力，如和家人相处、致力工作上的某个任务、运动、冥想、看电影等。

简化生活，还要排解和别人的纷争。无论大小，去想象一个你和他人的纷争，把它写下来，看看它从你和对方身上所剥夺的幸福，想想看是否值得这样做？如果不值得，那就看看有没有其他方法可以去解决这个问题，寻找一个可以为你和对方带来幸福的处理方案。比如说，对一个让我失望的朋友，我是否应该对他记仇呢？这样做，可以为我或他带来任何幸福吗？或是我应该把问题提出来，与他好好沟通，然后恢复我们的友谊，继续追求友情中的幸福呢？对他人的行为感到生气不但不是错误的，而且是自然的，它甚至是一种正确的感觉。但在大部分的情况下，人们真的可以放下对家人、朋友或是任何人一些不必要的愤怒或是仇恨。在这个过程中，我们所要问自己的问题是：“怎样才能带给我更高的幸福感？”

自我测试：通往幸福的途径

二、积极的心理状态

我们不能改变世界，唯一能改变的只有我们自己。尽管生命无常、生活起伏，人生充满了诸多不如意的地方，但是有不少的东西是完全可以把握的，那就是我们自己的心理状态。有人说，每个人身上都有一种看不见的法宝，它的一面写着“积极心态”，另一面写着“消极心态”。积极的心态可以使你达到人生的顶峰，而消极的心态会使你一生贫苦和不幸。怎样才能拥有积极的心态呢？

1. 快乐地学习

学生厌学的现象在高校中非常普遍。这可能与多种因素有关。当强调成果(实在的目标)高于建立学习的兴趣(无法衡量)时，学校其实已经是在鼓励忙碌奔波的信念，以及抑制孩子的情感成长了。“忙碌奔波型”所相信的就是成果比情感上的快乐更重要，因为他人会对成果做出赞赏，而情感只会影响获取成果，所以最好压制它或是根本不要去理会它。具有讽刺意味的是，情感不仅是追求至高财富——幸福的必需品，而且也是追求物质的必需品。美国心理学家戈尔曼指出(心理学家们一致同意)，人类的智商(IQ)对于成功的帮助只有20%，其他80%则来自其他方面，其中包括情商(EQ)。"忙碌奔波型"的想法本身就和情商相冲突，更不要说既快乐又成功地生活了。

如果学习任务难度高而能力不足时，我们会感到焦虑；相反，如果能力强而任务太简单时，我们会感到乏味。于是许多学生不是感到焦虑，就是觉得乏味，因此他们无法享受学习过程或是发挥出真正的潜力。

契克森米哈赖指出，人在12岁时，已经可以清楚地将工作和玩耍区分，这是一种跟随我们一生的分辨能力。孩子得到的一个明确信息是，教育就是学校作业、家庭作业，以及努力用功。但把学校作业当成工作的话，很容易会使孩子们厌烦——因为只要是人，都不会喜欢"工作"。这种厌恶在社会文化中相当的根深蒂固。

为了能让自己在工作和学习上得到更多的快乐，我们首先得改变我们的观点——改变对工作的偏见。加拿大心理学家赫布于1930年关于这一点的研究对我们很有帮助：

600名15岁的学生得到了这样的信息：他们不需要再做家庭作业。如果不听话，他们就会被罚出去玩；如果好好表现，他们会得到更多功课。赫布发现在这种情况下，短短的一两天之内，学生们都选择了好好在课堂上表现(他们学到了更多的知识)。如果我们可以学会改变对工作的态度，把工作视为一种特权，而不是责任(对孩子们也一样)，这样我们不但会感到更幸福，也可以学到更多的东西同时有更好的表现。

最成功的人，都是活到老、学到老的人。他们不停地发问，也会不停地去探索这个奇妙的世界。无论你是在生命里的哪一段(无论你是5岁或是115岁，无论你正是风光无限，还是艰难地奋斗)，你都可以为自己建立一套学习计划。你的计划可以包括以下这两个方面：个人成长和专业成长。在每类学习中，用心地去找寻快乐(如阅读并思考很快乐)和意义(书中的知识会促进你全面成长)，学会把你的计划规律化、习惯化。

学习是一种特权，享受学习的快乐和意义吧！如果可能的话，请不要放弃任何情景下的学习机会。

2. 开心地工作

人们对待工作有三种态度：工作、事业或是使命感。如果只是把工作作为一种任务和赚钱的手段，而不是期待在其中有任何的个人实现，这种情况下，人们每天去上班是因为他必须，而不是他想去；他所期盼的，除了薪水之外，就是节假日了。

把工作作为事业的人，除了注重财富的积累外，也会关注事业的发展——权力和声望等。他们所关注的是下一个升职的机会——从副教授到终身教授、从老师到校长、从助理编辑到总编辑……

对于把工作看成使命感的人来说，工作本身就是目标。薪水和机会固然重要，但他们工作是因为他们想要做这份工作。他们的力量源于内在，同时也在工作上感到了充实；而他们的目标，正是自我和谐的目标。他们对工作充满热情，在工作中达成自我实现：工作对他们来说是一种恩典，而不是打工。

我们对工作的定位——无论是工作、事业还是使命感——对我们在工作和其他生活方面的幸福感均有影响。

寻找适合的工作（可以发挥我们的优势和热情）通常是很有挑战性的。按照寻找意义（meaning）、快乐（pleasure）和优势（strengths）的方法（简称MPS法），我们用以下三个关键问题来问自己：什么带给我意义？什么带给我快乐？我的优势是什么？要注意顺序，然后看一下答案，去找出这其中的交集，那个工作就是最能使你感到幸福的。

MPS法也可以帮助我们在其他生活领域中做出重要的决策。好比在学校选修课程，我们就可以去选择处在三者交集之中的课程，一个既可以为我们带来未来的意义，又使我们快乐而且还可以发挥我们优势的选择。

除了做出巨大变动来改变生活，另一个方法就是在现有的生活中，增加那些自己觉得喜欢、有意义和自己擅长的事情，或是在正在从事的事情中，挖掘其中的幸福。而通常我们甚至不用挖掘得很深，就可以发现它们。

我们对于工作的偏见，或是对其意义的狭隘认识，经常让我们错过生活的真相，那就是我们随时都有获得更幸福的潜力。这个练习是为了帮助我们发现，并且找到那些隐秘的财宝。请描述一下你每日的日常活动，把它们填在前面提到的生活记录练习的时间表上面。在审视它们的同时，问自己两个问题：

（1）你是否可以改变工作上的一些常规内容，用一些让你感到有意义和快乐的工作，来替代不能激起你热情的那些任务？

（2）无论你是否可以作出改变，自问一下，在目前的工作中，有哪些未被发掘的潜在意义和快乐？

基于以上的两个问题，我们可以把“工作描述”改写为“使命描述”。把自己目前的工作重新描述一下，要写得令人向往。当然这并不是说要言过其实或者夸夸其谈，而是客观地发现并记录下这份工作潜在的意义和快乐。我们看待工作的方式，我们向他人介绍自己工作的方式，可以极大地影响我们在其中的体验。

3. 关爱自己和他人

做任何事，无论是和朋友相聚或是当志愿者，你需要考虑的最重要的因素是，它能否让你开心。这可能会让很多人感到不安，觉得这是自私的行为——以自己的幸福、自己的私利为所有举动的出发点。这种不安的来源是一种信念，这种信念是一种道德上的责任感。根据康德所说，如果一个人因为高兴而去帮助人(因为那样可以使他开心)，那他所做的事是没有道德价值的。他们相信，持续的以私利为出发点，最终只会带来与别人利益的冲突。如果我们不与自私倾向斗争的话，我们将会去伤害他人，无视他们的需要。

世俗的眼光所看不到的是，我们并不需要在乐于助人和自助上作出选择，它们是可以共存的。事实上，就像美国哲学家爱默生所解释的那样："人生最棒的补偿，就是世上没有任何人，可以在不顾自己的情况下衷心地去帮助他人。"自助与助人是分不开的，帮助别人越多，自己就越开心；自己越开心，就越容易去帮助别人。

为别人带来幸福，就是帮自己带来意义与快乐，也就是为什么乐于助人是幸福人生的一大要素。这并不能解释成我们要为了别人而活。如果我们不为自己的幸福打算，慢慢地我们会伤害自己，连带着也会伤害我们乐于助人的心。一个不开心的人，就不太容易去善待别人，由此所带来的则是更多的不快乐。

要记住的是，想要做一个健康幸福的人，关心自己和关心他人一样重要。

4. 从当下开始

一般人对幸福的一个误解是，觉得某一样东西可以终生改变他们的幸福感，比如说一本书或是一位老师、一个梦中情人、某件事情的成功、一个奖品或一个伟大的发现。当然，以上的事情确实可以为我们带来很多快乐，但它们都不是永久的。如果去相信这些"神话"，只会导致失望。任何幸福的生活，绝不是源于某一件重大的事情或改变。"Happiness"有幸福之意，这个单词源自古英语里的"hap"，指机会或运气(不论好坏)，意思就是人的遭遇(happens)。换句话说，按照词源上的解释，幸福或说快乐应该是"所有当下的经历"。

美国存在主义心理治疗大师亚隆在对晚期癌症病人的治疗中发现，在与死亡抗争的过程中，许多病人进入了一种境界，而这种境界，要比他们在生病前丰富得多。许多病人对生命的看法有了重大的改变。他们不再重复琐碎的事情，重新找到了生命的控制权，停止去做他们不愿意做的事情，加强了与家人和朋友之间的沟通，全然活在当下。当一个人的注意力从琐碎的假象里移出时，一个人对身边环境更加感激的心就诞生了：变换的季节、花草和树木、他人的关爱。病人们一直说："我们为什么等到现在，等到得了癌症之后，才能真正学会重视与感激生命？"

如果想要实现幸福的生活，想要发挥追求幸福这一至高财富的潜力，我们首先要做的是去接纳"活在当下"的理念，也就是去关注那些日常生活中的小东西，那些普通而平常的小事情。比如我们可以从与亲人相处、学习新知识以及工作任务中获得意义与快乐。我们日常生活里这些快乐的事情越多，我们自然就会更幸福。

微课视频：活在当下的幸福

三、提高主观幸福感

幸福地生活是很多人的目标。幸福不是外在物质，而是主观体验，也就是说幸福取决于你怎么想，而不在于你有些什么。塞利格曼提出了一个影响主观幸福感(subjective well-being，SWB)的公式：

$$H=S+C+V$$

其中，H是幸福的持久度，S是幸福的范围，C是生活环境，而V则是你可以控制的因素，包括对过去经验的感恩和宽恕，对未来的乐观和希望，以及享受当下。

1. 幸福范围

也许你曾经幻想过做成某件重要的事情，会给你的一生带来持久和巨大的幸福。但心理学家研究发现，无论是积极事件还是消极事件，它们对主观幸福感的影响很少是长期的。有研究追踪了22名中彩票大奖的人，发现在经过一段时间以后，这些人的幸福感又回到了中奖之前的水平。另一个针对车祸导致瘫痪病人的研究发现，在车祸或意外发生后的8周内，这些人的积极情绪就开始超越消极情绪。84％的严重残障者认为，他们的幸福感处于平均值，甚至比平均值更高。一些遗传行为学家认为，人的幸福感和其他心理变量一样，有很大一部分是遗传因素决定的。你的基因为你的幸福感提供了一个范围，在幸运或者不幸的事情过去以后，你的幸福感很容易重新回到这个范围内。

2. 生活环境

如果让你来想象什么样的人最幸福，你可能会想象一个富有、年轻、已婚、健康、受过良好教育的人。我们通常认为，财富、年龄、婚姻、健康和教育状况决定了一个人幸福与否。事实上，金钱和幸福感的关系是复杂的。一般的规律是，当你处于基本生活得不到保障的贫困阶段时，收入的增加确实能够提高你的幸福感，而一旦超过了生活需要，财富增加所带来的幸福感就微乎其微了。另外，你对金钱的看法有时候比金钱本身更影响你的幸福。一个有趣的现象是，越看重钱的人，对他们的收入越不满意，对他们的生活也常常越不满意。婚姻确实和幸福感有密切的联系。一项调查发现，已婚者要比未婚者、离婚者、分居或独居者有更多的幸福感。但尚不清楚是因为幸福的人本身更容易找到伴侣，还是因为婚姻给这些人带来了幸福。与婚姻相关，良好的人际关系和充实丰富的社交生活会给人带来幸福感。年龄并不是影响幸福感的因素。研究发现，随着年龄的增长，生活满意度略微上升，愉快的情绪略微下降，而不愉快的情绪则没有改变。健康当然是幸福的重要条件。但是研

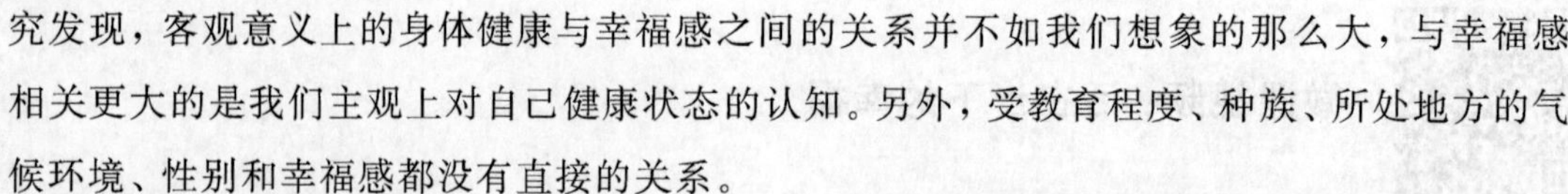

究发现，客观意义上的身体健康与幸福感之间的关系并不如我们想象的那么大，与幸福感相关更大的是我们主观上对自己健康状态的认知。另外，受教育程度、种族、所处地方的气候环境、性别和幸福感都没有直接的关系。

3. 感恩和宽恕

虽然以精神分析为代表的心理学家都强调过往经历，尤其是童年经历对我们当前心理的重要影响，但这种说法并没有绝对证据。相反，有研究发现，对过往的美好时光不能心存感激和欣赏，对过去的不幸夸大其词、念念不忘，是我们得不到平静、满足和满意的罪魁祸首。而对美好经历的感恩，对伤害的宽恕和遗忘，都能带给我们更多的幸福感。想想生活中值得我们感激的人和事，把它们详细地写下来，如果可能的话，向这些人当面表达你的感激之情，你会有不一样的感受。感恩能将过去生活中好的一面放大，同样，仇恨会将过去生活中坏的一面放大，如果不能放下，仇恨很可能造成对心理的二次伤害。

4. 乐观和希望

如果说感恩和宽恕是面对过去，乐观和希望则是面向未来。乐观和希望能够帮助你在遭受打击时对抗沮丧，面对挑战时表现良好，还能使你更健康和幸福。塞里格曼教授对悲观思维和乐观思维的特征进行了区分。对于发生在自己身上的不幸的事情，悲观的人总认为它们是永久的、必然的，而乐观的人则总是认为它们是暂时的、偶然的。相反，对于发生在自己身上的好事，悲观的人总认为是暂时的、偶然的，而乐观的人则认为是永久的、必然的。对坏事的永久性解释会造成长期的无助，而暂时性的解释则能迅速恢复。对坏事的必然性解释会把坏事带到生活的各个层面，而偶然性解释则会把坏事维持在原来的地方。

5. 享受当下

幸福的生活意味着既不沉溺于过去，也不盲目于未来，而同时要珍惜现在、享受当下。当下的愉悦感觉是幸福感的来源之一。事实上，我们都有“找乐子”的经历，如看一个肥皂剧、享受美食、玩游戏。这些休闲活动能够为我们的感官带来愉悦的感觉。但是另一些更深、更强烈的感觉并非来自感官刺激，却与我们的幸福感有更密切的关系。如专注于一件事情，只是感受事情本身。心理学家用“心流(flow)”来表示全心投入时心理所能达到的完美状态。当我们进行画画、打排球、公开演讲、攀岩等具有挑战性且需要技术的活动时，常常有这样的体验：我们忘记了自己，没有情绪，也没有意识，只把注意力集中在我们正在做的事情上。那一刻，时间仿佛停止了。相比于感官的愉悦，心流所带来的是和成长息息相关的、更加深厚的幸福感。什么是活在当下？简单来说，就是吃饭的时候吃饭，睡觉的时候睡觉。

为了达到幸福这一至高目的，你需要做好自己的幸福功课。可以从探索自我、设定和谐目标和简化生活开始培养健康的生活方式。努力去享受学习的快乐和意义，并寻找那些自己觉得喜欢、有意义和自己擅长的事情，感受工作带来的使命感。在帮助别人的同时，也不忘照顾自己。在日常生活的点点滴滴中去积累幸福、体验幸福。

最后请记住；幸福取决于你怎么想，而不在于你有些什么；幸福是奋斗出来的！

自我测试：总体幸福感问卷

章节测验

佳片欣赏　《岁月神偷》(2010)

参考文献

[1] 吕澜，等. 大学心理健康教程. 北京：中国社会科学出版社，2011.

[2] 王亚楠. 大学心理健康教程. 西安：西安电子科技大学出版社，2018.

[3] 程刚，黄黎，浦晓黎，等. 大学生心理健康教育教程. 杭州：浙江大学出版社，2018.

[4] 郭芳，陆茜，赵贞卿. 大学生心理健康教育. 苏州：苏州大学出版社，2020.

[5] 理查德·格里格，菲利普·津巴多. 心理学与生活. 王垒，等译. 北京：人民邮电出版社，2003.

[6] 罗伯特·J. 斯滕伯格. 心理学：探索人类的心灵. 李锐，等译. 南京：江苏教育出版社，2005.

[7] 吉拉尔德·克里，玛丽安·克里. 心理学与个人成长. 胡佩诚，等译. 北京：中国轻工业出版社，2007.

[8] 里克·M. 加德纳. 日常生活心理学. 刘军，等译. 北京：中国人民大学出版社，2008.

[9] 菲利普·津巴多，罗伯特·约翰逊，安·韦伯. 普通心理学. 王佳艺，译. 北京：中国人民大学出版社，2010.

[10] 彭聃龄. 普通心理学. 北京：北京师范大学出版社，2012.

[11] 迈克尔·蒂格，萨拉·麦肯齐，戴维·罗森塔尔，等. 健康与心理. 于坤，译. 北京：中国人民大学出版社，2012.

[12] 牧之，张震. 心理学与你的生活. 上海：立信会计出版社，2013.

[13] 卡罗尔·韦德，卡罗尔·塔佛瑞斯. 心理学的邀请：如何培养批判性思维和创造性思维. 王建红，等译. 北京：机械工业出版社，2014.

[14] 基思·斯坦诺维奇. 这才是心理学：看穿伪心理学的本质. 窦东徽，刘肖岑，译. 北京：中国人民大学出版社，2015.

[15] 约翰·W. 桑特洛克. 心理调适. 王建中，等译. 北京：机械工业出版社，2015.

[16] 梅勒妮·芬内尔. 克服低自尊. 2 版. 聂亚舫，译. 上海：上海社会科学院出版社，2019.

[17] 杰瑞·伯格. 人格心理学. 陈会昌，等译. 北京：中国轻工业出版社，2010.

[18] 罗杰·霍克. 改变心理学的四十项研究. 白学军，译. 北京：人民邮电出版社，2010.

[19] 兰迪·拉森，戴维·巴斯. 人格心理学：人性的科学探索. 郭永玉，译. 北京：人民邮电出版社，2011.

[20] 牧之，苏陌. 哈佛教授讲述的300个心理学故事. 上海：立信会计出版社，2011.

[21] 阿伦森. 社会性动物. 邢占军，译. 上海：华东师范大学出版社，2007.

[22] 全国13所高等院校《社会心理学》编写组. 社会心理学. 天津：南开大学出版社，2008.

[23] 郑小兰. 改变一生的60个心理学效应. 北京：中国青年出版社，2009.

[24] 戴维·迈尔斯. 社会心理学. 侯玉波，等译. 北京：人民邮电出版社，2016.

[25] 罗伯特·博尔顿. 人际关系学：如何保持自我、倾听他人并解决冲突. 徐红，译. 天津：天津社会科学院出版社，2012.

[26] 巴斯. 进化心理学. 熊哲宏，等译. 上海：华东师范大学出版社，2007.

[27] 艾·弗洛姆. 爱的艺术. 李健鸣，译. 上海：上海译文出版社，2008.

[28] 罗伯特·J. 斯腾伯格，凯琳·斯腾伯格. 爱情心理学. 李朝旭，等译. 北京：世界图书出版公司，2010.

[29] 罗兰·米勒，丹尼尔·珀尔曼. 亲密关系. 王伟平，译. 北京：人民邮电出版社，2011.

[30] 陈琦，刘儒德. 教育心理学. 北京：高等教育出版社，2011.

[31] 简·博克，莱诺拉·袁. 拖延心理学：向与生俱来的行为顽症宣战. 蒋永强，陆正芳，译. 北京：中国人民大学出版社，2009.

[32] 丹·艾瑞里. 怪诞行为学：可预测的非理性. 赵德亮，夏蓓洁，译. 北京：中信出版社，2010.

[33] 罗伊·鲍迈斯特，约翰·蒂尔尼. 意志力：关于专注、自控与效率的心理学. 丁丹，译. 北京：中信出版社，2012.

[34] 约翰·佩里. 拖拉一点也无妨：跟斯坦福萌教授学高效拖延术. 苏西，译. 杭州：浙江大学出版社，2013.

[35] 麦格劳-希尔编写组. 妙趣横生的心理学. 王芳，译. 北京：人民邮电出版社，2015.

[36] 保罗·艾克曼. 情绪的解析. 杨旭，译. 海口：南海出版公司，2008.

[37] 戴维·麦克米兰. 我的情绪我做主：你每天可做的情绪调节练习. 聂晶，杨寅，译. 北京：中国轻工业出版社，2011.

[38] 米歇尔·N. 施塔，詹姆斯·W. 卡拉特. 情绪心理学. 周仁来，等译. 北京：中国轻工业出版社，2015.

[39] 托德·卡什丹，罗伯特·比斯瓦斯-迪纳. 消极情绪的力量. 王索娅，王新宇，译. 杭州：浙江人民出版社，2018.

[40] 弗朗索瓦·勒洛尔，克里斯托夫·安德烈. 我们与生俱来的七情. 王资，译. 北京：生活·读书·新知三联书店，2018.

[41] 彭凯平，闫伟. 活出心花怒放的人生. 北京：中信出版集团，2020.
[42] 赵国秋. 心理压力与应对策略. 杭州：浙江大学出版社，2007.
[43] 伊夫·阿达姆松. 压力管理. 方蕾，译. 哈尔滨：黑龙江科学出版社，2008.
[44] 杰拉尔德·S. 格林伯格. 化解压力的艺术. 张璇，译. 北京：机械工业出版社，2013.
[45] 劳伦·B. 阿洛伊，约翰·H. 雷斯金德，玛格丽特·J. 马诺斯. 变态心理学. 汤震宇，等译. 上海：上海社会科学院出版社，2005.
[46] 德博拉·C. 贝德尔，辛西娅·M. 布利克，梅琳达·斯坦利. 变态心理学. 袁立壮，译. 北京：机械工业出版社，2013.
[47] 美国精神医学学会. 精神障碍诊断与统计手册. 张道龙，等译. 北京：北京大学出版社，2015.
[48] 美国精神医学学会. 理解 DSM-5 精神障碍. 夏雅俐，张道龙，译. 北京：北京大学出版社，2016.
[49] 理查德·莱亚德，戴维·克拉克. 隐性繁荣：社会发展中被遗忘的心理学动力. 曹理达，译. 北京：机械工业出版社，2016.
[50] 泰勒·本-沙哈尔. 幸福的方法. 汪冰，刘骏杰，译. 北京：中信出版社，2008.
[51] 马丁·塞利格曼. 真实的幸福. 洪兰，译. 沈阳：万卷出版公司，2010.
[52] 克里斯托弗·彼得森. 积极心理学. 徐红，译. 北京：群言出版社，2010.
[53] 斯奈德 C R，沙恩·洛佩斯. 积极心理学：探索人类优势的科学与实践. 王彦，等译. 北京：人民邮电出版社，2013.
[54] 阿兰·卡尔. 积极心理学：有关幸福和人类优势的科学. 丁丹，等译. 北京：中国轻工业出版社，2013.
[55] 芭芭拉·安吉丽思. 活在当下. 黎雅丽，译. 北京：印刷工业出版社，2014.